통합예술심리치료의 이해

Understanding Integrative Arts Psychotherapy

통합예술 심리치료의 이해

이미나 김동일 김병남 주은하 천문진 추 양 공저

dm 동문사

머리말

예술치료(arts therapy)는 다양한 분야의 예술과 현대의학, 심리치료이론, 상담이론이 통합된 다각적인 치료기법이다. 창조적인 예술활동을 통해 내담자의 감정이나 내면세계를 자발적으로 표현하게 하고, 사고나 감정, 행동의 제한점을 개선 및 유지시키는 것에 활용된다.

예술치료는 예술의 장르가 다양하고 치료의 개념이 치유와 구별되어야 한다는 견해가 있어 다양한 유형으로 개념 정의가 가능하다.

통합예술심리치료는 미국의 통합사상가인 윌버(Wilber)의 이론을 적용한 심리치료적 접근이다.

통합적 맥락에서 고통은 개인사뿐만 아니라 본질적으로는 인간이 연결된 우주적 일체감으로부터의 분리에 근거하므로, 통합심리치료는 고통을 받는 사람들은 모두 삶의 일체감에서 분리된 자아의 일시적인 정체성에 갇혀 있다는 관점에서 출발한다. 즉, 광의의 맥락에서 통합예술심리치료의 목적은 고통의 조건으로부터 자유를 향해 각성해 나가는 과정을 촉진하는 것으로, 그것은 몸, 정서, 마음과 배타적으로 동일시하는 정체성으로부터 자신의 고유한 존재의 완전성을 펼치고 포용하는 정체성으로 변화시켜 나가는 것이다. 또한, 그것은 일반적 심리치료의 목표인 정상적 자아기능의 성취와 더불어, 자아 중심적 경계를 넘는 자각의 계발과 영적 각성을 목표로 하며, 모든 영역수준에서의 성장과 변화를 강조한다.

통합예술심리치료의 과정은 일반적으로 통일되고 일관된 절차를 따르기보다는 정신분석, 인본주의, 인지치료 등 다양한 이론적 · 전문적 배경을 지닌 치료자들이 통합적 틀을 각자의 지향성에 확장시켜 고유한 상담과정과 기법을 적용한다. 그러나 구체적인 상담과정은 이처럼 치료자에 따라 다양하게 진행할 수 있다고 해도, 모든 통합예술심리치료자가 공통적으로 중시하는 작업은 AQAL(모든 상태: all states, 모든 상한: all quadrants, 모든 선: all lines, 모든 수준: all levels, 모든 유형: all types)이라는 개념적 틀을 활용하여 내담자의 문제를 가능한 한 다차원적 · 통합적 관점으로 이해하고 복잡하면서도 미묘한 정보를 실용적인 사례개념화로 조직화하여 각 내담자에게 최적화된 치료를 계획하는 작업이다. 즉, 통합적 평가와 그에 따른 개별화된 치료계획은 통합예술심리치료의 핵심이라고 할 수 있다.

또한, 통합예술심리치료의 접근은 광범위하고 융통성 있는 상담기술을 시사해 주고 있다. 다시 말하면, 통합예술심리치료는 하나의 통일된 기법이나 방법론으로 특징을 보이는 것이 아니라 각 내담자의 고유한 문제에 가장 적합한 도구와 기법을 선정해야 한다.

본서의 구성은 총 16장으로 구성되어 있다. 제1장에서는 통합예술심리치료의 이해, 제2장에서는 통합예술과 매체, 제3장에서는 통합적 문화예술교육의 이해, 제4장에서는 통합적 문화와 예술의 변화, 제5장에서는 음악교육과 음악치료, 제6장에서는 독서치료, 제7장에서는 정서 중심 이야기치료, 제8장에서는 저널치료, 제9장에서는 시치료, 제10장에서는 푸드아트테라피의 이해, 제11장에서는 영화와 영화치료, 제12장에서는 놀이와 놀이치료, 제13장에서는 미술과 미술치료, 제14장에서는 모래를 활용한 심리치료, 제15장에서는 통합예술심리 상담과정, 마지막으로 제16장에서는 통합예술심리상담사의 역할과 전문성을 살펴볼 것이다.

본 내용이 대학과 대학원에서의 상담심리학 과목으로는 물론이고 통합예술매체를 활용한 심리상담을 전공하는 상담사와 통합예술심리치료에 대해 연구하는 분들에게 도움이 되기를 기대한다.

끝으로 본 교재가 나오기까지 도와주시고 격려하여 주신 모든 분에게 감사를 드리고자 한다. 그리고 출판을 흔쾌히 허락하고 모든 지원을 해 주신 동문사 대표와 편집부에 정중하게 감사의 말을 전한다.

2022년

저자 일동

차 례

머리말 / 5

• Chapter 01 • 통합예술심리치료의 이해 11

1. 통합예술심리치료의 정의 13
2. 통합예술심리치료의 이론적 메커니즘 16
3. 통합예술심리치료의 역사 19

• Chapter 02 • 통합예술과 매체 23

1. 통합예술로의 접근 25
2. 매체와 미디어 리터러시 35

• Chapter 03 • 통합적 문화예술교육의 이해 41

1. 문화교육과 예술교육 43
2. 문화예술교육 45
3. 문화예술교육의 영역 46

• Chapter 04 • 통합적 문화와 예술의 변화 49

1. 포스트모더니즘 51
2. 시각문화 55
3. 영상문화 63
4. 기술적 상상력 67

C·o·n·t·e·n·t·s

• Chapter 05 • **음악교육과 음악치료** 71

1. 음악교육의 이해 73
2. 음악치료의 이해 83
3. 음악치료의 기법과 구성 90
4. 음악치료의 이론 95

• Chapter 06 • **독서치료** 107

1. 독서치료의 이해 109
2. 독서치료의 유형 114
3. 독서치료의 목표 119
4. 독서치료의 심리학적 관점 120
5. 독서치료의 과정 123
6. 독서치료의 효과 126

• Chapter 07 • **정서 중심 이야기치료** 129

1. 정서적 의사소통 131
2. 정서조절 132
3. 이야기치료 135

• Chapter 08 • **저널치료** 141

1. 저널치료에 대한 이해 143
2. 저널치료의 효과 150
3. 저널치료 선행연구 152

• Chapter 09 • **시치료** 155

1. 시치료에 대한 이해 157
2. 시치료와 상징 166
3. 시치료와 콤플렉스 172
4. 시치료와 개성화 178

• Chapter 10 • **푸드아트테라피** 193

1. 푸드아트테라피의 개념 195
2. 푸드아트테라피의 특징 198
3. 푸드아트테라피 상담과정 200

• Chapter 11 • **영화와 영화치료** 203

1. 영화의 이해 205
2. 영화치료의 이해 214
3. 영화치료의 과정 228

• Chapter 12 • **놀이와 놀이치료** 233

1. 놀이의 이해 235
2. 놀이치료의 이해 244
3. 놀이치료의 과정 249

• Chapter 13 • **미술과 미술치료** 261

1. 미술치료의 이해 263
2. 미술치료의 목표 264

3. 미술치료의 장점 267
4. 미술치료의 이론 269

• Chapter 14 • 모래상자를 활용한 심리치료 273
1. 모래치료의 이해 275
2. 모래치료의 목표 277
3. 모래치료의 장점 278
4. 모래치료와 개성화 과정 279

• Chapter 15 • 통합예술치료 상담과정 289
1. 상담의 초기과정 292
2. 상담의 중기과정 297
3. 상담의 종결과정 302

• Chapter 16 • 통합예술심리상담사의 역할과 전문성 309
1. 상담사의 역할 311
2. 상담사의 전문성 314

참고문헌 / 321

Chapter 01

통합예술심리치료의 이해

1 통합예술심리치료의 정의

'통합예술심리치료'라는 개념을 과학적으로 또는 이론적으로 적절하게 정의하는 것은 그 내재적 본질을 파악하기 위한 기반일 뿐만 아니라 후속 문제 분석과 이론 구축의 논리적 기점이며, 동시에 통합예술치료 실천에 중요한 지도적 의미를 가지고 있다. 이런 관점에서 볼 때 통합예술치료는 '통합+예술+치료'를 조합한 다차원적인 개념이어야 한다. 따라서 통합예술치료를 다음과 같이 정의한다. 다양한 학문적 배경을 통합한 기초 위에 특정 예술 매체나 양식을 중심으로 예술치료 프로그램을 구성하여 참여자들에게 예술적 소재, 활동 경험을 제공하는 과정에서 참여자들과 마음의 소통을 통해 창조적인 예술체험에서 참여자의 성장, 발전, 치유를 촉진하는 과정이다.

여기에는 세 가지 측면이 있다. 첫째, 다양한 학문적 배경은 예술치료학의 통합적인 특성에 기초하고 사회학, 심리학, 치료학, 예술학, 교육학 등이 결합되어 있다. 둘째, 특정 예술매체나 양식을 중심으로 예술치료 진행과정을 강조한 것으로 통합예술치료프로그램은 이미지, 이야기, 무용(동작), 음악, 연극, 시, 글쓰기, 명상 작업과 다른 시각 예술 등 다양한 형태를 최적으로 구성한다. 즉, 예술치료 기법들을 종합하여 모을 수 있다. 셋째, 참여자의 심리상태가 창조적인 예술체험에서 성장, 발전 및 치유를 촉진하는 과정을 예술치료의 목표로 삼는다. 통합예술치료는 예술체험의 과정을 통해 자신을 심층적으로 인지하고 자신을 발견하며 자신을 변화시키며 보완하여 자신을 치유하고 온전한 인격으로 도달한다.

나탈리 로저스(Natalie Rogers, 2007)는 표현예술치료의 창조성 연결 이론에서 다음과 같이 말하였다. "창조적 연결이란 하나의 예술 형태가 또 다른 예술 형태에 직접적인 영향을 미치는 과정이다. 다양한 예술 형태를 연속적으로 활용한다. 자신을 표현할 때 동작이나 소리를 사용하며 감정에 따라 그림을 그릴 수 있다." 즉 동작, 미술, 글쓰기, 음악 등 다양한 예술 장르가 서로 융합돼 있다는 관점이다. 또한 시각장애아동 어머니의 통합예술치료에 이 같은 방식을 적용했으며, 그 효과도 현저하여 참가자들이 자신의 심리상태를 표현하도록 이끌었다. 이 과정은 마치 나선형처럼 몸과 마음, 정서, 영혼의 깊이를 담고 있고, 모든 것은 내면의 욕구와 부름으로 이루어진다. 이 과정에서 참여자 자신이 음악적 상상에서 가져온 이미지는 색채와 선으로 표현할 수 있고, 회화를 통한 체감은 몸짓으로 표현할 수 있으며, 체험한 뒤의 체감은 시나 다른 글쓰기 등 다른 예술적 기법으로 표현될 수 있다. 동일한 주제를 다른 예술 형식으로 표현하기를 통해 참여자들의 내면의 어떤 특징에 대한 감성체험을 강화할 수 있다. 이처럼 예술 창작을 통해 자신의 감정을 표현하는 과정에서 새로운 에너지를 점차 경험하면서 조금씩 자신을 믿고 자신감을 되찾기 시작한다. 또한 통합예술심리치료와 함께 표현예술심리치료라는 말을 혼용하여 사용하기도 한다.

표현예술심리치료는 표현치료, 다학문적 예술치료(interdisciplinary arts therapy), 창조적 예술치료, 상호 복합양식 예술치료(intermodal arts therapy)라고도 불리며, 혹은 단순히 통합치료(integrative therapy)나 통합연구(integral studies)라고도 한다.

표현예술심리치료에서는 예술매체의 통합적 사용을 강조하는 동시에, 매체별 예술치료의 전문성을 인정하는 입장에서 음악 중심 표현예술치료, 미술 중심 표현예술치료, 동작 중심 표현예술치료, 연극 중심 표현예술치료 등으로 하위영역을 구분하고 있다. 이러한 다학문적 표현예술심리치료는 기원이 고대에서 출발하였지만, 음악치료, 미술치료, 무용치료의 영역에서 각 전문적 예술가들이 전문적 영역으로서의 임상적 실천을 해 오면서 역사적 전통이 유지되어 왔다. 표현예술심리치료는 예술 매체들 간의 전문성 고수 등의 원인 때문에 통합치료의 특성을 띤 전문영역으로서는 시작단계에 있지만, 치료의 실천영역에서는 통합치료의 특성을 띠고 급속하게 확산되고 있다.

인간발달 및 상담학 분야에서 표현예술심리치료를 공식화한 애팔래치아(Appalachian) 표현예술심리치료 학파(2003)의 정의는 다음과 같다. 표현예술심리치료는 상호 복합양식의 표현치료, 창의적 예술치료, 그리고 다학문적 예술치료라고 불리는 것으로서, 인간의 성장발달 및 치유를 촉진하기 위해 이미지, 스토리텔링, 무용, 음악, 미술, 시문학, 동작, 꿈작업 등을 통합적인 방법으로 사용하는 실천기법이다.

표현예술심리치료는 인간의 개인경험과 집단경험을 예술적 형태로 표현하기 위해 인간 존재로서의 내적 능력을 회복하는 것과 관련된다. 또한 창의적 표현 및 창의적 공동체의 자연치유능력을 경험하는 일이다. 이와 같은 표현예술치료의 개념은 치료과정에서 한 가지 예술매체에 국한하지 않고 여러 예술매체를 통합적으로 사용하여, 철저하게 비분석적인 인본주의 · 실존주의 철학에 기초를 두고 있을 뿐만 아니라 신체심리학 및 심신학(somatics)에서 추구하는 우주 및 자연 영성을 개인의 신체 내부에서 경험하는 것이 치유과정에 포함되어 있는 점이 특징이다. 요컨대 표현예술치료는 인간 존재의 본성적이고 자연적인 예술능력을 회복시켜서 창조적으로 기능하도록 하는 것이다.

표현예술심리치료의 원리와 기본 가정을 요약하면 다음과 같다.

첫째, 상담자와 내담자 간의 민주적 · 협동적 관계를 중시한다. 둘째, 홀리스틱 건강 및 성장발달을 목적으로 하고, 증상 위주의 치료가 아닌 인간 존재의 전체성 회복을 중시한다. 셋째, 예술과 창조의 결과물보다는 예술과정 및 창조적 과정의 치료적 변화를 중시한다. 넷째, 합리적 분석보다는 자기 신체 지식, 직관, 지혜, 주관적 경험과 정서의 표현을 중시한다. 다섯째, 표현예술을 통해 심층 무의식 자료에 접근할 수 있다. 여섯째, 상호 복합양식의 중복 사용 및 다학문적 접근이다. 일곱째, 예술, 치유, 삶을 분리하려는 생각을 거부하는 공동체와 치유의식을 강조한다. 여덟째, 광범위하고 심층적인 의미의 영성과 실천을 중시한다.

2 통합예술심리치료의 이론적 메커니즘

심리메커니즘은 통합예술심리치료의 가능성과 유효성의 기초이다. 생리학과 신경과학은 이미 인간의 뇌가 좌우반구에 서로 다른 기능을 가지고 분업한다는 것을 증명하였다. 좌반구는 추상적인 논리적 사고에 능하며 언어, 쓰기, 운동과 계산의 임무를 맡는다. 우반구는 주로 정서와 예술을 통제하며 구체적인 이미지 기억과 입체적 인식에 능하며 청각, 시각, 촉각과 직관 등의 기능이 발달되어 있다.

인간 뇌의 분업적 생리메커니즘은 예술적 치료의 기초를 다진다. 예술치료는 예술매체가 가진 독특한 위로와 치유의 정신기능에 힘입어 뇌의 좌반구 논리와 언어변별의 장벽을 넘어서 인간의 내면에 직접 전달되고 잠재의식과 대화할 수 있도록 한다.

한편, 프로이트로 대표되는 정신분석학에서 '방어메커니즘'의 해석에 의하면 많은 심리나 사회 적응 문제의 발병메커니즘이나 주요 증상은 어떤 방어메커니즘의 결과라고 한다. 흔히 볼 수 있는 심리적 방어메커니즘은 주로 투사작용, 승화작용, 문식작용, 퇴행작용, 그리고 보상작용이다. 이 중에서 보상작용은 개인이 심리적으로 어떤 결함이 있어서 어떤 목표를 달성할 수 없을 때 의식적으로 성공을 얻을 수 있는 다른 활동을 함으로써 어떤 능력의 결함을 대신해서 실패로 인한 공허감을 보상한다.

예술심리치료가 치유 속성을 지니는 데는 예술경험이 심리 기능에 내적으로 작용하기 때문이다. 예술은 투사 기능과 비언어성이라는 장점을 지닌 하나의 독특한 치료 역량으로서 참여자들이 자신의 생각과 경험 및 감정을 표현하도록 도울 수 있다. 예술은 본질적인 의미에서 하나의 문화현상으로서 사회역사의 축적물이고, 한 나라나 민족의 역사, 지리, 풍토, 전통적인 습관, 생활양식, 문학예술, 행위규범, 사고방식, 가치관념 등과 밀접하게 관련되어 있다. 이러한 관점에서 표현예술 매체의 선택과 창작은 치료사 및 참여자, 그리고 치료 방식 등은 사회문화적 측면에서의 정확성과 적응성을 충분히 고려해야 한다. 다시 말해 예술치료 매체의 속성과 특질이 치료사와 참여자에게 최대한 인지되고 이해될 수 있어야 한다. 또한, 소통의 가교를 더 잘 만들어야만 참여자의 심리적 상징을 정밀하게 파악하고 표현예술치료 효과를 극대화할 수 있다.

모든 예술은 마음의 예술이다. 각각의 예술 형태는 통감적인 방식으로 뇌에서 심상화 정보를 생성함으로써 창작과정에 들어간다. 이러한 과정을 통해 참여자는 자신의 심미적 표상을 생각과 감정에 연계시키고, 자신의 내면을 이해하며 심미적 표상을 나타낼 수 있다. 이때, 특정한 예술 형식이 참여자의 내면에서 더 주체적인 창조적 심상이 되도록 하고, 그의 내적·외적 언어로 표상 형태 및 심상의 느낌을 진술해서 자신의 심리 활동에 대한 진실한 해석을 얻을 수 있다. 이러한 연상 작용은 다양한 예술 창작의 공통일 뿐만 아니라 각각 독특한 치료의 의미를 지니고 있어서 대상에 따라 달라진다. 예를 들어 시각장애아동이라는 특수한 집단에게는 시각예술 형식이 그들의 심리치료에서 매개체 역할을 하기는 어렵지만, 인체의 존재감을 나타내는 대상 기능 때문에 시각 외 다른 감각들이 보통 사람보다 예민하다는 것을 의미한다. 그리고 앞서 언급한 보상메커니즘에 따르면 장애인들은 의식적으로 성공을 얻을 수 있는 다른 활동을 강화함으로써 시각 능력의 결함으로 인한 실패감을 보상한다. 장애인은 특히 민감하게 발달한 청각, 촉각 등의 능력으로 각종 물체를 식별할 수 있고, 심지어 대화하는 사람의 마음 상태까지 감지할 수 있어서 심미적 감정을 더욱 개방적으로 발전시킬 수 있다. 이러한 경험은 장애인에게 아름다운 세계를 느낄 수 있게 해 준다.

예술치료는 각종 예술매체를 활용한 심신치료활동이면서 심신의 성장과 발달을 목표로 하는 치료예술활동(정광조 외, 2009)으로 예술작업을 통하여 내담자의 문제점이나 장애를 진단하고, 예술활동의 과정을 통해 증상을 제거 또는 경감하도록 유도하며, 심리적으로 안정을 찾는 과정을 의미한다. 이러한 과정 속에서 무의식을 탐색하고 그 속에 감춰져 있는 내면세계를 표출함으로써 정화를 경험하고 마음의 안정을 찾게 되는 자기치료 능력을 갖게 된다(김설화, 2003).

예술치료의 자연적인 특성이란 본능적인 충동을 주체적 · 자발적으로 자연스럽게 창의적인 삶 속에서 표현되도록 도와주는 것이다. 즉, 멋진 풍경을 보면 그림으로 표현하고 싶고, 경쾌한 소리가 들리면 움직이고 싶은 인간의 본능을 자발적으로 표현할 수 있도록 돕는 것이 예술치료의 역할이다. 예술치료와 무용, 동작치료가 일반인의 자기지각에 미치는 효과 연구에서 예술치료과정을 통해 마음과 몸이 하나 됨을 경험하고, 이를 수용하는 것은 자연스러운 시대적 흐름이다(류정미, 박희석, 2006).

예술치료에서 의미하는 예술은, 외부적인 상황 묘사보다 한 개인의 정신세계로부터 탄생한 인간 자체에 뿌리를 둔 살아 있는 창작과정의 소산이며, 예술품 자체가 가지는 예술성보다 창작과정의 심리 현상과 예술작품에 나타난 상징성을 더 중요하게 다룬다. 또한 예술은 개인의 고유한 정신을 탐구하는 도구로써, 본래의 자기 또는 궁극적인 삶을 찾아가는 방편이다(김미정, 2004). 통합예술심리치료와 표현예술심리치료는 큰 틀에서 함께 사용할 수 있으며, 표현예술치료란 개인의 신체, 정서, 인지를 통합하기 위하여 복합 모형의 예술과정들을 사용함으로써 표현예술과 심리치료를 통합한 것이다(류정미 외, 2006).

예술치료는 다른 예술 형태 및 매체와의 결합을 통하여 내담자에게 다양한 미적 경험을 제시하고, 그들의 감정과 감각을 통합적으로 사용하게 하여 치료의 가능성을 확대시키는 것을 목적으로 하며, 페촐트(Petzold, 1991)에 의하면 통합예술치료의 목적은 다양한 치료 이론들을 구별 없이 마구 혼합하여 '많을수록 낫다'라는 식의 절충주의가 아니라, 다양한 예술 치료적 접근 방식과 매체를 차별적이고 특별하게 적용하는 것이다.

이에 국내에서도 예술치료 분야에서 통합적인 치료가 활성화되고 있다. 그중 학술연구기관인 '한국예술심리치료학회'에서는 미술치료, 음악치료, 공연예술치료의 영역들을 통합시키는 방안에 관한 연구가 활발하게 진행되고 있으며, 예술치료 영역들에 관한 독립적인 연구와 더불어 각 영역 간의 접목을 통한 예술치료 형태를 지향하고 있다(김선형, 2015).

예술치료의 치료적 효과와 목적은 내담자에게 예술매체에 대한 선택권을 제공하여 방어를 최소화하고 흥미와 참여도를 높여 다양한 예술 경험을 갖도록 한다. 또한, 모든 감각의 전체적인 활동을 통하여 신체적 · 정서적 · 심리적인 조화와 통합을 돕고 치료 효과에 대한 가능성을 높이는 것이다(원종언, 2011).

통합예술심리치료는 하나의 예술치료 영역에서 예술치료의 전 영역으로 그 경계가 넓어지고 매체와 기법에 있어서 선택의 폭이 넓어지고 있다. 이에 내담자에게 다양한 경험을 제공하게 되고, 이는 치료사에게 자신이 존중받는 사람이라는 것으로 느낄 수 있게 도와준다(김설화, 2003). 내담자가 원하는 예술 분야로 접근할 수 있기 때문에 방어가 적고, 자율성을 향상시킬 수 있는 다양한 활동으로 전개할 수 있다. 그러므로 미술을 싫어하거나 자신감이 없는 내담자의 경우 동작이나 음악 등 다른 예술매체로 접근하면 내담자는 치료에 편안하게 다가갈 수 있으며, 이러한 접근은 모든 감각을 활용하므로 어느 하나의 감각에 편중되지 않고 전체적인 감각을 자극, 촉진시킬 수도 있으므로, 통합예술치료는 내담자의 예술매체에 대한 선택권을 제공하여 방어를 최소화하고 흥미도와 참여도를 높여 다양한 예술경험을 갖도록 한다. 또한 지각을 비롯한 시각, 청각, 후각, 촉각, 미각의 전체적인 활용을 통해 신체적 · 정서적 · 심리적인 조화와 통합을 돕고, 장애의 종류와 그 정도에 따라 적절한 예술매체를 활용하여 치료의 효과에 대한 가능성을 높이고자 함이다.

3 통합예술심리치료의 역사

통합예술심리치료가 체계화되기 시작한 것은 1950년대 초에 음악치료와 무용치료 전문학회가 창립되고, 1960년대에는 미술치료, 1970년대 후반에는 연극치료가 생겨나기 시작하면서이다. 예술치료에 통합적이라는 의미를 부여한 것은

1960년대 초부터 연극과 관련하여 음악, 의상, 무대그림, 각본 등의 다른 영역의 예술이 함께 이루어지는 현상에서 시작한다(손혜정, 2009). 이것은 1970년대 초 유럽에서 '창의적 매체를 통한 치료', '통합예술심리치료와 창의성 치료'라는 개념의 예술치료 형태로 정착되었다(김설화, 2003).

맥니프와 닐(S. McNiff & P. Knill, 1974) 등이 매사추세츠주 케임브리지에 있는 Lesles 대학의 표현예술치료 교육학과를 개설하면서 예술치료는 하나의 독립된 전문분야로 출발하였다(류정미 외, 2006).

통합예술심리치료는 독일의 「통합적 치료, 게슈탈트 치료와 창의성 장려를 위한 프리츠 퍼얼스 연구소(Fritz Pearls Institute, FPI)」에서 30여 년 전부터 시작하였다(정여주, 2008). 게슈탈트 치료(Gestalt Therapy)의 대표인 페촐트(Petzold, 2001)는 예술치료를 상위개념으로 두고 미술, 음악, 춤, 동작, 드라마, 시 등의 예술을 치료에 적용하였다(김설화, 2003). 즉, 다양한 예술을 결합한 치료방법으로 '창의적 매체를 통한 통합적 치료' 또는 '창의적 치료'라는 개념을 사용하면서 통합적 치료를 시작하였다. 게슈탈트 치료의 관점에서 인간은 자신이 인지하고 수용한 것을 어떤 한 가지 감각만이 아니라, 모든 감각을 사용하는 통합적인 창의적 표현에서 자신의 병을 치유하고 경감시킬 수 있으며, 인성을 개발하고 풍요롭게 할 수 있다는 것이다(정여주, 2008).

예술과 심리치료의 통합적 성격을 수용하여 표현예술심리치료란 한 개인의 신체 · 정서 · 인지를 통합하기 위하여 복합 모형의 예술과정들을 사용함으로써 표현예술과 심리치료를 통합한 것이라 하였고, 미국표현치료협회에서는 표현예술심리치료를 내담자의 내적인 것 '흔히 신체 내에 갇혀 있는 것'들을 표현치료과정에서 그것을 변형시켜서 밖으로 꺼내도록 돕는 일이라고 하였다(임용자, 2004).

무대와 갤러리를 중심으로 표현활동을 하였던 서구의 전통예술은 예술과 일상을 분리해 놓았고, 표현의 매체로 쓰인 미술, 음악, 무용 등을 전문영역으로 분리하여 발전해 왔다. 그러나 포스트모던 사회의 흐름상 변화와 움직임은 개인의 불안과 고통을 다루는 상담과 심리치료에서 여러 종류의 예술치료(미술치료, 음악치료, 무용/동작치료, 드라마치료 등)를 통합하여 탄생시켰는데 이것이 '새로운 학파로서의 표현예술심리치료'이다(윤은경, 2021; 임용자, 2004). 따라서 정신과 신체를 따로 뗄 수 없는 하나의 통합적인 전체로 이해하는 게슈탈트 접근은 동서양의 여러 가지 사상과 실천 방법을 수용하여 통합적 시각을 가지고 체험 중심적이고 전체론적이며, 특히 자각을 강조하고 있다.

Chapter

02

통합예술과 매체

1 통합예술로의 접근

19세기 프랑스 교육철학자 조제프 자코토(Joseph Jacotot, 1770~1840)는 "사실을 배워라, 그것을 따라 하라, 너 자신을 알라, 이것이 자연의 진행 방식이다."라고 말했다. 우리는 누가 가르치지 않았지만 말을 스스로 배웠다. 그것은 자연의 방식이다. 그것은 모방이다. 모방은 교육의 본질이자 창조의 전제다.

무엇을 어떻게 만들 것인가? 영상 작품을 기획할 때 소재가 무엇보다 중요하지만, 그것을 어떻게 표현할 것인가가 작품의 질을 결정한다. 영상 스토리텔링은 질 높은 작품을 어떻게 만들 것인가라는 표현 방식의 문제이다. 좋은 작품의 표현 방식은 모두 다르다. 그러나 수많은 표현 방식 안에 공통분모가 될 수 있는 원리가 있기 마련이다. 그런데 그것을 알기는 쉽지 않다. 그 방식을 배우기 위해 먼저 좋은 작품을 모방할 필요가 있다.

그렇다면 최고의 작품은 무엇일까? 그것은 아마도 인간이 만든 작품이 아닐 것이다. 신의 손길이 스친 듯한 작품이다. 그렇다면 신이 만든 작품이 아마도 최고의 작품이 되지 않을까? 대자연을 창조한 신의 솜씨를 모방하면 된다. 대자연이 만들어진 방식이 최고 작품의 원리이다. 대자연은 하나의 덩어리로 된 세계가 아니다. 그 속에 수많은 작은 세계가 존재하고 그 작은 세계 안에 또 다른 작은 세계가 들어 있는 다층 구조를 가진다.

그 모든 세계는 독립된 세계이지만 동시에 다른 세계들과 촘촘히 연결되어 움직인다. 우리 인간의 몸은 나름대로 독립된 유기체로서 작은 세계다. 그리고 우리의 몸 역시 하나의 덩어리로 작동하는 것이 아니라 수많은 독립된 기관들이 종적이고 횡적으로 연결되는 다층 구조를 가진다. 그렇다면 우리의 영상 작품 역시 하나의 덩어리가 아니라 작은 세계들이 모여 전체로 구성되어야 할 것이다.

1) 완전성

스토리는 작은 스토리들의 단순한 합 이상이다. 스토리는 하나의 완전한 이미지이다. 인간은 부분들에서 전체를 유추하려는 경향이 있다. 전체로서 완전한 이미지는 이상적인 세계이다. 인간은 불완전한 현실에 만족하지 않고 끊임없이 완전한 이상계를 꿈꾼다. 혼동 속에서 질서를 찾으려 하고, 비정상을 정상으로 바꾸려 하고, 결핍을 채우려 하고, 문제를 해결하려는 인간의 욕구는 불완전한 일상에서 완전한 스토리로 향한다.

일상과 달리 스토리의 원인과 결과가 확실하고 감정의 색깔이 선명하며 모든 것이 깨끗이 해결되는 결말을 지니는 이유는 완전성을 향한 인간의 욕구에서 기인한다. 전체 스토리의 부분으로서 작은 스토리 역시 하나의 완결된 세상처럼 자신만의 주제와 극적 구조를 가진다. 또한 그 작은 스토리는 더 작은 스토리를 가진 부분들로 구성되는 다층 구조를 가진다. 시간의 흐름에 따라 순차적으로 상영되는 영화의 스토리는 작은 스토리의 시퀀스(sequence)로 구성된다. 그리고 그 시퀀스 안에는 더 작은 스토리의 단위인 파트(part)가 있고, 파트는 신(scene)으로 구성되며, 그 신은 쇼트(shot)로 구성된다. 그리고 쇼트는 비트(beat)로 또 나뉜다.

각각의 단위가 나름대로 독립된 세계로서 기능을 한다면 영화의 스토리 역시 수많은 소우주들이 수직과 수평적으로 연결되는 대우주라고 볼 수 있다. 이렇게 스토리를 소우주의 다층적 구조로 구성할 때 장점은 각 소우주를 완결된 극적 세상으로 세밀하게 구성하여 영화의 디테일을 완성하는 것뿐만 아니라 그 디테일을 유기적으로 연결하여 완성도 있는 작품을 만들 수 있다는 것이다.

실제 영상제작에서 연출자는 우선 스토리를 시퀀스로 구성하여 완성한 후, 각 시퀀스로 돌아가 그 시퀀스만의 스토리에 집중을 할 필요가 있다. 이는 마치 그 시퀀스만 분리하여도 하나의 독립된 영화로 손색이 없어야 한다는 의미이다. 물론 연출자는 시퀀스 작업을 할 때도 항상 전체와 부분이라는 관계를 염두에 두고 그 시퀀스가 전체 속에 자기 역할을 하며 앞뒤의 시퀀스와 유기적으로 연결되도록 해야 한다. 이렇게 작업한 시퀀스들을 단지 시간 순서대로 병렬적으로 모아 놓는 것이 아니라 하나의 완결된 극적인 세상을 구성하는 부분으로서 전체 세상의 극적 원리에 맞춰 배열해야 한다.

그렇다면 다층적인 영상 스토리 구조인 움직이는 극적 원리는 무엇인가?

2) 드라마

극적 원리 역시 대자연의 원리를 모방할 필요가 있다. 대자연의 일부인 우리 인간이 알고 있는 가장 확실한 진실, 더 이상 의심할 수 없는 하나의 진실은 우리가 죽는다는 사실이다. 죽음은 태어남을 전제한다. 그리고 태어남과 죽음 사이에 중간이 존재한다. 이렇게 대자연의 확고한 원리는 처음과 중간, 끝이라는 시간성에서 찾을 수 있다. 아리스토텔레스(Aristotle, 기원전 384~322)는 『시학(Poetics)』에서 전체라 함은 처음, 중간, 끝을 갖는 것이라고 하였다.

영상 스토리 역시 처음과 중간, 끝이라는 선조적(線條的)인 구조를 가진다. 처음으로서 설정인 1막, 중간으로서 전개인 2막, 끝으로서 해결인 3막이 된다. 영화는 대부분 선형적인 구성이지만 비선형적인 구성도 존재한다. 그러나 플롯의 순서와 관계없이 관객은 머릿속에서 스토리를 시간의 순서로 재구성한다.

3막 구조(three-act structure)는 단지 전체 스토리를 구성하는 원리일 뿐만 아니라 부분으로서 시퀀스, 파트, 신, 쇼트를 구성하는 원리가 된다. 3막은 단지 시간성만을 담지 않는다. 왜냐하면 극(劇)의 세상은 우리의 일상과 다르기 때문이다. 3막에는 드라마(drama)가 필수적이다. 여기서 드라마는 TV 드라마나 드라마 장르 또는 연극이라는 의미가 아니라 광의의 의미로 인물의 행동을 통해 표현되는 허구의 스토리를 뜻한다.

드라마는 행동이라는 의미의 그리스어(δρᾶμα, drama)에서 유래했다. 행동은 뚜렷한 방향을 갖고 다른 행동과 대립하면서 더 큰 행동으로 변하는 '상승하는 행동(rising action)'을 뜻한다. 드라마의 세상은 일상 속 우리의 행동을 반영하지만 극 중 인물의 행동은 일상 속 우리의 행동과 똑같지는 않다. 극 중 인물의 행동은 우리의 행동보다 감정과 논리, 가치가 더 선명하고 명확하다.

우리의 감정은 아주 다양하지만 결국 '좋다'와 '싫다'라는 두 가지 욕구에서 출발한다. 물론 좋지도 싫지도 않은 상태도 존재한다. 일상에서는 좋지도 싫지도 않은 애매모호한 상태가 많지만 극 중 인물은 좋고 싫음이 명확하다. 일상에서 우리의 욕구는 우리 자신도 모를 때가 있지만 극 중 인물의 욕구는 최소한 관객이 알 수 있을 정도로 명확해야 한다.

특히, 주인공의 욕구와 적의 욕구가 충돌하는 갈등 상황이 스토리를 전개시키는 동력이 된다. 이때 관객은 주인공의 욕구에 감정이입되어 걱정과 기대를 하게 되고 거기에서 극적 긴장(dramatic tension)이 유발된다. 결국 긴장의 원인은 좋지 않은 상황이 다가올 수 있다는 불확실한 미래에 있다. 그 미정의 미래가 어떻게 결정되느냐에 따라 우리의 감정은 좋을 수도 있고 나빠질 수도 있다.

극 중 논리 역시 '있음'과 '없음'의 두 가지로 단순화할 수 있다.

일상에서는 이유가 명확하지 않은 일들이 많이 발생하고 잘 모르는 상태로 진행되고 결국 해결되지 않은 채 끝날 때도 있다. 그러나 극의 세계에서 결과에 대한 원인은 명확해야 하고 원인이 없는 결과는 또한 없어야 한다. 애매모호함이 있더라도 마지막에 명확함으로 해결된다. 이렇듯 극에서는 논리가 명확하지 않으면 감정도 선명해질 수 없다. 인물에 대한 명확한 이해 없이 인물에 대한 감정이입은 일어날 수 없다.

극 중 가치를 단순화하면 선(善)과 악(惡)이다. 주인공은 선이며 적은 악으로 명확히 구분된다. 선악의 대립으로 극은 전개되고 절정에서 선이 승리하는 것으로 결말이 난다. 물론 고전주의 영화는 이러한 경향이 뚜렷하지만, 현대 영화의 경우 이와 반대로 일상을 있는 그대로 재현하려는 경향이 강하다.

현대 영화 속 인물은 그 목표가 뚜렷하지 않을 수 있고, 선과 악의 구분이 명확하지 않으며, 사건 역시 우연적이어서 원인이 명확하지 않다. 마지막도 애매모호하게 열린 결말로 끝나는 경향이 있다. 그럼에도 불구하고 현대 영화 역시 3막 구조를 가지고 나름대로 느슨한 인과성과 미묘한 극적 긴장을 유지한다. 또한,

강렬한 캐릭터와 충격적인 사건으로 관객의 정서를 자극하고 삶 전체를 일상의 단면으로 단순화하여 주제를 명확히 한다.

영화는 시간의 흐름에 따라 단조로운 수평선으로 전개되는 것이 아니라 극적 긴장의 상승과 하강이 만드는 반전된 V자의 선으로 전개된다. 극적 긴장의 유발이 극의 시작이라면 반복되는 극적 긴장의 상승과 하강이 극의 중간이며, 극적 긴장의 이완이 극의 끝이다. 미스터리 구조인 경우 수수께끼에서 시작하여 그것을 푸는 것으로 끝난다. 대부분의 영화는 문제와 해결 또는 결핍과 해소의 구조로 극적 긴장이 상승하고 하강한다.

이러한 원리는 극에서 정보를 노출시키는 기본 방식이기도 하다. 정보를 주는 적절한 시기는 관객이 알고 싶다는 욕구가 생길 때이다. 정보 노출의 타이밍이 너무 빨라도, 반대로 너무 느려도 관객은 지루함을 느낀다. 뉴스는 연역적으로 정보를 전달한다면 드라마는 관객이 귀납적으로 정보를 탐색할 수 있도록 만든다. 뉴스는 시청자에게 친절하게 해답을 제시한다면 드라마는 관객이 스스로 해답을 찾게 해야 한다.

뉴스의 궁극적 목적이 정보의 전달이라면 드라마의 목적은 감정의 정화(淨化, catharsis)이다. 그러므로 영화는 관객을 극 속에 적극적으로 참여시켜야 한다. 긴장 유발의 대표적인 방식인 미스터리(mystery)와 서스펜스(suspense)는 모두 정보를 점진적으로 노출시켜 관객에게 궁금증을 촉발시킨다.

문제와 해결의 구조는 편집과 촬영에도 적용된다. 편집 시 클로즈업 쇼트들로 궁금증을 자극하고 풀 쇼트(full shot)로 해소할 수 있다. 하나의 쇼트를 촬영할 때 긴장 유발에서 시작되어 이완으로 끝날 수 있다. 한 인물의 구두에서 천천히 카메라가 틸트업(tilt up, 카메라를 수직으로 위를 향하여 움직이면서 촬영하는 기법)을 하며 궁금증을 잠시 유발시키고 점점 줌아웃(zoom out, 줌 렌즈의 초점 거리를 조절하여 피사체에서 멀어져 가는 것처럼 보이도록 하는 촬영기법)하여 인물의 얼굴과 화려한 의상을 보여줄 수 있다. 촬영은 단지 멋진 이미지를 만드는 작업이 아니라 스토리텔링이다.

3) 움직임

촬영은 프레임(frame) 속 공간을 아름답게 구성하는 미학적 작업인 동시에 스토리를 만드는 서사적 작업이다. 카메라는 촬영감독의 붓이고 프레임은 캔버스다. 조명은 물감이다. 촬영감독은 화가처럼 선, 형태, 질감 등 다양한 영상 요소들을 공간적으로 구성하고 밝기, 색상, 채도 등의 톤(tone)을 결정한다. 촬영감독은 한 장의 그림 속에 완전한 세상을 담지 않는다. 촬영감독은 프레임 밖의 세상을 상상할 수 있도록 프레임 속을 불완전하게 구성한다. 카메라는 단지 프레임 속 세상을 보여주는 것이 아니라 프레임 속 이미지를 단서로 프레임 밖의 세상을 상상하게 한다.

프레임은 단지 시각적 한계가 아니라 스토리텔링의 도구이다. 영화는 프레임을 활용하여 일부러 관객에게 정보를 숨겨 궁금증과 상상력을 자극할 수 있다. 그런 관점에서 영화는 실재를 재현하는 매체일 뿐만 아니라 상상을 제시하는 매체라고 볼 수 있다. 촬영감독은 흘러가는 시간을 수많은 프레임 속에 담는다. 회화와 사진과 달리 영화는 움직임을 담는다. 프레임 속 인물의 움직임은 시간의 변화를 보여줄 뿐만 아니라 그 움직임의 결과인 사건을 드러낸다.

드라마를 만드는 것은 인물과 사건의 변화이다. 변화를 담을 수 있는 영화는 드라마를 표현하는 최적의 도구다. 영화는 있는 그대로 현실의 시간성을 기록하는 매체로 태어났지만, 곧 극적인 움직임을 담는 스토리 매체로 인기를 끌기 시작했다. 실사 영화든 애니메이션이든 동영상은 움직임을 보여주는 최적의 매체이다. 변화의 결과는 가치를 낳는다. 긍정적인 변화는 긍정적인 가치를 낳고, 부정적인 변화는 부정적인 가치를 낳는다. 일반적으로 극 중 인물의 변화가 사건을 바꾸고 환경을 바꾼다. 악인이 선인이 되어 악이 지배하는 세상을 선이 지배하는 세상으로 바꾼다.

또한 변화를 극적으로 보여주는 영화는 대중이 즐기는 오락의 도구로, 대중을 변화시키는 정치의 도구로 활용된다. 초기 영화는 연극을 그대로 영상화한 것과 비슷하다. 초기 영화 카메라는 무거워 고정되어 있었기 때문이다. 그러나 카메라가 가벼워지면서 움직이기 시작했고, 움직이기 시작하면서 영화는 연극과 확연히 차별화된 영상언어를 창조하였다. 카메라가 움직이면서 영화는 프레임의 한계를 벗어나 파노라마 이미지를 만들 수 있었고, 2차원 이미지의 한계를 뛰어넘는 입체적 스펙터클(spectacle, 연극이나 영화의 웅장하고 화려한 장면)을 제공할 수 있게 된다. 따라서 카메라 움직임은 인물의 행동 또는 대사로 표현할 수 없는 미세한 감정을 만들어 내 스토리에 생기를 부여하기도 한다.

4) 브리콜라주

촬영감독은 한 쇼트를 촬영하면서 프레임 속 선, 색, 밝기, 질감, 형태, 벡터(vector) 등의 영상 요소들로 조화와 콘트라스트(contrast)를 만들어 인물의 성격을 드러내고 인물 간 조화와 대립을 강조할 수 있다. 그러나 촬영감독의 미장센(mise-en-scène, [프] 장면 속에 무엇인가를 놓는다)은 항상 다음에 연결되는 쇼트의 관계 속에서 이뤄진다. 쇼트와 쇼트의 연결을 통해 스토리가 만들어지기 때문이다. 그러므로 촬영은 항상 편집을 위한 촬영이어야 한다.

영상제작은 사전제작, 제작, 후반작업으로 나뉘어 있어 마치 기획, 구성, 촬영, 편집이 분리되어 작업되는 것처럼 보인다. 그러나 이 모든 작업은 통합되어 이뤄져야 한다. 즉 시나리오를 쓸 때 머릿속에서 촬영, 편집이 이뤄져야 하고, 촬영은 구성과 편집을 고려하여 이뤄져야 하며, 편집은 실제로 기획, 구성, 촬영이 모두 통합되는 순간이다.

이러한 통합적 작업인 영화 제작은 영화를 명확히 다른 매체와 차별화한다. 이는 브리콜라주(bricolage)의 특성이다. 브리콜라주는 서로 다른 분야의 이질적 요소들을 혼합하여 새로운 것을 창조함을 의미한다. 영화는 문학, 음악, 무용, 연극, 뮤지컬, 애니메이션, 회화, 그래픽 아트, 과학 등 다양한 분야의 요소들이 편집의 단계에서 통합되어 새로운 스토리를 창조하는 브리콜라주라고 할 수 있다.

조 라이트(Joe Wright) 감독은 제인 오스틴(Jane Austen)의 소설 『오만과 편견(Pride

and Prejudice)』을 2005년 영화화하여 원작과 다른 새로운 스토리를 창조했다. 『오만과 편견』의 독자와 관객은 소설과 영화에서 각기 완전히 다른 세계를 경험한다. 영화는 단순히 소설의 영상화 버전이 아니다. 표현은 곧 내용이다. 문학적 표현과 영화적 표현은 서로 다른 내용을 낳는다.

다이시(매튜 맥퍼딘, Matthew MacFadyen)와 엘리자베스(키이라 나이틀리, Keira Knightley)가 무도회에서 춤을 추는 표현은 소설과 문학에서 완전히 다르다. 헨리 퍼셀(Henry Purcell)의 압델레이저(Abdelazer) 중 제2번 론도(Rondeau)가 흘러나오자 무도회 사람들이 춤을 추게 된다. 카메라는 다이시와 엘리자베스에게 다가가고 그들과 함께 움직인다. 가늘게 떨리며 공간을 지배하는 바이올린 음률과 우아한 춤 그리고 매력적인 두 인물, 그들 간의 미묘한 갈등이 함께 춤을 추는 카메라 움직임 속에 통합된다.

그때 쇼트가 바뀌면서 무도회 공간에 군중은 사라지고 둘만이 남아 춤을 춘다. 객관적인 세상을 보여주던 카메라가 갑자기 그들 내면으로 들어가 서로에 대한 강렬하면서도 섬세한 감정을 드러낸다. 음악이 끝나자 둘은 춤을 멈추고 인사를 나누는 순간 쇼트가 바뀌면서 카메라는 다시 무도회 군중 속에 둘을 객관적으로 보여준다. 소설을 읽으면서 이러한 순간을 상상할 수도 있겠지만 그 상상이 직접 눈과 귀로 전달되는 느낌의 생생함을 대신할 수는 없다. 연극은 춤과 음악, 연기를 더욱 생생하게 보여줄 수는 있어도 두 인물의 내면으로 들어가는 경험을 줄 수 없다.

영화는 촬영과 편집을 통해 영화만의 리듬이 있는 스토리를 만든다. 촬영은 교향악의 연주와 비슷하다. 촬영감독은 다양한 영상 요소들을 프레임 속에 조화롭게 구성하여 한 쇼트로 멋진 이미지를 만든다. 이는 마치 교향악에서 다양한 악기들이 조화롭게 연주되어 화음이 창출되는 것과 비슷하다. 편집은 화음을 이룬 영상 요소들을 시간 흐름 속에 영상 강도의 높낮이를 통해 배열하여 영화적 멜로디를 만든다. 이 화음과 멜로디의 통합으로 스토리가 만들어진다. 편집은 다양한 분야에서 가져온 시각적 요소들과 청각적 요소들을 극적 원리와 극적 구조에 맞게 통합하는 브리콜라주이다.

5) 통합예술의 분야

영화는 산업으로서 고도로 분업화한 시스템과 컨베이어 벨트같이 순차적인 공정 과정을 갖고 있지만, 그 결과물은 한 개인의 작품처럼 예술성을 지닐 수 있다. 산업과 예술의 특성을 모두 갖고 있는 영화는 그 제작 과정에서 분업화와 통합화가 동시에 이뤄질 필요가 있다. 그것이 가능하기 위해서는 제작 과정의 각 단계 전문가들 모두는 자기 분야의 한정된 자원으로 다양한 작업을 수행하는 브리콜러(bricoleur)이자 다른 분야와 통합하여 전체 스토리를 창조하는 스토리텔러가 될 필요가 있다.

배우는 자신의 몸만으로도 다양한 움직임을 창조하고, 촬영감독은 카메라 한 대만으로 수많은 이미지를 만들어 내며, 조명감독은 한 대의 조명기만으로도 다양한 분위기를 만들어 낸다. 사운드 디자이너도 이미 녹음된 소리만으로 다양한 소리를 창조하고, 편집자는 촬영된 영상만으로 다양한 감정을 만든다. 이와 동시에 이들 모두는 자신의 표현을 다른 표현과 유기적으로 연결하고 전체 속 부분으로 역할을 하면서 하나의 완전한 세상을 창조한다.

이러한 관점에서 영상미학의 원리와 스토리텔링의 원리를 통합하여 영상 스토리텔링의 원리로 재구성한다. 그 이유는 현장에서 영상제작과 스토리텔링이 동시에 이뤄지기 때문이고, 영상제작 자체가 스토리텔링이기 때문이다. 영상미학의 개념과 스토리텔링의 개념을 한 쌍으로 아이템을 만들어 두 개념이 어떻게 통합되면서 영상제작에 활용될 수 있는지 살펴보고자 한다.

첫째, 시퀀스와 3막 구조는 영상 구성에 가장 널리 쓰이는 두 가지 개념으로서 영상 작품의 보편적 구조와 원리다.

둘째, 비트와 구성을 연결한다. 비트는 아직 우리나라에 제대로 소개되지 않았지만, 서구의 영화 제작에 일반적으로 활용되는 연기 연출 개념이다. 극적 비트는 인물의 행동을 정의하고 비트와 비트의 연결이 스토리를 형성하며 극적 비트는 극의 전환점 역할을 한다. 비트는 연기의 도구이자 스토리 구성의 최소 단위이다.

셋째, 벡터와 욕구를 같은 방향의 힘으로 본다. 프레임 속 방향의 힘으로서 벡터는 화면을 구성하는 데 핵심적인 개념이다. 화면 구도는 단지 미학적 선택이 아니라 서사적 선택이다.

넷째, 콘트라스트와 갈등을 극 속에 통합한다. 밝기, 색, 구도 등에서 대비로 잘 알려져 있는 콘트라스트가 어떻게 드라마의 동력으로 알려진 갈등을 시각화하는지 살펴본다. 콘트라스트는 이미지를 선명하게 하고 갈등은 드라마를 전진시킨다. 이 둘이 합해져야 스토리는 일상의 명확한 은유가 된다.

다섯째, 미장센과 캐릭터를 합친다. 공간의 구성으로서 미장센이 공간의 성격뿐만 아니라 인물의 캐릭터를 창조함을 설명한다.

여섯째, 점진 노출과 서스펜스를 같은 것으로 본다. 촬영과 편집에서 점진 노출은 서스펜스를 유발하고 서스펜스는 드라마를 상승시킨다.

일곱째, 콘티뉴이티와 극적 긴장을 연결한다. 연속 편집과 불연속 편집이 어떻게 환영을 창조하고 파괴하면서 극적 긴장을 조율하는지 살펴본다.

여덟째, 리듬과 모티프를 함께 이해한다. 이미지의 반복은 영화의 고유한 리듬을 만드는 동시에 모티프를 형성하여 일관된 주제를 드러낸다.

아홉째, 클로저(closure)와 닫힌 결말을 동일한 경향으로 본다. 인간의 기본적인 시각적 경향인 클로저가 역시 기본적인 서사적 경향인 닫힌 결말과 어떻게 연결되는지 살펴본다.

열째, 스타일과 스토리를 하나로 본다. 영상 표현들이 모여 역시 하나의 스타일을 만들고 스타일이 어떻게 스토리가 되는지 살펴본다.

열 개의 아이템은 사전제작, 제작, 후반작업이라는 3단계 영상제작과정의 핵심적인 개념이자 스토리텔링의 핵심 도구로 각각을 분리하여 정확히 이해하고 다시 통합하여 창조적으로 적용할 필요가 있다.

영화는 실재를 똑같이 모방하는 사진적 복제에서 출발했다. 초창기 영화는 시간의 흐름 속에서 쇼트 구분 없이 실재를 있는 그대로 보여주었다. 이후 영화는 다양한 쇼트들로 촬영하고 다양한 순서로 편집하면서 실재와 다른 가상의 스토리를 창조했다. 초창기 영화의 복제적 모방은 편집을 통해 창조적 모방으로 진화했다. 현재 영화는 디지털화되면서 기존의 창조적 모방의 기술적 한계를 뛰어넘어 무한한 창조적 실험이 가능해졌다.

영화는 현실 재현의 매체에서 머릿속에 그려진 상상을 눈앞에 생생하게 제시하는 매체로 진화하고 있다. 그러나 재현적 매체로서 영화이건 상상적 매체로서 영화이건 완전한 세계의 창조는 모방적 · 전체론적 · 편집적 · 통합적 사고에서 출발한다.

2 매체와 미디어 리터러시

1) 매체의 이해

매체는 미디어(media)라고도 불리는데 사전적인 의미로는 '사람과 사람 사이에서 정보나 의사를 전달시켜 주는 것'이라고 정의한다. 매체를 통해 우리는 사회를 파악하고 사회구성원 간의 의사소통이 가능하다는 의미이다.

매체가 발달된 외국에서도 매체는 '커뮤니케이션'의 하나로 해석되어 왔다.

전자시대의 문명 비평가, 커뮤니케이션 이론가로 널리 알려진 영국의 현대 사상가인 마셜 맥루언(Herbert Marshall McLuhan, 1911~1980)은 일찍이 '미디어는 메시지다'라는 주장으로 매체를 정의하였다.

이것의 의미는 간단하다. 그것은 모든 미디어가 우리 자신의 확장이며, 이 미디어의 개인적 및 사회적 영향은 우리 하나하나의 확장, 바꾸어 말하면 새로운 테크놀로지 하나하나가 우리에게 도입되는 새로운 척도로서 측정되어야 한다는 것이다(Herbert Marshall McLuhan, 1964).

초기의 이러한 사전적인 의미나 문명 비평가의 매체에 대한 접근은 매체를 단지 의사소통의 도구이거나 커뮤니케이션의 도구로만 이해하고 있다. 그러나 매체가 점점 발달해옴에 따라 최근에는 매체의 범위를 이보다는 좀 더 광의의 의미로 해석하고 있다. 매체를 단지 의사소통의 도구가 아니라, 이를 생산하고 유통하며 수용하기에 이르기까지의 모든 과정을 매체의 의미로 보고 있다.

넓은 의미에서 볼 때, 매체는 사람들의 생각이나 정서 그리고 다양한 정보와 지식 등을 전달하고 공유할 수 있도록 매개 역할을 하는 것이다. 즉, 음성뿐만 아니라 문자 또한 매체로 볼 수 있다(오미영 · 정인숙, 2005). 그러나 국어 교육에서는 이러한 매체의 정의 또한 지나치게 광범위한 것으로 보고 이보다는 다소 축소한 정의를 내리고 있다. 사람들의 생각이나 정서, 정보를 전달하고 공유할 수 있도록 매개의 역할을 하는 매체들 중에서 현대 사회의 기술력으로 만들어 낸 신문이나 라디오, 영화, 텔레비전 등의 전자 기술을 요하는 매체들을 이 시대의 가장 보편적인 매체로 본다(최미숙, 2006).

매체는 우리 생활 전반에 자리하고 있으며 이를 생산하고, 향유하며, 의미를 전달하기 위해서 기존과는 다른 사고방식과 의미구성 방식을 택할 수밖에 없게 된 것이다. 그러므로 국어 교육에서는 이러한 매체의 개념을 바탕으로 매체 언어에 관한 교육에 관심을 가지고 접근하고 있다.

기존의 언어활동은 음성 언어와 문자 언어를 중심으로 하여 말하기, 듣기, 쓰기, 읽기의 활동으로 이루어져 왔다. 그러나 다양한 매체의 발달과 그 속에서 형성된 또 다른 형태의 언어인 매체 언어에 관한 관심은 자연스럽게 매체 언어의 교육에 관한 관심으로 이어졌다. 매체 언어는 기존의 음성 언어와 문자 언어에 각종 대중매체를 통한 영상, 이미지를 포함하는 새로운 형태의 언어이다. 이러한 개념을 전제로 국어 교육에서의 매체 언어에 관한 수업이 이루어지고 있다. 결국 인간의 언어활동을 매체라는 관점에서 표출매체, 표상매체, 전자매체의 세 가지로 분류할 수 있는 근거는 이들이 모두 기호 언어(sign-language)를 사용하고 있다는 공통점에 있다. 또한 우리 일상의 언어활동이 이 세 가지의 매체를 복합적으로 사용하고 있다는 인식과 관련하여 매체 언어의 교육도 중요한 교육의 몫이라는 할 수 있다.

2) 미디어 리터러시

미디어 리터러시(media literacy)는 다양한 매체를 이해할 수 있는 능력이며, 다양한 형태의 메시지에 접근하여 메시지를 분석하고 평가하고 의사소통할 수 있는 능력이다. 이러한 미디어 리터러시가 있는 사람은 인쇄매체와 방송매체를 해석하고, 평가하고 분석하고 생산할 수 있다. 미디어 리터러시는 단순히 어떠한 기술의 습득이 아니며, 미디어 산업이나 일반적인 미디어 내용의 패턴, 그리고 매체 효과와 관련된 지식구조의 습득이다.

미디어 리터러시는 인지적 차원 이상의 것으로 미학적 · 감정적 · 도덕적 계발까지를 요구하는 것이다. 미디어 리터러시가 있는 의사소통자는 개인적 · 공적인 삶에서 미디어를 사용하는 방식에 대한 지식과 이해를 보여줄 수 있어야 한다. 또한 청중과 미디어 내용과의 복잡한 관계에 대한 지식과 이해를 보여줄 수 있어야 한다. 그리고 미디어 내용이 사회적 · 문화적 맥락에서 생산되는 것에 대한 지식과 이해를 보여줄 수 있어야 한다. 미디어의 상업적 본질에 대한 지식과 이해를 보여줄 수 있어야 하며, 특정한 청중과 의사소통하기 위해 미디어를 사용하는 능력을 보여주어야 한다. 미디어 리터러시는 읽기, 쓰기, 말하기, 컴퓨터 사용, 정보의 시각적 제시의 해독, 심지어는 음악적 제시의 해독 등 다양한 기능을 포함한다.

즉 '미디어 리터러시'란 미디어가 형성한 '현실'을 비판적으로 읽어내면서 미디어를 사용하여 표현해 가는 능력이다. 최근에는 컴퓨터를 능숙하게 다룬다는 의미에서 '컴퓨터 리터러시', '정보 리터러시'와 혼용하여 사용하는 경우도 있다. 그러나 여기서 말하는 '미디어 리터러시'란 기계의 조작 능력에 한정되지 않고, 미디어의 특성이나 사회적 의미를 이해하고 미디어가 내보내는 정보를 '구성된 것'으로 건설적인 '비판'을 하면서 자신의 생각을 미디어를 사용하여 표현하고 사회를 향한 효과적인 커뮤니케이션을 통해 미디어사회와 적극적으로 어울려 가는 총체적인 능력을 가리킨다.

19세기 중반 인쇄술의 발달과 더불어 등장한 리터러시의 개념은 단지 문자화된 기록물을 통해 지식과 정보를 획득하고 이해할 수 있는 수준을 의미하는 정도였다. 즉, 문자 해독으로서의 리터러시만을 의미하였다. 그러나 사회가 발달하고 그에 따라서 커뮤니케이션 수단이 발달하면서 리터러시는 단지 문자만을 해독하는 기능을 넘어서 생활 기능으로서 자리 잡게 된 것이다.

전통적인 개념의 리터러시는 사회의 변화와 함께 더 이상 언어를 읽고 쓰는 피상적인 의미만을 내포하는 개념이 아닌, 언어를 전제로 다양하고 구체적인 사회적 문제 상황들에 대처해내고, 언중들 사이에 공유된 문화를 향유할 수 있는 기술로 그 개념이 확장된 것이다.

리터러시는 한 개인의 언어를 읽고 쓸 수 있는 능력(기술)이며, 이는 곧 자기 자신이 누구이며, 무엇을 경험하였는지, 그리고 세계와 언어에 대해서 무엇을 알고 있는지, 그 모든 것을 반영하고 있다.

20세기 이전처럼 문맹률이 높지 않기 때문에 문자를 단지 읽고 해석하는 기능적인 면을 말하는 것이 아니라 이제는 자신이 경험한 것, 알고 있는 것, 그리고 그러한 것들을 적절하게 표현하고 타인을 설득할 수 있는 모든 능력을 리터러시라고 말할 수 있는 것이다. 이러한 관점에서 본다면 미디어 리터러시 또한 단지 미디어를 통해서 감상하고 이해하는 수준을 넘어선 다른 능력을 가리킨다는 것을 알 수 있다. 미디어를 통해서 사회를 이해하고, 비판할 뿐만 아니라 미디어를 통해서 자신의 생각을 표현하고 평가할 수 있는 능력까지 포함한다.

이는 미디어 리터러시를 통한 리터러시 개념의 초점은 문식적 사고(literacy thought)에 있으며, 이러한 문식적 사고는 다음과 같은 능력을 가리킨다.

- 사회와 문화, 개인에게 침투한 미디어 내용을 '텍스트'로 인지하는 능력
- 사실적 이해를 위해 텍스트에 드러난 형식적인 특징을 해석하는 능력
- 추상적 · 논리적 이해를 위해 미디어에 대한 다양한 관점을 갖는 능력

- 이해하는 과정에서 지적이고, 개념적이고, 정서적인 이해를 통합시키는 능력
- 미디어의 영향력을 개인적인 것과 사회문화적인 것으로 구분하여 인지하는 능력
- 미디어의 전달 과정에 대한 이해 능력
- 미디어 메시지를 분석하고 비평할 수 있는 전략을 갖추는 능력
- 미디어 메시지를 즐기고, 이해하고, 평가하는 태도를 향상시키는 능력

미디어 리터러시는 문자적 읽기의 개념으로서 텍스트를 인지하는 능력과 미디어의 전달과정을 이해하고 미디어 메시지를 분석하고 즐길 수 있으며 평가하는 능력까지 갖추는 문식적 사고를 요구하게 된 것이다.

그러나 급격한 과학의 발달로 매체(미디어)는 날로 진화하고 있으며 아이들은 이러한 매체에 무방비로 노출되고 있다. 시각적 영상매체와 인터넷, 문헌 정보, 텔레비전과 라디오, 핸드폰 등 매체는 그 종류의 다양성뿐만 아니라 매체 각각의 진보와 발전 속도도 매우 빠르게 진행되고 있다.

이처럼 인간을 둘러싼 미디어 환경 속에서 최근의 미디어 리터러시의 개념은 또 한 번의 진화를 통해 각각의 미디어를 이해하고 평가하는 능력을 넘어 각각 다른 미디어들을 연결하고 통합하는 수준에까지 이르게 되었다.

시각자료나 영상매체가 전달하고자 하는 메시지를 올바르게 해석하고 이해할 수 있는 능력을 길러 줄 수 있는 시각 리터러시, 텔레비전을 비판적으로 보고 이해할 수 있는 능력을 함양해주는 텔레비전 리터러시, 컴퓨터에 관한 컴퓨터 리터러시, 인터넷에 관한 네트워크 리터러시, 문헌 정보 전문가에 의해 주창되기 시작한 정보 리터러시, 컴퓨터 · 인터넷 · 네트워크 · 정보 등을 모두 포함한 테크놀로지 리터러시 등 여러 종류의 리터러시가 그때마다 시대적 · 사회적 요구에 따라 대부분 단편적이며 제한적으로 리터러시 교육이 실시되어 왔다. 그러나 모든 미디어가 통합되어 가고 있는 요즘 이들 다양한 리터러시도 서로 연결을 지어 '멀티리터러시(Multi-literacy)'(The New London Group, 1996)라는 이름하에 체계적이고 통합적인 교육이 이루어져야 한다.

미디어 교육에서 미디어의 멀티리터러시를 지향하는 바는 시사하는 의미가 크다. 이는 미디어 환경의 변화에 적절하게 대처해야 한다는 의미이기도 하고, 미디어를 통한 문식적 사고의 기능이 더 강화되어야 함을 뜻하기도 한다.

각각의 미디어를 이해하고 분석하는 능력을 넘어서 각 미디어를 연결하고 통합하는 멀티리터러시는 독서지도에서 미디어를 활용하고자 하는 목적성에 부합하기도 한다. 미디어 리터러시에 대한 기본적인 이해 없이는 활용 또한 불가능한 이야기이다. 그 예로 기본적인 문자적 기능의 리터러시가 선행되어야 하는 독서지도에서 매체를 활용하는 것은 멀티리터러시의 개념과 통한다고 볼 수 있다.

Chapter

03

통합적 문화예술교육의 이해

1 문화교육과 예술교육

문화예술교육에서의 교육은 문화교육과 예술교육으로 구분할 수 있다. 문화예술교육은 자신이 포함된 사회 속에서 문화를 배우고, 이를 통해 더욱 풍요로운 삶을 영위할 수 있는 교육이라 할 수 있다. 그러므로 공연장과 미술관과 같은 문화예술기관, 역사와 전통을 담아낸 박물관, 전시관 등을 비롯하여, 지역사회의 행사나 학교의 교과교육, 방과후 학교, 재량학습 등의 형태로 진행되고 있다. 일반적으로 문화교육은 '문화에 의한 교육'과 '문화에 대한 교육'으로 구분할 수 있다(윤애숙, 2005).

첫째, '문화에 의한 교육'은 전인교육의 측면에서 한 문화권 속에서 발생하는 문제를 스스로 해결해 나갈 수 있는 능동적이고 자발적인 능력을 지닐 수 있도록 하는 것이다. 특히 일종의 자아 교육으로서 사회의 변화 속에서 결여된 것을 보완하도록 도와주는 의미가 강하며, 교육의 주체가 능동적으로 임하는 것이 매우 중요하다.

둘째, '문화에 대한 교육'은 서로 다른 나라, 민족이 지닌 문화를 어떻게 해석하고 행동할 것인지에 대해 가르치는 교육이다. 즉, 세계의 여러 문화를 바르게 이해하며 서로 다른 문화권에서 문화적 차이에 의한 문제가 부딪혔을 때 해결할 방법을 제공하는 문화교육이다. 서로 다른 문화를 구분하고 경계 짓는 것보다는 각자의 문화를 이해하고 수용할 수 있는 공동체성을 지녀야 한다는 면을 중요시한다.

예술교육 역시 문화예술교육과 유사하게 '예술을 위한 교육'과 '예술을 통한 교육'으로 구분된다(유혜경, 1998).

첫째, '예술을 위한 교육'은 흔히 떠올릴 수 있는 예술교육의 개념을 대표한다. 즉, 전문 예술가 육성을 이론과 실기교육 또는 예술작품 감상을 위한 교육 등 예술의 본연적인 가치와 의미를 그대로 전하고 싶어 하는 예술지향적 개념이다. 직업예술가를 양성하는 예술교육이다.

둘째, '예술을 통한 교육'은 예술을 매개체로 하여 삶의 여러 가지 문제들을 조명하고, 일종의 교양과 소양교육을 위한 수단으로 보는 것이다. 삶에 대한 풍요로움과 깊이를 더하는 대중 예술교육이다. 학습자들의 능동적이고 자발적인 자세를 통해 습득하는 교육으로 예술을 경험하고 체험하면서 이를 통해 심미적 감각을 향상시키고, 풍요롭고 창의적인 삶의 깊이를 더할 수 있는 삶을 영위할 수 있는 바탕을 제공한다.

예술교육은 주로 무용교육, 음악교육, 미술교육, 연극교육 등 각 장르에 관한 교육을 총칭하는 의미로 사용되었으며, 각 장르 예술의 고유한 교육방식, 교육과정 등을 중심으로 이루어져 왔다(송미숙, 2012). 그러므로 예술교육은 지향해야 할 목표가 탈 장르적이며 통합적인 교육과정 및 예술교육과정의 중심연구 주제, 기능 전수 중심에 대한 문제점 등에 대한 논의는 미비하게 이루어져 왔다(김은영, 2006). 우리나라의 경우 1990년대 초반부터 예술교육과 관련된 다양한 관점의 담론이 논의되기 시작했다. 이후 예술교육의 예술지향적이고, 기능중심의 교육에 대해 문제의식을 느끼고, 문화교육을 바라보는 관점이 보완되어서 내용이 구성되어야 한다는 본질적인 측면에서 논의가 이루어졌고, 2000년대 중반부터 지식중심 교육의 대안으로 문화예술교육에 대해 주목하기 시작했다(송미숙 외, 2019).

고경화(2003)는 예술교육을 교육의 여러 분야 가운데 하나로 도덕교육, 지식교육, 언어교육, 과학교육 등과 구별된 영역과 과제를 가지고 있다고 하였다. 아울러 다른 교육 분야들과 상호작용하여 서로 촉진하는 관계를 가지고 있다고 하였다. 예술교육은 사회적 요구에 부응하는 역할을 가진 것으로 보고 있다. 예술교육을 교육적 기능에 따라 범위를 '감각능력을 키우는 예술교육', '창의성 함양을 위한 예술교육', '전인교육을 위한 예술교육'으로 구분하였다. 결국 예술교육은 도덕, 언어, 과학 등 다른 분야들과 상호작용하여 인간의 발달과정을 위해 작용하는 것으로 정리될 수 있다(안혜진, 2006).

표 3-1 교육적 기능으로 구분된 예술교육의 범위

범위	내용
감각능력을 키우는 예술교육	• 예술교육은 예술을 느끼고 표현할 수 있는 감각능력을 키우는 과정 • 감각능력의 함양과 미적 대상에 대한 상상력을 키우는 것 • 미적 체험을 통해 미적 판단능력을 발달 발달시키는 것
창의성 함양을 위한 예술교육	• 창의성을 올바르게 기르는 교육은 미래사회를 위한 교육 • 창의성의 구성요인인 감수성, 유창성, 융통성, 독창성, 재구성 능력이 부여된 예술교육활동은 인간의 창의성 계발을 촉진함
전인교육을 위한 예술교육	• 예술교육은 인간이 조화롭게 발달하게 하는 교육 • 예술교육에서 이상적인 인간상은 이성과 감성이 조화된 인간

출처: 고경화(2003). 예술교육의 역사와 이론. 서울: 학지사. 재구성.

2 문화예술교육

문화예술교육에 대한 정의는 학자마다 차이가 있으나 궁극적인 목적은 문화예술이라는 도구를 통해 창의력을 키우며 인간의 삶 질 향상에 있다.

방은영 등(2017)은 "문화예술교육은 인간으로 하여금 타고난 예술적 재능을 삶에서 발휘하는 가운데 풍요로운 삶을 돕는 교육이다. 즉 음악, 무용, 미술, 연기 등 다양한 문화예술 분야에서 드러날 수 있는 예술적 재능을 최대한 길러주고 향유하도록 하는 데 그 목적이 있다."고 하였다.

한국예술교육학회(2017)는 문화예술교육은 용어의 구성에서 나타나듯이 문화, 예술, 교육의 합성어로서, 그 영역이 각각 독립되어 병렬적으로 나열된 특성을 보인 것이 아니라, 이 모든 영역이 함께 녹아들어 자연스럽게 융합된 형태의 고유한 특성이 있다. 즉, 문화예술교육이란 지식을 기반으로 한 문화의 성장을 목적으로 하는 예술활동이 자연스럽게 삶 속에 스며들어 하나의 생활양식으로 굳어진 형태로서, 이 형태는 생활 속에서 예술적 잠재력을 발견하고 능력을 발전시켜 꿈과 끼를 주며, 궁극적으로는 민주 시민으로서 조화로운 인격을 형성시켜 주는 예술교육이다(이예지, 2018).

한수정 등(2020)은 문화예술교육은 단어에서 유추할 수 있듯이 문화, 예술, 교육이 합해져 만들어진 용어이다. 이는 다양한 문화를 경험하거나 음악, 미술, 연극 등 예술 영역에 내재하여 있는 예술적인 면과 전문적이고 기술적인 면을 체험하는 통합적인 교육을 뜻한다. 문화예술교육의 목적은 양질의 문화예술교육 경험을 통해 사람들의 삶의 질을 향상하고, 개인이나 사회구성원의 문화적 잠재 능력을 극대화하는 것에 있다.

송미숙 등(2019)은 문화예술교육의 주요 목적은 문화예술 경험을 통해 예술적 기능 및 지식과 이해를 증진하고 다양한 문화예술활동에 적극적으로 참여할 수 있도록 함으로 문화예술을 향유하고 발전시킬 수 있도록 기여하는 것이며, 의의는 문화예술교육 활성화를 통해 국민의 문화적 삶의 질 향상과 국가의 문화역량 강화에 이바지하는 것이다.

3 문화예술교육의 영역

문화예술교육은 인간의 조화로운 발달에 목적을 두고 그 실현방법을 문화예술에서 찾는 교육으로 현 시대에 적응하는 창조적 · 생태적 · 인성적 인간을 길러내는 새로운 이념이다(김리아, 2012).

탈산업사회, 지식정보화사회에 살고 있는 우리들에게 문화예술교육은 사회 · 문화적 가치를 구현하는 데 있어 근간이 된다. 4차 산업혁명시대에 빠르게 그리고 다양하고 급변하는 패러다임의 변화에 대응하기 위해 새로운 인재상이 필요하다. 21세기를 살아가기 위해서는 창의력과 상상력 그리고 통합적인 사고력이 필요한 때 모든 사람에게 차별 없이 이러한 능력을 줄 수 있는 것이 바로 문화예술교육이다.

문화예술교육은 대상에 따라 구분할 수 있는데 일반 시민의 창의성과 문화적 해독력을 기르는 교육과 예술가 등 전문가를 양성하기 위한 교육이 있다. 그 외에도 학습 주체와 교육을 제공하는 기관의 성격에 따른 구분, 유아·청소년·성인·노인 등 연령에 따른 구분, 그리고 여성·장애인·저소득층·외국인 근로자 등 사회적 소수자 중심의 계층적 접근에 따른 구분이 있다.

문화예술교육 정책 중심으로 우리 사회의 특성과 지향점에 대한 부분과 미적 의사소통으로 확산과 관련된 부분, 그리고 문화적 해독력과 관련된 부분으로 구분한다. 순수예술을 중심으로 하는 전통적 예술 영역과 다양하고 새로운 형식으로 표현되는 문화적 양식으로 이해하고 습득하며 드러낼 수 있는 제반 영역으로 구분할 수도 있다.

영역에 따라서는 학교교육과 평생교육 외에도 학습 주체에 따라 청소년교육과 성인교육, 교육 지원에 따른 성격과 학습 목표에 따라 향수자교육과 매개자교육 및 창작자교육, 교육 제공 주체에 따른 학교교육과 사회교육으로 구분한다.

문화예술교육은 긍정적인 인간관계를 통해 다른 삶을 살 수 있게 해 주는 대안으로 작용할 수 있다. 그러므로 문화예술교육이 우리나라에 필요성이 제기되어 태동하게 된 이유는 다음과 같다(김리아, 2012).

첫째, 현상극복을 위한 교육으로 현재의 위기를 극복하고 미래를 준비하기 위한 대안적 교육으로서 문화적 감수성(cultural sensitivity)과 문화적 인식(cultural awareness), 문화적 리터러시(cultural literacy)를 배양하는 교육을 통해 현재의 위기를 극복할 수 있는 개인과 사회의 역량강화(empowerment)를 하는 것이다.

둘째, 문화예술교육은 미래의 준비를 위한 교육이다. 지식기반사회 이후 우리 사회가 논리적·선형적·능력적·컴퓨터와 같은 디지털 능력을 요구하는 정보화 시대 경제와 사회로부터 창조의 능력, 공감하는 능력, 큰 그림을 그리는 능력 등을 필요로 하는 하이콘셉트(high-concept, 서로 관계없어 보이는 아이디어를 묶어 남들이 생각 못한 새 개념을 창조해 내는 새로운 패러다임)의 시대로 천천히 이동해 가고 있다(Pink, 2009). 하이콘셉트는 예술적 · 감성적 아름다움을 창조하는 능력, 트렌드(trend)와 기회를 감지하는 능력, 훌륭한 이야기를 만들어 내는 능력, 언뜻 관계가 없어 보이는 아이디어를 결합해 뛰어난 발명품으로 만들어 내는 능력 등과 관련이 있다. 하이터치는 공감을 이끌어내는 능력, 인간관계의 미묘한 감정을 이해하는 능력, 평범한 일상에서 목표와 의미를 이끌어내는 능력과 관련이 있다(김리라, 2012).

핑크(Pink)에 의하면 물질적 풍요의 확대와 과학기술의 진보, 그리고 세계화의 진전이라는 세 가지 동력이 결합하여 이 새로운 시대를 이끌고 있다. 물질적 풍요로 인해 정신적 가치에 대한 열망이 높아지고, 과학기술의 발달로 일부 직종이 기계로 대체되어 사라지고 있는 것이다. 세계화의 진전은 선진국 지식근로자로 하여금 단순한 업무를 해외로 이전시키고 그 외 새로운 업무를 개발해야 하며, 컴퓨터가 대신할 수 없는 능력을 찾아 개발하도록 압력을 가하고 있다. 핑크는 이러한 사회를 '고도 개념과 고도 감성(high-concept and hing-touch)'의 사회라 부른다. 핑크는 하이콘셉트의 시대에 미래의 인재가 갖추어야 할 6가지 조건으로 디자인, 이야기, 조화, 공감, 놀이, 의미를 들고 있다. 이러한 것들은 아웃소싱하거나 자동화하기 어려운 재능들로서 문화예술교육을 통하여만 습득될 수 있는 것들로 보았다(김리라, 2012).

2006년 6월부터 시행된 「문화예술교육지원법」은 제1조에서 "이 법은 문화예술교육의 지원에 필요한 사항을 정함으로써 문화예술교육을 활성화하고 나아가 국민의 문화적 삶의 질 향상과 국가의 문화 역량 강화에 이바지함을 목적으로 한다."라고 규정하고 있다. 동법 제3조에서는 아울러 문화예술교육의 기본원칙에 대해 "문화예술교육은 모든 국민의 문화예술 향유와 창조적 함양을 위한 교육을 지향한다."라는 점과 아울러 "모든 국민은 나이, 성별, 장애, 사회적 신분, 경제적 여건, 신체적 조건, 거주지역 등에 관계 없이 자신의 관심과 적성에 따라 평생에 걸쳐 문화예술을 체계적으로 학습하고 교육받을 기회를 균등하게 보장받는다."라고 규정하여 문화예술교육 정책의 지향점을 보다 명확히 하고 있다(「문화예술교육지원법」, 2020).

Chapter 04

통합적 문화와 예술의 변화

1 포스트모더니즘

오늘날 하루가 다르게 달라지고 있는 정보기술의 발달은 삶의 방식을 빠르게 변화시키면서 문화의 대중화, 영상매체를 통한 문화의 사이버화, 자본과 결탁한 문화의 상품화, 무경계의 지구촌 형성과 이로 인한 문화의 세계화 현상 등을 가속화시키고 있다. 이러한 변화는 정보화 시대, 대중매체 시대, 영상문화 시대 등이 시대를 지칭하는 다양한 용어를 통해 확인할 수 있는데, 이러한 새로운 유형의 사회생활과 경제적 질서의 출현과 관련되어 나타나는 문화적 현상을 포괄적으로 지칭하는 용어로 등장한 것이 바로 포스트모더니즘이다.

포스트모더니즘은 진리를 인식할 수 있는 절대적 기반이나 가치의 기준이 성립될 수 있다는 모더니즘의 가정을 부정하고, 진리는 그것에 접근하는 인간의 관심과 이해의 산물이라고 주장한다(박소영, 2001). 이렇게 포스트모더니즘은 사실이 단지 해석이며, 진리는 유일한 것이 아니라 개별적인 그룹의 구성이라는 것, 그리고 모든 지식은 문화와 언어에 의해 조정된다고 주장한다. 또한 포스트모더니즘은 근대적 인식론의 틀을 해체시켜 억압적인 언어의 규제들로부터 이질적인 기표의 해방을 가져왔다. 고정된 기표란 존재하지 않으며 그 의미는 그것을 생산하거나 해석하는 문화와 관련된다. 이처럼 새로운 시각에 의한 가치관의 혼란은 이미지를 주요 표현 수단으로 하는 시각예술인 미술의 위기이며 또한 새로운 희망이 될 수도 있을 것이다.

포스트모더니즘은 1960년에 일어난 문화운동이면서 정치 · 경제 · 사회의 모든 영역과 관련되는 한 시대의 이념이다. 이 운동은 미국과 프랑스를 중심으로 학생운동 · 여성운동 · 흑인민권운동 · 제3세계운동 등의 사회운동과 전위예술, 그리고 해체(deconstruction) 혹은 후기구조주의 사상으로 시작되었으며, 1970년대 중반 점검과 반성을 거쳐 오늘날에 이른다.

포스트모더니즘을 알기 위해서는 모더니즘에 대한 이해가 필요하다. 서구에서

근대 혹은 모던(modern) 시대라고 하면 18세기 계몽주의로부터 시작된 이성중심주의 시대를 일컫는다. 종교나 외적인 힘보다 인간의 이성에 대한 믿음을 강조했던 계몽사상은 합리적 사고를 중시했으나 지나친 객관성의 주장으로 20세기에 들어서면서 도전받기 시작하였다. 니체, 하이데거의 실존주의를 거친 후 포스트모던 시대는 J. 데리다, M. 푸코, J. 라캉, J. 리오타르에 이르러 시작된다.

니체와 프로이트의 영향을 받은 이들은 계몽주의 이후 서구의 합리주의를 되돌아보며 하나의 논리가 서기 위해 어떻게 반대논리를 억압해왔는지 드러낸다. 데리다는 어떻게 말하기가 글쓰기를 억압했고, 이성이 감성을, 백인이 흑인을, 남성이 여성을 억압했는지 이분법을 해체시켜 보여주었다. 푸코는 지식이 권력에 저항해왔다는 계몽주의 이후 발전논리의 허상을 보여주고 지식과 권력은 적이 아니라 동반자라고 말하였다. 둘 다 인간에 내재된 본능으로 권력은 위에서의 억압이 아니라 밑으로부터 생겨나는 생산이어서 이성으로 제거되는 것이 아니라는 것이다. 라캉은 데카르트의 합리적 절대자아에 반기를 들고 프로이트를 귀환시켜 주체를 해체한다. 주체는 상상계와 상징계로 되어 있고 그 차이 때문에 이성에는 환상이 개입된다는 것이다. 리오타르 역시 숭엄(the Sublime)이라는 설명할 수 없는 힘으로 합리주의의 도그마를 해체한다. 따라서 철학에서의 포스트모더니즘은 근대의 도그마에 대한 반기였다.

문화예술의 경우는 시기 구분이 좀 더 세분화된다. 19세기 사실주의(realism)에 대한 반발이 20세기 전반 모더니즘(modernism)이었고 다시 이에 대한 반발이 포스트모더니즘(post-modernism)이다. 사실주의는 대상을 그대로 옮길 수 있다는 재현(representation)에 대한 믿음으로 미술에서는 원근법을 중시하고 어떻게 하면 실물처럼 그릴까 고심했다.

문학에서는 저자가 객관적인 실재를 그릴 수 있다는 믿음으로 줄거리가 인물을 조정하여 원근법과 같은 효과를 나타내었다. 이런 사실주의는 20세기에 들어서 베르그송(Henri Bergson)의 시간의 철학 · 실존주의, 아인슈타인의 상대성이론 등 객관진리, 단 하나의 재현에 대한 회의가 일어나면서 도전받는다. 대상은 보는 자의 주관에 따라 다르다는 전제도 미술에서는 인상주의로부터 시작되어 입체파 등 구상보다 추상으로 옮아가고 문학에서는 저자의 서술 대신 인물의 서술인 독백(의식의 흐름)형식이 나온다.

모더니즘은 혁신이었으나 역설적으로 보수성을 지니고 있었다. 재현에 대한 회의로 개성 대신에 신화와 전통 등 보편성을 중시했고 피카소, 프루스트, 포크너, 조이스 등 거장을 낳았으나 난해하고 추상적인 기법으로 대중과 유리되었다. 개인의 음성을 되찾고 대중과 친근하면서 모더니즘의 거장을 거부하는 다양성의 실험이 포스트모더니즘이었다. 따라서 철학에서는 모던과 포스트모던 상황이 반발의 측면이 강하지만 예술에서는 연속의 측면도 함께 지닌다. 비록 이성과 보편성에 의지했지만 이미 재현에 대한 회의가 모더니즘(현대성)에서 일어났기 때문이다.

각 영역에서의 특징을 살펴보면 다음과 같다. 미술에서는 추상 대신에 대중성을 띠고 다시 구상이 등장하였다. 그런데 팝아트처럼 같은 대상을 여러 번 찍어 '다르게 반복하기'를 선보이는 경우, 〈모나리자〉 등 친숙하고 고유한 원본을 패러디하여 '다양한 재현들'을 선보이는 경우, 예술가의 권한을 축소한 미니멀 아트(미니아튀르) 등, 단 하나의 절대재현을 거부한다.

문학에서는 인물의 독백이 사라지고 다시 저자가 등장하는데 더 이상 19세기 사실주의와 같은 절대재현을 못 한다. 작가가 자신의 서술을 되돌아보고 의심하는 자의식적 서술(메타 픽션), 현실과 허구의 경계와해, 인물과 독자에게 선택권을 주는 열린 소설, 보도가 그대로 허구가 되는 뉴저널리즘, 작가의 권한을 최소화한 미니멀리즘 기법 등이 쓰인다. 영화와 연극 역시 사실주의의 패러디로서 환상적 기법, 자의식적 기법을 사용한다. 무용에서는 토슈즈를 신었던 19세기 발레에서 맨발의 자유로움과 기법을 중시한 모더니즘, 그리고 다시 운동화를 신는 포스트모던 댄스로 대중성과 개성이 중시된다. 서사(narrative), 기호학 등 비평이론의 경계와해는 공연예술에서 탈장르로 나타난다. 포스트모던 건축은 기능주의적이고 중앙집권적인 밋밋한 건축에서 장식과 열린 공간을 중시하고 분산적이며 옛것에 현대를 접합시킨 패러디가 유행한다.

개성 · 자율성 · 다양성 · 대중성을 중시한 포스트모더니즘은 절대이념을 거부

했기에 탈이념이라는 이 시대 정치이론을 낳는다. 또한 후기산업사회의 문화논리로 비판받기도 한다. 산업사회는 분업과 대량생산으로 수요에 의해 공급이 이루어지던 시대이다. 이제 컴퓨터 · 서비스산업 등 정보화 시대에 이르면 공급이 넘치고 수요는 광고와 패션에 의해 인위적으로 부추겨진다. 빗나간 소비사회는 때로 포스트모더니즘의 실험적이고 긍정적인 측면을 무력하게 만들기도 한다.

탈이념, 광고와 패션에 의한 소비문화, 여성운동, 제3세계운동 등 포스트모던 시대의 사회정치현상은 한국 사회와도 무관하지 않다. 미술 · 건축 · 무용 · 연극에서는 실험과 저항이 맞물려왔고 1980년대 말 동구권의 사회주의 몰락과 문민정부의 출현은 한국 문학과 예술에도 포스트모던 바람을 불게 하였다. 근대나 현대는 서유럽에 비하여 짧고 급속히 이루어졌기에 시민의식과 기술산업사회가 균형을 이룰 수 없다. 서유럽과 한국 사회를 똑같이 볼 수 없는 여러 상황에 의해 한국 사회에서 포스트모더니즘은 영역에 따라 큰 차이를 보인다.

철학에서 탈근대주의는 포스트구조주의의 영향으로 예술계에서 탈근대주의는 사실주의와 근대주의의 반발 작용으로 일어났다고 보는 것이 일반적이지만 두 영역에서 서로 추구했던 점은 비슷하다고 볼 수 있다.

탈근대주의가 철학에서 생겨나기 시작한 것은 근대주의와 구조주의의 반발 작용이었다. 구조주의에 대항하는 목소리가 커지고 그것이 포스트구조주의로 이어지면서 탈근대주의가 생겨나게 된 것이다. 실제 포스트구조주의와 탈근대주의는 상당히 비슷한 개념이다. 이후 탈근대주의 철학자로 분류되는 철학자들이 생겨나게 되었고, 다양한 이론들이 제시되었다. 탈근대주의는 일률적인 것을 거부하고 다양성(多樣性)을 강조하였으며, 이성을 중시하며 등장한 근대주의가 추구한 정치적 해방과 철학적 사변도 하나의 이야기(거대 서사 혹은 큰 이야기)에 지나지 않음을 강조했다. 또한, 칸트가 순수 이성이 만들어 낸 산물이라 했던 이념의 실현을 불가능하다고 주장함으로써 정치철학도 막대한 영향을 끼쳤다.

이렇듯 철학에 지대한 영향을 끼친 탈근대주의가 예술에 끼친 영향도 컸다. 예를 들어, 미술, 음악의 대중화와 미술에서 등장한 팝아트와 비디오아트, 음악에서 등장한 랩과 같은 장르의 발생을 들 수 있다. 이러한 장르는 기존의 예술과는 매우 다르게 개성이 넘치고 자율적이며 다양하다는 특징이 있는데, 이는 탈근대주의와 부합한다고 볼 수 있다. 문학에서는 장르의 벽이 느슨해지고 전지적 시점보다는 다른 시점을 채택함으로써 현실감을 증대시키고 독자의 상상력을 중시하게 된다. 소설의 마지막에 약간의 여운을 남겨두고 독자를 생각하게끔 하는 것도 탈근대주의의 영향으로, 작가 위주의 문학에서 벗어나 독자가 능동적으로 읽을 수 있도록 하는 것이 특징이다.

2 시각문화

시각문화(visual culture)는 '시각(visual)'과 '문화(culture)'의 결합어로, 문자(text)와 구분되는 시각적 '이미지'를 중심으로 하는 문화를 의미한다. 여기서의 문화는 광의의, 인류의 제도 · 관습 · 규범 · 종교 · 신념 · 예술 등을 포괄하는 인류학적 개념의 문화로, 시각문화 역시 미술, 디자인, 영상 및 그 외 모든 시각적 이미지와 관련된 매우 광범위한 개념이다. 20세기 후반 미술사 및 시각매체 관련 연구에서 확산되었으며, 한국에서는 1990년대 후반 이후 보편화되었다.

1) 배경과 역사

시각문화라는 용어는 미술교육 분야에서는 준 킹 맥피(June King McFee, 1917~2008)가 다문화미술교육 등 변화된 미술교육의 대상에 대해 논하며, 또 미술사에서는 미국의 미술사학자 스베틀라나 알퍼스(Svetlana Alpers, 1936~)가 처음 사용한 것으로 알려져 있다. 특히 알퍼스는 17세기 네덜란드 회화를 연구한 저서

『The Art of Describing』(1984)에서 문자 중심의 인식체계와 대비되는 시각 중심의 인식체계를 강조하려는 의도로 이 용어를 사용하였으며, 이러한 접근법을 통해 17세기 네덜란드에서 생산된 이미지들을 기존의 양식적 · 도상적 해석이 아닌 그것을 넘어선 당대 사람들의 인식체계의 측면에서 분석하고자 하였다. 알퍼스가 정확한 출처는 밝히지 않았지만, 특기할 만한 점은 이 용어를 미술사학자 마이클 박산달(Michael Baxandall, 1933~2008)에게서 빌려온 것이라 하였다는 점이다. 박산달은 '시각문화'라는 용어를 사용한 적은 없으나, 1972년 저서에서 한 사회 대 특정 집단이 공유하는 인지양식, 즉 특정한 이미지를 특정한 방식으로 이해하고 감상하도록 하는 '시대의 눈(period eye)'이란 개념을 주창한 바 있으며, 후대 학자들은 알퍼스가 박산달의 이 개념을 참고한 것으로 추측하고 있다.

1980년대와 1990년대 미국에서는 다양한 시각문화 관련 연구와 논의가 이루어졌으며, 대표적인 이론가로는 니콜라스 미르조에프(Nicholas Mirzoeff, 1962~) 등이 있다. 현대의 무차별적으로 생산되는 이미지와 변화해가는 시각문화 환경 속에서 시각문화 연구는 꾸준히 성장해가고 있다. 미술사학보다는 좀 더 동시대성과 학제적 성격을 띠며, 따라서 우려와 비판은 다수 존재하나 미술사학의 하나의 논리적 · 이론적 확장으로도 여겨지고 있다.

2) 특징

시각문화는 매우 광범위하고 포괄적인 개념으로 인류학과 밀접한 관련이 있으며, 미술사에서는 신미술학이나 예술사회사적 접근 등과 관련 깊다. 시각문화 연구의 주요한 특징 중 하나는 기존의 전통 미술사학에서 다루던 회화, 조각, 건축 외에도 상업디자인, 광고, 사진, 영화, 매스미디어, 컴퓨터와 가상현실의 이미지 등 우리가 일상생활에서 접할 수 있는 대부분의 매체와 이미지를 다루고 있다는 점이다. 또한 이를 어떤 위계적 평가 없이 다룬다는 점, 즉 어떤 매체 간 · 장르 간 우위도, 고급문화와 대중문화 간의 우열도 부정한다. 시각문화 연구는 회화사, 조각사, 건축사, 영화사 등 기존의 매체 중심 연구방법론에서 벗어나 보다 총체적으로 현대에 끊임없이 제작되는 이미지와 그와 관련한 여러 시각체험을 바라보고자 하며, 따라서 학제적(inter-disciplinary) 성격을 띠고 있다.

시각문화 연구의 범위와 대상, 방법론에 대해서는 많은 우려와 비판이 존재하나, 2000년대 이후, 그리고 오늘날까지도 시각문화 연구는 꾸준히 이루어지고 있으며, 오히려 다양화되고 다변화되는 시각환경 속에서 시각문화에 대한 관심은 더욱 확산되고 있다.

포스트모던 시대에서 문화의 대중화 현상은 문화의 생산과 소비가 소수의 엘리트 계층에 의해서가 아니라 다수의 대중에 의해서 이루어진다는 의미를 가지며 텔레비전, 인터넷과 같은 대중매체에 의해 대중문화가 지배적인 위치를 차지한다. 이것은 지역, 인종, 성 등을 초월한 보편적이고 절대적인 진리관이나 엘리트주의를 탈피하여, 주체와 진리의 탈중심화적 차원에서 다원주의적 양상을 의미한다(황연주, 2004).

미술계에서는 장르의 해체로 인하여 대중문화와 고급문화가 공존하며, 대중문화가 더 이상 도외시되거나 기피되지 않게 되었다. 설치미술이나 퍼포먼스, 비디오아트 등과 같은 개념들이 나오면서 회화나 조각과 같은 전통적 의미의 장르 구분은 이제 무의미하게 된 것이다. 미술의 많은 양상에서는 아예 미술과 비미술, 미술과 일상의 경계마저도 허물어졌으며, 21세기 미술계에서의 이러한 탈장르화 현상은 항상 새로운 그 무언가를 추구하는 미술가들의 욕망이, 대중의 일상생활과 유리된 채 미술관 안에서 존재해 왔던 기존 미술문화의 귀족주의를 벗어나려는 반성적 움직임과 맞물리면서 한층 고조되고 있다.

포스트모던 시대에서 문화의 대중화에 주요한 기능을 한 대중매체는 특히 이미지의 대중화를 가지고 왔다. 이러한 양상은 바로 기술의 발전뿐만 아니라 시각적 이미지가 정보의 전달과 수용에 가장 민감하고 효과적으로 작용하기 때문일 것이다. 아른하임도 인간은 약 70%의 정보를 시각을 통해서 받아들인다고 했는데, 이것이 현대 사회의 커뮤니케이션에서 시각적 이미지가 주요한 정보전달의 수단이 되었고, 하나의 문화적 현상으로 떠오르게 된 주요한 원인이 되지 않았을까 한다. 즉, 시각적 이미지가 오늘날의 문화를 지배하는 대표적인 문화양상 중의 하나가 되었는데, 그것을 중심으로 발달한 모든 시각적인 문화현상들을 일컬어 '시각문화'라고 지칭할 수 있는 것이다. 시각문화는 모든 문화적 양상에서 우리의 시각과 밀접한 관련을 가지고 있는 회화나 판화, 조각, 건축 등과 같은 기존의 전통적인 미술영역뿐만 아니라 사진, 영화, 텔레비전, 비디오, 광고물, 만화, 포스터 등 모든 시각적인 매체를 통한 시각적 이미지에 의한 문화현상을 말하며(황연주, 2004), 오늘날 우리는 이러한 시각문화에 의해 원하든 그렇지 않든 간에 일상생활 속에서 끊임없이 이러한 시각적 이미지들과 부딪치고 그러한 것들로부터 정보를 얻고 영향을 받는다. 이러한 현상은 앞으로도 더욱 가속화되어 갈 것이다.

3) 글로컬라이제이션과 글로컬 문화

20세기 이후는 세계화의 시대이다. 지구촌 시대가 된 후 '세계화'라는 용어가 이제는 유행어처럼 번져 다양하게 사용되고 있다. 선진국과 개발도상국에 사는 사람들 모두가 태블릿PC와 인터넷 메일을 사용하고 있다. 세계는 점차 좁아지고 단일화해 가고 있으며, 이를 우리는 세계화라고 부르고 있다. 하지만 이에 따라 '해리 포터 시리즈'의 세계 유행화, 한국 음식의 세계 상품화도 세계화라고 생각하는 사람이 많아졌다. 세계가 동시에 동일 문화를 향유할 수 있게 된 것이다. 세계의 단일화는 글로벌라이제이션(globalization)에, 지역의 세계화는 글로컬라이제이션(glocalization)에 더 가깝다고 보는 게 맞을 듯하다.

글로컬은 글로벌(global)과 로컬(local)의 합성어로 세계성과 지역성을 동시에 강조하려는 의도에서 만들어졌다. 글로벌이 지구 전체, 세계 포괄의 맥락에서 세계 단일성 내지 획일성을 함축한다면, 글로컬은 세계적이면서도 지역적일 수 있다는 견지에서 세계와 지역의 동시성을 강조하기 위한 말이다. 글로벌라이제이션이 세계 단일화를 지향하는 개념이라면, 글로컬라이제이션은 세계의 지역화, 지역의 세계화 등을 동시에 고려하는 문화의 다양성 개념을 함축하는 세계와 지역의 소통 개념이라 할 수 있다. 롤런드 로버트슨(Roland Robertson)은 글로컬라이제이션을 미국 중심으로 통일된 현재의 글로벌라이제이션을 성찰하고, 나아가 지역화 개념을 동원하여 현재의 세계 단일화 상태를 극복하고자 하는 하나의 대안으로 간주하였다.

글로컬라이제이션은 일본어 '도차쿠가(土着化)'—어떤 사람의 소유지에서 실제로 살게 되었다는 의미의 토착에서 나온—와 유사한 의미로, 세계의 지역화(global localization)를 꾀하고자 했던 일본 소니의 창업자 모리타 아키오(盛田昭夫)가 1980년대에 만들어 사용한 신조어로 알려져 있다. 그러나 이 개념은 1900년대 초 영국의 도시계획자인 패트릭 게디스(Patrick Geddes)의 "세계적으로 생각하고 지역적으로 행동하라(think globally and act locally)"라는 캐치프레이즈에서 이미 시작되었다. 이때의 글로벌-로컬은 대영제국이 세계의 다양성을 품어야 한다는 논리로, 제국이라는 세계 체제 안에 있어도 지역의 중요성을 간과해서는 안 된다는 논리를 담고 있었다.

최근 이러한 글로컬라이제이션 개념은 경영뿐만 아니라 환경 운동, 기독교 선교 활동 등 여러 분야에서 현지화, 문화 변용(變容)과 전이(轉移), 퓨전(fusion), 합작 등을 총칭하는 개념으로 사용되고 있다. 글로컬라이제이션은 세계적인 문화의 이식이나 전파를 추구하면서도 동시에 지역의 문화나 풍토를 존중하고 이해하자는 이념에서 출발하였으므로, 지역사회가 지역 문제해결에 주체가 되어야 한다는 지역화(regionalisation) 내지 중앙의 권력을 지방으로 이양하는 것이 옳다는 지방화(localization) 개념과 상통한다.

그러므로 글로컬 문화를 단순히 토착화나 현지화의 결과물로 간주해서는 안 된다. 표면적으로 보기에는 글로컬 개념이 한 지역의 어떤 특수 문화가 다른 지역으로 이식되는 토착화나 현지화 정도를 의미하는 듯하지만, 실제로 그 내부에는 지역적인 것의 세계 문화화라는 개념이 있다. 다시 말해 '지역의 개별-세계적 보편-지역과 세계의 결합'이라는 3단계 도식으로 지역과 세계가 상호 순환 · 상통하는 문화의 변화와 진행이 이루어져야 한다는 점이 전제되어 있다는 것이다.

'세계적 보편'은 세계에 통용되고 있는 보편화한 문화인데, 예를 들면 현대의 대중음악, 방송 · 스마트폰 등과 같은 세계적 플랫폼, PC의 운영체제, 포스트모더니즘 · 세계시민주의 등 지구촌 사회의 특정 사조, 축구 · 야구 등 세계 문화화한 스포츠 등으로 특정 지역에서 발현되어 세계적으로 유(類)적 차원에서 확대 보편화한 것들이다.

글로벌 문화라는 관점에서 보면, 지역과 세계라는 도식에서 세계를 상위에 놓는 것이 당연한 것 같다. 그렇지만 글로컬 문화라는 관점에서 보면, 지역과 세계는 어느 것이 우위라기보다는 지리적 · 문화적 측면에서 서로 긴밀하게 소통해야 한다는 당위가 오히려 명확하게 드러나고 있을 뿐이다.

최근 글로컬 문화는 세계와 지역적 문화의 상호 소통에서 나오는 문화들의 다양한 발현으로 드러나고 있다. 구체적인 예는 다음과 같다.

첫째, 다국적 기업이 자신들의 가치관, 전략 방향을 기존의 방식처럼 운영하면서도 특정 상품의 성능, 마케팅 방식, 생산을 위한 조직 운영 등을 지역 상황에 맞게 수정하여 현지 시장에 적용할 수 있게 하는 것, 둘째, 기업에 속한 지역의 개발자들이 지역 고유의 독창적 문화를 세계적인 보편 언어 · 플랫폼 · 문화 방식에 맞추어 세계인들의 접근성 및 친숙성을 높이고자 하는 것, 셋째, 지역 문화를 담당하고 있는 사람들이 어떻게 하면 자신들의 문화를 세계인들에게도 쉽게 알리고 친숙하게 만들 수 있을까를 고민하면서 잘 알려진 세계적 보편 문화 방식에 맞추어 자신들의 지역 문화를 변형시키는 것 등을 모두 다 글로컬 개념으로 생각할 수 있다.

4) 비주얼 컬처

글로컬에 이어 비주얼 컬처(visual culture)라는 용어에 대해 살펴본다. '시각 문화' 혹은 '영상문화'로도 번역되는 이 개념은 생소한 듯하지만 사실은 익숙한 것이다. 비주얼은 눈으로 보고 느끼는, 곧 시각적 경험을 하게 만드는 것이나 정보

등을 총칭하는 말—비주얼은 '보는 것'을 의미하는 라틴어 videre 동사에서 파생—이므로, 우리가 실생활에서 눈으로 보는 모든 형태의 사물들은 비주얼 개념과 연관되고 있다.

한편 '비주얼'이 '문화'와 결합된 '비주얼 컬처', 곧 시각 문화는 비주얼 기술과 매체를 늘 대면하고 있는 수요자들이 직접 눈으로 보고 소비하는 정보, 의미, 즐거움 등이 내재된 사건들로 구성된 문화를 통틀어서 지칭하는 말이다. 시각 및 영상과 관련된 모든 종류의 문화를 의미하므로 미술, 공예, 디자인, 영화, 애니메이션, TV, 비디오게임, 인터넷 웹사이트, 사진, 광고, 패션, 건축, 테마파크, 공연예술, 비디오아트 등의 비주얼 이미지 · 디자인 · 스토리와 관계할 수 있는 모든 영역을 포괄하고 있다. 21세기 대중문화는 대부분이 비주얼 컬처 개념과 중첩된다고 해도 과언이 아니다.

비주얼 컬처는 현대 사회 각 개인들이 자신의 삶을 밀도 있게 표상할 수 있도록 해 주며, 나아가 문화의 풍요로움을 적극적으로 즐길 수 있도록 해 주는 장치로 작동하고 있다. 더욱이 최근의 대중문화는 글로벌라이제이션 시대를 맞아 세계적 차원에서 더욱 다양한 규모로 진행되고 있으므로, 비주얼 컬처 측면이 계속 확대되는 중이라 할 수 있다. 대중은 좀 더 다양하고 복합적인 층위를 가진 비주얼 컬처 상황에 놓이게 된 것이다. 대중문화의 세계적 발전 및 전파에 따라 특정 비주얼 컬처 산물이 동시다발적으로 세계 전 지역에 유행하게 되는 상황 또한 발생하였다. 글로컬 비주얼 컬처나 글로컬 비주얼 문화콘텐츠라는 개념이 생겨나게 된 배경이다.

'비주얼 컬처'라는 용어는 1969년에 영국의 수학교육자이자 색채연구가였던 칼렙 가테그노(Caleb Gattegno)의 〈비주얼 컬처로 향하여(Towards a Visual Culture)〉라는 대중문화 연구서에 처음 등장했다고 한다. 그는 대중에게 볼거리로 호소하는 TV, 영화, 만화 등이 만들어 내는 각양각색의 문화를 비주얼 컬처라고 정의하였다. 그에 따라 비주얼 컬처는 시각 혹은 영상적인 문화를 분석 · 고찰하고자 하는 학제 간 연구를 지칭하는 말로도 사용되었다. 비주얼 컬처 연구(visual culture studies) 또는 비주얼 연구(visual studies)가 보다 더 정확한 표현일 것이다. 학문적으로 비주얼 컬처 연구는 문화의 시각 이미지 국면들에 초점을 맞춘 문화연구, 예술사, 철학, 인류학 등에 기반을 두고 있으며, 대중 미학, 영화학, 사회 비판 이론, 정신분석학, 여성학, 퀴어 이론, 디자인, 커뮤니케이션 연구 등의 영역에서 비주얼 컬처에 대한 연구를 진행하고 있다.

비주얼 컬처 연구는 미술사 및 미학에서 미술가와 미술 이론 연구와 같은 전통적인 접근 방식과 거리를 두면서, 비주얼 이미지를 해석·독해하는 비주얼 리터리시(visual literacy)의 견지에서 비주얼 문화에 함축되어 있는 사회성, 정치성 등에 보다 집중하고자 한다. 특정의 비주얼 컬처 작품이나 내용 등을 예술적 반성, 미적 구조 등으로 보려 하기보다는 대중과의 관계성, 사회적 함축성 등의 차원에서 보고 이해하려는 것이다. 비주얼 연구가 정확히 무엇을 지칭하며 무엇을 연구해야 하는지에 대한 의견들이 여전히 교차하고 있지만, 대략적으로는 특정의 비주얼 컬처 산물 혹은 비주얼 컬처의 주제 및 사회성 등을 연구하는 것으로 연구자들에게 통상 수용되고 있다.

비주얼 컬처 연구의 선구자로는 예술 문화의 대중화 및 문화에서 계급 개념 무용화 등을 주장했던 발터 벤야민(Walter Benjamin), 문화를 기호들의 총합, 특히 어떤 내재적인 함축을 가지고 있는 기표들의 의미로 해석하려 했던 롤랑 바르트(Roland Barthes), 정신분석학적 견지에서 모든 문화적 산물들을 이해해야 한다고 강력하게 역설했던 자크 라캉(Jacques Lacan) 등을 거론할 수 있다. 그 밖에도 존 버거(John Berger), 윌리엄 미첼(W. J. T. Mitchell), 이안 헤이우드(Ian Heywood), 니콜라스 미르조에프(Nicholas Mirzoeff), 리처드 호웰스(Richard Howells), 크리스 젠크스(Chris Jenks) 등을 최근의 주목할 만한 연구가로 꼽을 수 있는데, 이들은 디자인, 예술사, 미학, 커뮤니케이션학, 대중문화 이론 등 각자의 전공을 바탕으로 하여 비주얼 컬처를 연구하고 있다.

3 영상문화

1) 영상

영화, TV, 비디오, 광고, 사진 등의 시각 기호로서, 렌즈라는 매체를 통해 형성된 이미지를 뜻한다. 많은 파생 용어가 있는데 예컨대 영상을 대중매체를 통해 시청자에게 전달하는 것을 영상 커뮤니케이션이라 하고, 이 과정에서 형성되는 문화 현상을 영상문화라고 한다. 영화, 방송, 광고, 사진, 컴퓨터 그래픽, 애니메이션 등과 관련된 산업을 영상 산업이라고 하며, 이런 환경 속에서 성장한 이들을 영상 세대라 한다. 영상은 전통적인 표현 기호인 언어나 문자, 그림과 달리 피사체를 시각적으로 재현, 복제할 수 있어 상대적으로 직접적이고 감각적인 표현 수단으로 평가된다. 다시 말해 언어는 대상을 개념화시키지만 영상은 대상을 구체적으로 기록하고 재생하는 것이다. 영상은 렌즈를 이용하여 대상을 기록, 재현하는데 그 과정에서 기록자의 의지가 개입되어 영상을 포함하는 메시지를 임의로 통제할 수 있어 효과적인 자기표현 수단이 된다.

영화 특히 예술 영화는 영상매체의 지적 가능성의 한계를 시험하는 리트머스 시험지와 같다. 반대로 영상은 기록자의 의지와 상관없는 우연한 현실이 기록되기도 하며 수신자 역시 나름대로 영상을 해독할 능력이 있기 때문에 새로운 표현 가능성을 보여준다. 영상은 각기 재생메커니즘에 따라 전달 양식을 달리하지만 어떤 양식이든 영화, 방송, 인쇄 등의 매체를 통해 복제되며 재생된다.

사진 · 영화 · 텔레비전 등의 시각적 기호가 퍼스널 커뮤니케이션 또는 매스커뮤니케이션으로 전달되는 환경에서 성립하는 문화현상으로서의 영상은 넓은 뜻으로는 이미지(image)의 역어(譯語)로, 인간 의식으로서의 내적 이미지에 대하여 렌즈를 통하여 형성되는 물적 이미지이다. 영상문화는 20세기 후반을 상징하는 새로운 문화적 현상으로 인식되고 있어서 오랜 역사를 가진 언어문화, 그 중에서도 활자문화와는 흔히 대비적으로 설명된다.

영상은 렌즈라고 하는 '물질의 눈'을 이용하여 대상을 자동적으로 기록, 재생한다. 물론 촬영을 조작하는 주체의 내적 의식이 개입되며 때로는 작자의 의도나 대상의식을 초월한 우연한 현실이 기록됨으로써 내적 이미지에 의거한 묘사와는 다른 새로운 표현의 가능성을 보여준다. 영상은 또한 이처럼 대상과 유사하므로 언어와는 달리 기호로서는 추상적 · 개념적인 상징성에서 뒤지지만 개별적 · 특수적 · 직접적이라는 특성이 있다.

영상은 각기 재생메커니즘에 따라 전달양식을 달리하지만, 어떤 양식이든 인쇄 · 영화 · 방송 등의 미디어에 의한 복제(複製)수단이다. 벤야민의 지적에 의하면 오리지널 예술의 '독창성'이라는 개념은, '지금', '여기에'만 있는 일회성에 의한 예배적(禮拜的) 가치에 지탱되고 있는 데 비하여, 복제수단은 이를 극복하고 사물을 공간적 · 시간적으로 대중에게 보다 가깝게 접근시켜 '평등에 대한 감각'을 현대인들이 느끼도록 했다고 한다. 그러나 오늘날 매스커뮤니케이션문화로서 지나치게 거대화 · 획일화한 영상의 대량반복이 영상신앙 또는 물신화(物神化)를 대중의 일상심리에 깊숙이 심고 있다는 비판이 있다.

2) 디지털 영상

빌렘 플루서(Vilem Flusser)와 장 보드리야르(Jean Baudrillard)는 포스트모던 시대를 디지털 가상과 시뮬라크르의 개념으로 설명하고 있다. 보드리야르는 "모사품은 부재를 현전으로 제시할 뿐만 아니라 상상을 실제로 내보임으로써 현실계를 상상계 속으로 흡수해 버린다. 그 결과 상상계와 현실계의 구별은 와해된다."고 하였다(황연주, 2004). 이것이 바로 우리가 살고 있는 포스트모던 시대의 시각문화의 특징이라 할 수 있다. 여기서 모사품은 우리가 통상적으로 알고 있는 재현이나 모방과는 다른 차원의 개념이라 할 수 있다. 재현과 모방은 실재하는 그 무언가를 가정하고 만들어진 것이며, 이것은 실재와는 다른 것으로 여겼다. 즉, 종전의 이미지는 주로 현전하는 어떤 외부의 실재를 재현한 형태에서 이루어졌다. 하지만, 이제 이미지의 생산을 어떤 외부의 대상 또는 실재에 기초하려는 시도는 더 이상 정당성을 갖지 못하게 되었다. 보드리야르는 오늘날의 이미지들은 외부의 대상들로부터 독립하여 존재할 뿐만 아니라 한 걸음 더 나아가 외부의 대상들을 압도하고 있다고 말한다. 예컨대, 컴퓨터 속의 이미지들은 어떤 외부의 대상을 재현한 것이라기보다는 스스로가 실재하는 것이다. 이러한 이미지는 존재의 정당성 여부를 외부의 실재에 비추어 평가받을 필요가 더 이상 없는 것이다. 따라서 현대 사회의 이미지는 더 이상 어떤 외부대상을 재현해야 한다는 한계에 묶이지 않게 되었으며, 제한 없이 사회 곳곳에 범람하게 되었다. 가상세계와 현실세계의 혼동, 실체와 모사의 혼동, 즉 실재로부터 파생된 이미지와 실재와는 무관한 허구적인 이미지로 가득한 혼란스러운 현상이 바로 오늘날의 시각문화인 것이다.

영상은 본래 '이미지'를 번역한 것으로 그림, 형상, 패턴, 프레임 등과 같은 창조작용에 의해 재현된 가시적인 형태, 비현실적인 상상의 형태, 지각의 형태 그리고 부재의 형태 등으로 광범위한 의미를 지닌다. 오늘날 영상은 이미지를 한정하는 특별용어로써 일반적으로 사진, 영화, TV, 컴퓨터 그래픽 등과 관련된 상(像)을 말한다. 영상은 외적인 표현 형태에 따라 크게 정영상과 동영상으로 구분되는데, 전자에는 사진, 기호, 만화, 포스터, 광고물, 컴퓨터 그래픽 등이 속하고, 후자에는 TV, 영화, 텔레비전 광고물, 애니메이션, 컴퓨터 게임물, 가상현실 등이 속한다.

이러한 다양한 영상매체가 현대 사회의 각 분야로 급격하게 파급되고, 정보의 전달과 수용에 있어서 양적으로 엄청나게 팽창하면서, 영상은 커뮤니케이션의 중요한 매개체로써 현대 사회에 중요한 역할을 차지하고 있다고 할 수 있다. 즉 영상이 지금까지의 언어나 문자커뮤니케이션의 보조수단이 아니라, 정보전달방식의 두드러진 시각화 현상이 오늘날의 우수한 커뮤니케이션의 한 양식으로써 일상생활에서 중요한 위치를 차지하고 있다. 이와 같은 정보전달의 효율성 때문에 정보전달 방식이 문자 중심에서 영상 중심으로 변화되어 가고 있는 것이다.

하지만 영상정보는 문자에서처럼 분명한 논리적인 체계가 없기 때문에, 그것을 보는 사람에 따라서 다양한 의미로 해석될 수도 있다. 따라서 문자나 구두언어 그리고 영상이 상호보완적인 관계에서 통합적으로 사용되는 경우가 많다(황연주, 2004).

최근 컴퓨터 테크놀로지의 비약적인 발달로 사진, 텔레비전, 비디오, 애니메이션 등과 같은 영상물들은 점차적으로 디지털 방식으로 획득, 처리, 전송되고 있다. 디지털 영상은 컴퓨터와 정보통신 기술의 발달과 더불어 등장한 새로운 시각적 문화양상으로서 기존에 존재해온 아날로그 영상의 생산방식에 많은 영향을 미치고 있을 뿐만 아니라 이미 그 자체가 일상화되고 있으며, 동시에 여러 사회 · 문화 담당자가 되었으며, 현대를 살아간다는 것은 바로 이와 같은 영상매체와 더불어 살아간다는 것을 의미하기도 한다. 오늘날의 어린이와 청소년들은 이러한 매체들을 통해서 사회의 모습을 보고 배우며 영향을 받고 또 그들의 문화를 만들어 간다.

미디어는 항상 기술의 발전과 더불어 변화 · 발전하여 왔고, 동시에 개인적 · 사회적 삶에 많은 영향을 끼쳐 왔으며, '인간감각의 확장'을 가져왔는데, 디지털 영상은 보는 감각만을 통해 영상정보의 일방적인 수용을 가능하게 했던 기존 시각적 매체의 한계를 극복하고, 작용과 반작용에 의한 상호작용적인 의사소통방식으로의 확장을 가능하게 하였다. 디지털 영상은 더 이상 실존하는 외부의 대상에 종속된 것, 즉 어떤 외부의 실존을 재현한 형태가 아니라, 스스로 가상현실 속에서 실존하는 것이다. 그래서 그 존재의 여부가 현실세계의 물리적인 규칙성으로부터 해방된 이미지라는 점에서 새로운 미학적 · 인식론적 장을 여는 것이다. 이렇듯 디지털 영상은 기존의 미술과 이미지의 존재방식을 새로운 패러다임에서 재해석하고 있다(황연주, 2004). 디지털 영상은 이미지의 제작과정과 제작된 이미지의 성격에 있어서 전통적인 조형적 · 미학적 관점으로는 쉽게 이해될 수 없는 고유한 조형언어를 가지고 있다. 따라서 오늘날의 시각문화의 현상과 본질을 파악 · 분석하기 위해서는 컴퓨터에 기반한 디지털 영상의 고유한 특성들이 우선 파악 · 분석되어야 한다.

새로운 이미지의 시대에는 문자능력과 숫자능력은 기본이고 이것을 이미지로 실현하는 능력이 중요해진다. 또한 그 밑에 깔린 프로그램, 텍스트, 메시지를 읽어내는 능력이 중요해지는 것이다. 일종의 상형문자적 능력, 의미와 그림이 동시에 존재하는 이런 새로운 이미지능력의 시대가 바로 디지털 가상의 시대이다. 그렇기 때문에 원시인들의 형상이 주술적 이미지였다면, 오늘날의 형상은 문자문화 이후의 기술적 형상으로, 기술적 형상은 세계의 그림이 아니라 세계에 대한 텍스트의 그림이다. 옛날의 이미지는 주관적으로 실현되는 마법에 불과했지만, 새로운 이미지의 시대는 기술을 통해 가상이 현실로 되고 가상과 현실이 구별되지 않는 시뮬라크르(Simulacrum)의 시대이다. 이젠 물리적 사물이 디지털 정보를 저장할 수 있게 되며 사람의 몸은 그 데이터를 송수신할 수 있는 일종의 디지털 정보 입출력 장치가 된다. 이렇게 본다면 우리가 몸담고 살아가는 환경이 하나의 인터페이스가 되는 셈이다. 디지털 매체는 이제 단순히 매체에 그치는 것이 아니라 우리가 몸담고 살아가는 환경과 세상을 변화시켜 가고 있다. 기계적 복사 기술보다 더 커다란 변화를 가져올 디지털 정보기술에 대해 미술계가 어떤 새로운 사조로 대응해야 하는가에 대해 우리는 진지한 고민을 시작해야 한다. 미술은 디지털 미디어에 많은 영향을 받겠지만 오히려 미술은 디지털 미디어 기술의 바람직한 발전 방향을 제시하려는 자세를 견지해야 할 것이다.

4 기술적 상상력

기술적 형상은 텍스트와 이미지의 이중 구조로 되어 있으며, 일종의 상형문자적 능력을 요구한다. 기술적 형상의 예는 굉장히 많이 볼 수 있는데, 컴퓨터 화면에서 보는 모든 이미지가 바로 명령어를 가지고 프로그래밍한 기술적 형상들이다. 가령, 윈도우의 아이콘은 세계의 그림이 아니라 명령어의 그림이다. '도스(DOS)' 환경에서는 선형적인 텍스트의 형태로 명령어를 입력했으나, 이제 사용자는 아이콘을 클릭하는 것으로 타이핑을 대체한다. 요즘은 프로그래머도 아이콘을 사용한다고 한다. 과거의 영상이 세계의 그림이었다면, 기술적 형상은 0과 1이라는 숫자로 그린 이미지인 것이다.

우리가 보는 사진, 영화, TV, 신문에 나오는 이미지, 삽화, 일러스트레이션, 아이콘, 픽토그램, 과학 잡지에서 보는 DNA 지도, 심지어 의사들이 보는 초음파 사진 등 모든 영역에서 사용되는 그림이나 도상들에 관한 일반형상학이 21세기에 들어오면서 시작되고 있다. 사진은 세계의 그림이기 이전에 찍는 사람의 관념의 그림이다. 즉, 모든 사진은 세계의 변형이고 해석이며 텍스트다. 그렇기 때문에 사진은 해석의 틀을 가지고 있는데, 롤랑 바르트(Roland Barthes)는 이를 '스투디움(studium)'이라 부른다. 기술적 형상은 어떤 텍스트를 이미지로 실현하는 것이고, 이미지 안에서 텍스트를 읽어내야 한다. 이것을 하지 못할 경우 21세기의 문맹자가 된다.

이것은 완전히 다른 언어능력인 상형문자적 능력을 의미한다.

미래의 생산력은 한마디로 상상력이다. 기술이 없으면 상상은 공상에 불과한데, 과거에는 꿈이 현실이 될 때 질료의 저항을 받았지만, 빌 게이츠(Bill Gates)의 소프트웨어와 같이 생산과 소비가 비물질화되고 시뮬레이션이 발달하면서 공상을 현실로 옮기는 것이 가능해진다. 따라서 상상력이 굉장히 중요해지고, 이 상상력은 주술적 상상력이 아닌 기술적 상상력이다. 그런데 많은 사람이 텍스트는 어렵고 이미지를 쉽게 생각하여 이미지만 중요시하게 되면 역사시대(문자시대) 이전의 주술적 이미지의 시대로 돌아가게 된다. 이미지가 텍스트문화, 즉 문자문화의 역사적 성취인 비판 정신과 합리적 정신, 역사의식 없이 이미지만 중요시할 경우에는 이러한 역사적 성취를 되돌려버리게 된다. 그래서 플루서는 앞으로 인간의 사회가 '프로그래밍하는 자'와 '프로그래밍 당하는 자'로 나뉠 것이라고 한다. 영상을 읽고 쓸 줄 아는 사람은 이미지에 깔린 프로그램, 메시지, 텍스트를 읽을 수 있고, 전달할 메시지를 프로그래밍해서 이미지로 만들어 낼 수 있다. 하지만 영상을 읽거나 쓰지 못하는 대다수는 남들이 만든 프로그램 안에 들어가서 그것이 세계라고 믿고 살아가는 영상의 소비자가 될 뿐이다.

미래의 생산은 컴퓨터엔지니어, 미디어아티스트, 인문학자의 삼각 컨소시엄에 가까운 모습으로 변모할 것이며, 이런 구도에서 엔지니어는 기술, 아티스트는 기술적 상상력, 인문학자는 콘텐츠를 가지고 생산 속에서 서로 결합하게 된다. 기술이 상상력과 결합하면 기술 자체는 예술적 상상력을 요구하고, 콘텐츠와 결합하면 기술이 가진 인간학적인 의미를 통해 기술의 인간화를 요구할 것이다. 이러한 컨소시엄을 통해 꿈이 기술을 통해 현실이 되면, 기술은 예술이 되고, 상상력은 생산력이 된다. 따라서 기술과 예술, 그리고 인문학의 경계를 자유로이 넘나들 수 있도록 하는 데 힘써야 할 것이다.

Chapter 05

음악교육과 음악치료

1 음악교육의 이해

1) 음악교육의 개념

음악은 소리를 활용하여 드러내 보여주는 멜로디나 화성에 의해 이루어진다. 음악은 하나의 이미지로서 연주 행위의 소리들을 연결하고 형상화해가면서 거기에 액센트를 주는 방법으로 청중에게 전달된다.

음악은 조형예술의 회화나 조각처럼 시간적으로 변함없이 존속하는 것이 아니라 연주에 의해서 존재하고 연주가 끝남과 함께 사라져 버리는 한정된 시간 안에서 이루어진다. 그래서 음악은 음을 주제로 하여 인간의 사상과 감정을 나타내는 시간적 예술이라고 할 수 있다.

음악 대사전에서 음악교육이란 인간에게 음악을 접하게 함으로써 보다 인간적이고 풍요로운 삶을 살아가는 데 도움을 주며 이것이 인간을 대상으로 하는 음악교육을 뜻한다고 했다. 즉, 음악을 통한 인간 교육의 의미라고 할 수 있다.

음악교육은 예술교육의 일부로서 학교나 사회를 망라한 넓은 범위에서 행해지는 교육을 말하지만, 음악교육은 학교에 있어서의 음악교육을 가리킨다. 학교 음악교육은 다시 전문교육과 일반교육으로 나뉜다. 전문교육은 음악의 전문적인 기술의 습득이나 이론의 연구를 목적으로 음악가나 음악교육자의 양성을 그 목적으로 한다. 이에 비해 일반교육은 음악을 배워 일반교양을 높이고 정서를 키우는 데 주안점을 두고 있다.

후자와 같이 정서를 키우기 위한 음악이야말로 인간성 회복, 전인을 위해 매우 중요한 교육 분야라고 할 수 있다.

음악교육은 음악의 본질을 이해하고 다양한 악곡을 경험하며, 가창, 기악, 창작, 감상의 음악활동을 통하여 창의적인 표현력과 사고력을 길러 음악에 대한 심미적 안목과 바람직한 가치관을 기를 수 있다. 단지 미적 가치뿐만 아니라 인간성의 함양을 위한 총괄적인 교육이며, 음악적 생활의 향유와 표현능력을 기르는 동시에 어느 교육보다도 조화로운 생활교육으로써 인간 삶을 위해 음악이 존재한다는 의미를 지닌다.

따라서 음악교육은 모든 청소년에게 다양하며, 뜻 있고, 거듭되는 음악경험을 제공해 주기 위해 힘쓰고, 음악의 가치판단에 대한 자신의 기준을 설정할 수 있게 가르쳐야 하며, 음악과 함께 하는 자신의 모든 경험에 상상력을 제기시켜야 하며, 음악을 통해 얻을 수 있는 상징적 경험의 질적 향상을 위한 자원개발도 해야 한다. 또한, 음악에 능동적으로 참여할 수 있도록 재능을 능숙하게 숙달시켜야 한다.

음악교육은 계획에 따라 실시되는 학교교육과 마찬가지로 계획된 의도 아래 적절한 체험과 환경을 제공함으로써 학생들의 음악적인 성장과 인간적인 심성 발달에 도움을 주어야 한다.

2) 음악교육의 중요성

그리스 시대 현인들은 인간교육에 있어서 음악과 체육을 제외하고서는 그 의미가 없다고 생각했다. 그래서 음악이 최초의 교육 일부분으로 도입되었다.

철학자 아리스토텔레스나 칸트 등은 음악을 통한 도덕교육을 제창하였다. 음악, 수학, 체육을 교육계획의 중심으로 삼았으며, 그중에서도 음악을 중시하여서 당시 사회지도자는 창가학교를 의무적으로 나와야 했다(박찬석, 1977).

플라톤(Platon, 기원전 427~347)은 "음악을 가장 중시해야 한다."고 교육철학적으로 역설하면서 언급했는데, 그에 의하면 인간 도야의 이상은 선(善)과 미(美)이며, 미의 과정을 거쳐서 비로소 선에 도달한다고 주장했다. 따라서 그는 교육의 장에서 중요한 것은 체육과 문학, 특히 음악의 조화 있는 활용만이 교육의 요점이라고 말하고, 나아가서 음악교육의 목적을 다음과 같이 말했다. "음악도야의 참다운 목적은 쾌락이 아니고, 선미(善美)의 올바른 모방이다. 따라서 그 교육에서는 음악의 종류를 잘 음미할 필요가 있는데, 이 점에서 선한 인간을 희열로 이끄는 것과 같은 정숙하고 온화한 것이 가장 적합하다. 음악만큼 인간의 마음을 움직이게 하는 것은 없으며 도덕과 미적 감각의 도야는 선한 음악에 의해서 비로소 배양된다. 이러한 의미에서 음악은 교육의 기반이라 생각해도 좋다." 이와 같이 음악이 인간의 감정이나 의지면에 강한 영향을 준다는 것이 플라톤이 중시한 음악교육관이었다.

많은 철학자, 교육자들은 한결같이 음악을 중시하였다. 따라서 음악교육은 음(音)의 생생한 체험을 통해서 음악성과 창조성을 개발하고 정서를 풍부하게 하여 조화로운 인격을 함양하는 데 그 중요성이 있다.

현대 문명 속에서 인간이 기계화되기 쉽고 인간성을 상실하기 쉬운 이때 올바른 인간형성에 중요한 교육 중 하나가 음악이다. 과학문명은 그 걸음의 속도를 빨리하고 있으며, 인간 생활을 크게 변화시키고 있다. 지적교육이 더욱 중시되고 있는 상황에서 자칫 경시되기 쉬운 감성교육을 외면해서는 안 되며, 음악교육을 통해 감성을 회복하고 음악적 사고를 통해 인간의 품성을 순화시켜 인격의 조화를 이루어야 한다.

오늘날의 음악교사는 학교 현장에서의 음악교육 활동이 일종의 수단이지 목적은 아니며, 궁극적으로 성취해야 할 다른 목적이 있다는 새로운 인식을 갖추어야 할 시대에 살고 있다. 이는 음악 영역이 학교에서 꼭 가르쳐야 하는 교과로서의 정당성을 확립하는 것을 시작으로 가능하고, 이로부터 음악 교사들의 교육 활동은 본질적으로 큰 변화를 가져올 수 있기 때문일 것이다.

음악교육은 전인을 육성하기 위해 필요한 음악경험을 하고, 어느 곳에서 이루어지든지 음악적인 소양을 배양하고 인격체로서 성장하는 것이어야 한다. 학교는 개인의 전인적 인격 완성을 도모하기 위하여 여러 가지 교과를 가르친다. 음악교과는 음악이 전인적 인격 완성이라는 궁극적인 교육 목적을 성취하는 데에 가장 긴요한 분야들 중의 하나라는 인식을 바탕으로 설정된 교과이다. 학교는 학생들이 교사와의 음악 예술적 교감을 통하여 음악 예술을 향유하고, 음악적 성장을 이루며, 그 결과로 조화로운 인격 완성에 도움이 되기를 원한다. 음악 경험에는 다양한 정신 활동과 높은 의식작용이 요구되고 읽고, 듣고, 이해하고, 연주하고, 창작하는 활동들이 포함되어 있다. 그러나 우리는 신체적 · 지적 · 음악의 외적 가치 등이 음악교육의 전부로 강조되어 학교 안의 음악교육을 허약하게 만들고 있다. 음악교육은 교과에 감상이나 창작 등 여러 가지 음악활동들이 있지만, 실제 교육현장에서 이루어지는 수업은 진정한 음악의 가치를 알도록 수업할 수 있는 환경이 아니다. 학생들은 주요과목의 성적 올리기에 바쁘고, 필수적으로 배워야 하는 것들이 너무나 많다. 배당된 음악 교과 수업도 주요 과목이 아니므로 학생들이 관심을 적게 가지게 된다. 이런 교육현장에서 학생들에게 음악의 진정한 가치를 심어준다는 것은 정말 힘든 일이다.

학교 음악교육의 목적은 조화로운 인격형성을 이루는 데 있다. 청소년들에게 음악적 소양을 심어주고 정서를 함양시키는 일에 교육적인 힘이 모여야 한다. 즉, 청소년들이 인간성을 회복하고 풍부한 감정과 선(善)과 미(美)를 추구하는 의지 그리고 새로운 현상에 적응할 수 있는 창조력이 있는 사람으로 육성되어야 한다. 이를 위해 음악교육은 학생들이 음악수업을 통해 음악에 대한 친근감을 느끼고 음악가로서의 진로를 결정하거나, 음악교육을 통해 음악을 멀게만 느꼈던 학생이 음악에 대한 자신감과 친밀감을 느끼는 등과 같은 정의의 교육으로서 그 중요성을 가진다.

3) 음악교육의 역사

음악의 본질에 대해 역사적으로 살펴보면 철학자, 심리학자 그리고 음악학자들조차도 여러 가지로 설명하고 있다.

과연 음악은 어떠한 것인가? 음악의 본질은 인간의 내적 본질과 동일시되어 음악의 모든 작용이 인간의 내재적인 것으로 설명될 수 있다. 이와 같은 상황에서 음악이란 음조와 음률로 이루어진 연속된 소리들로 사람의 감정과 사상을 표현하는 예술의 형태라고 할 수 있다. 반면, 음악은 신성, 우주, 객관적 그리고 인간적인 현실성을 포함하고 있다고 할 수 있다. 이렇듯 음악을 가르치는 음악교육은 우리 역사 속에서 중요한 역할을 했을 것이라고 본다.

음악이 언제부터 어떻게 시작되었는지는 명백하지 않지만, 고대의 여러 나라에서 음악이 존재했었다는 증거는 신화나 종교 경전들에 종종 나타나고 있으며, 특히 고대 그리스의 도시 국가들에서는 이미 체계적인 음악교육을 수행하고 있었음이 그리스 문헌들 속에 나타나고 있다.

음악교육의 역사는 고대부터 살펴보면 인간의 역사 이전의 음악은 대체로 추측일 뿐이다. 인류학자와 비교 음악학자들은 현대의 비문명 사회를 통해 그것을 재건하고자 하는 시도를 한 적이 있었다. 그 결과 음악예술과 음악교육을 실시하지 않았던 인간사회는 발견되지 않았다. 실로 원시사회에서는 음악이 대행자로서의 기본적 기능을 수행했다. 그것은 또한 외관상으로는 조직되지 않은, 활동에서 즉시 쓸 수 있는 자연스러운 결과로서 개인과 집단이 작업에서 정규적으로 사용했으며, 거기에는 음악과 제례의식의 형식을 제외한 분명치 않은 많은 의미가 있다. 원시 사회는 많은 구체적인 활동을 위해 조직되지 않았으므로 정규적인 음악교육은 거의 필요로 하지 않았다.

고대 그리스의 교육은 개인의 인격 함양과 왕성한 행동력을 기를 목적으로 수사학, 체육, 음악 등을 기본 교과로 삼았는데, 특히 정서발달을 위해서는 음악이 필요하다고 여겼다.

피타고라스(Pythagoras, 기원전 582~497)는 망치 무게에 따른 음정 비율을 알아내고 완전 5도 음정 간격의 파생음에서 테트라코드(tetrachord, 연속하는 4음으로 구성되며 최고음과 최저음이 '완전4도'를 이루는 음렬)에 의한 음계를 창안함으로써 최초로 음악에 대한 논리적 접근을 시도하였다.

플라톤은 이데아(idea) 또는 이상주의로 집약되는 철학자인데, 조화로운 인격형성을 위해 음악과 체육 교육을 중시하였고, 음악의 질서가 인간의 본능을 각성케 하여 국가의 질서를 따르게 할 수 있다고 생각했다.

또한, 음악교육의 역사에서 그리스 시대의 음악관 및 음악교육관은 다음 두 가지 요인에 의해서 높이 평가받을 만한 것으로 인정받는다. 하나는 그리스 철학자들이 음악을 인간교육에 매우 가치가 있다는 점을 인정함으로써 음악교육의 교육적 가치를 높이 평가했다는 점이고, 다른 하나는 시와 음악이 시민참여의 계기가 된 것으로서 음악이 사회적 측면에서도 인정되었다는 사실이다.

중세에는 음악교육이 구체적으로 발달했지만, 그것은 고대의 이념에 의한 것이 아니고 기독교적 이념을 바탕으로 하였다. 모든 교육이 교회의 목적을 위해서 이루어졌다. 초기에 음악교육기관으로서 중요한 역할을 한 것은 수도원의 부속학교였다. 따라서 음악교과는 교회의 활동에서 큰 역할을 차지하였다. 그리고 나중에는 가창의 경우, 정확한 리듬으로 노래하지 않으면 안 되었다. 그래서 중세 음악교육은 종교적 교회라는 말로 특정 지을 수 있다. 이 시대의 교회는 교육을 조정하는 역할을 담당하였고, 지식의 보급처 구실을 하였다. 음악은 예배의 중요한 한 부분이 되었고, 신자들은 음악을 배워야 했다.

8세기에는 본산학교(사원학교, cathedral school)가 생겨났으며, 교과목은 수도원 학교의 것과 거의 같았지만, 당시 귀도 다렛초(Guido d'arezzo, 992~1050)가 기보용 4선보를 사용하였고, 그 각 선 위와 선 사이에 일종의 음표를 적어 음의 높이를 시각적으로 표현하였다. 이것으로 학습이 쉬워졌으며, 솔미제이션(Solmizaion)을 연구, 성악의 학습을 쉽게 했다. 이것은 음악교육사상 획기적인 중요한 사건이 아닐 수가 없다.

중세 교회가 종교적 교화와 예배의식의 고양을 위해서 음악을 사용함으로써 대중의 음악 예술적 의식을 높이고, 기보 방법의 창안 및 창법의 개선을 촉진하는 결과를 낳게 하였다. 그래서 음악교육 방법의 발전을 위한 중요한 전기가 마련되었다고 할 수 있다. 또한 세속음악의 분야에서도 의미 있는 교육이 이루어졌다. 예컨대, 시인 음악가들인 프랑스의 트루바도르, 트루베르, 독일의 민네징거, 마이스터징거와 같은 세속음악 그룹이 크게 활동하였다. 그들은 노래학교를 만들어 직업가수들을 양성하였다.

14세기에 유럽의 봉건주의 사회가 붕괴되고 교회의 세력이 쇠퇴하면서 시민계급 의식이 대두되고 새로운 문화운동이 일어났다. 르네상스(Renaissance)는 고대 그리스와 로마의 정신을 부흥하고, 자유롭고 고상한 인간성을 함양하려고 했던 인문주의 운동이었다. 이와 같이 중세가 지나고 르네상스 시대에 접어들자 인문주의가 일어나 교육을 존중하게 되었다.

르네상스 시대가 지나고 근대의 계몽주의 시대가 도래하자 음악교육은 다른 분야와 마찬가지로 합리주의적 사고방식으로 다루어졌다. 특히 음악교육을 개혁한 사람으로 루소(Jean Roussedu, 1712~1778)를 들 수 있는데, 그의 교육사상에 의하면 교육은 인간의 자연성을 키워주는 것을 목적으로 해야 한다고 판단, 음악교육도 마찬가지라고 주장했다. 또한 루소의 음악교육관은 비학교적인 것이었다. 독창적인 것이어서 쉽게 계승, 발전시키지 못할 성격도 갖고 있다. 그러나 루소가 말하고 있는 "어린이를 어른의 축소로 보지 말고, 또 어린이를 어른이 되기 위한 준비로도 보지 말고, 어디까지나 어린이는 어린이로서의 절대 가치를 인정할 때 교육의 출발이 있다."라고 하였다.

이와 같이 루소는 유아음악교육관 역시 인위적이 아닌 자연적으로 성장할 수 있도록 해야 한다는 것을 기반으로 유아의 발달 단계에 맞게 아동의 선천적인 능력을 신장시키는 데서 루소의 음악교육은 출발한다.

악보를 읽는 방법은 음악에 대한 애호심이 생긴 뒤에 가르쳐야 하며, 그렇기 위해서는 과거의 악보는 어렵기 때문에 으뜸음을 '도'로 삼는 방법에 의한 숫자 악보를 사용하도록 주장했다. 그리고 선율의 창작도 가르치도록 권했다. 이 숫자 악보는 50년 뒤 각지에서 널리 쓰이게 되었다.

스위스의 교육자인 페스탈로치(Johann Heinrich Pestalozzi, 1746~1827)의 교육 이론을 음악교육에 적용한 사람은 스위스의 네겔리(Hans Georg Nageli, 1817~1891)와 독일의 프뢰벨(Friedrich Wilhelm August Fröbel)이었다. 네겔리는 음악교육이 바로 인간교육인 점에 착안하여 음악교육을 단계적으로 실시하기로 했다. 우선 기본연습으로 일정 기간 계속해서 기본적 기능을 몸에 익힌 뒤부터 비로소 가창연습에 들어가 거기서 예술적 가창으로 유도하는 방법을 택했다. 이것은 모든 학생을 전부 어느 분야의 예술가로 만드는 것이 아니라, 학생들에게 자연성의 발달을 가져오게 해서 참다운 예술을 이해하고 감상시키기 위해서라고 주장했다.

19세기는 주지주의, 계발주의, 국가주의, 과학적 실리주의 등의 신인문주의 시대로서 후반기에 르네상스의 인문주의에 정의적 측면이 더해져 미적·예술적 발달을 가져왔고 민족주의에 기여하게 되었다.

또한 19세기에는 보편화된 교육제도가 확산되면서 영국, 독일, 프랑스 등 유럽의 여러 나라와 미국 등에 공립 보통 학교들이 설립되고, 학교에서 음악 지도가 활발하게 전개되면서 20세기의 음악교육은 새로운 국면을 맞이하게 되었다.

20세기 음악교육의 발달은 크게 세 단계로 나누어 볼 수 있다. 초기는 제2차 세계대전이 종료된 시기인 1944년까지, 중기는 종전 이후에서 1950년대 말까지, 후기는 1970년대로부터 현재의 상황까지이다. 20세기 초에 전개된 '음악중심 예술적 교육'에 대한 이상은 인간교육에 대한 개혁적 생각에서 나온 것이다. 즉, 그 이전까지 유럽 전역에 걸쳐 지배해 온 국가주의적·논리적 성향에 의한 음악교육이 아니라, 순수한 음악교육을 통한 인간형성의 목적에 의한 것이었다.

20세기에는 음악교육에 대한 여러 가지 새로운 방법들이 제창되었다. 그리고 또한 여러 지방에서도 실천되었다. 독일의 나르토프(Nartop)는 처음 리듬을 가르치기로 했으며 숫자 기호를 사용했다. 그 무렵 독일의 코흐(Friedrich Coch)는 숫자 1, 2, 3, 4, 5, 6, 7을 으뜸음으로 해서 음제를 표시하고, 그 높이를 구별하기 위해서 선이나 점을 붙였다. 한편 독일의 하인로트(Heinroth)는 숫자악보를 반대한 대신 음표악보를 지지했다. 이에 음표악보를 단순화시켰으며, 가창교재에 사용하는 조를 C장조, F장조, G장조의 3종류로 한정하여 이것을 악보를 보고 노래할 것을 강조했다. 같은 무렵에 프랑스의 보키용(Bocquillon)이 모든 조를 고정도법(fixed-do solfege)의 방법으로 노래할 것을 주장하여 프랑스에서는 이것이 일반화되었으며, 영국에서도 사용되었다. 영국에서는 그 후로 이동도법(moveable-do system)의 일종인 토닉 솔파법(tonic Sol-fa)이 널리 유행되었고, 독일에서는 새로운 교육법이 존중되었다. 플뤼거(Pflüger)는 분석적 종합적 방법을 제창하였다. 또한 빈에서 태어난 프랑스인 자크 달크로즈(Jaques-Dalcroze, 1865~1950)는 음악교육에 리듬을 특히 중요하게 여겨서 이것을 육체운동으로 가르쳤다. 이른바 리듬체조법 외리트미크(eurythmique)인 것이다. 이것은 널리 세상의 주목을 끌며 여러 나라에서 채택되었다.

음악의 역사를 공부하는 것이 문제를 해결해 주지는 않으나 우리에게 오늘날 역사적 요인을 이해하도록 도움을 준다. 그리고 과거의 문제들에 대해서, 음악교육자들이 해결하거나 해결하려고 시도하는 방법들을 가르쳐준다.

4) 음악교육의 목적과 중요성

음악교육이 음악을 통한 교육이고 음악은 일종의 '소재'로 작용하기 때문에 무엇을 위해 음악이란 소재를 사용하여 교육하려는가에 대한 물음이 앞서기 때문이다. 음악교육의 목적은 음악적 소양을 배양시켜 음악의 전문인뿐만 아니라 교양인을 양성하는 데 있지만, 보다 근본적으로는 인간이란 인격체의 정서를 도야시키는 데에 있다.

인간의 일체 의식적 행위는 어떠한 목적 내지 가치를 추구하는 활동이다.

교육활동 또한 인간의 의식적 노력으로서 어떠한 가치를 추구하는 행위이자 목적을 위한 활동인 것이다. 일반적으로 교육은 개개인, 특히 자라는 세대를 이끌어서 자신과 사회를 이해시켜 개인과 사회와의 요구를 충족시킬 수 있는 능력을 지닐 수 있도록 도와주며, 개인의 완성, 자아실현을 목적으로 한다.

인간은 사회의 기본적인 규율을 가르치고 자기에 대한 바람직한 적응력을 기르고자 하는 데서 교육의 필연성이 생기게 되는 것이다. 그러나 교육은 인간이 사회에 대한 적응력만을 목적으로 하는 것이 아니라, 그 사회를 보다 바람직한 방향으로 발전시킬 수 있는 개인의 창의성과 욕구를 육성해야 하는 것이다.

음악교육의 목적은 인간이 지니고 있는 모든 능력을 발전시켜 음악적 언어와 음악적 창작품을 이해하고 감상할 수 있도록 하는 것이다. 여기서 말하는 감상이란 목적물에 대해 긍정적인 감정적 반응을 갖고 목적물의 미적인 속성에 대해서 즐거움을 지각하는 것을 말한다. 즉, 음악교육은 모든 미적인 속성에 대해서 즐거움을 지각하는 것을 말한다. 다시 말하면 음악교육은 모든 어린이에게 다양하고, 뜻 있고, 거듭되는 음악 경험을 제공해 주기 위해 교육현실에 독특한 요구를 가진다. 만약 이러한 요구를 충족시키고자 한다면, 음악교육은 모든 어린이에게 음악의 가치판단에 대한 자신의 기준을 설정할 수 있게 가르쳐야 하며, 음악과 함께하는 자신의 모든 경험에 상상력을 제기시켜야 하며, 음악을 통해 얻을 수 있는 상징적 경험의 질적 향상을 위한 자원개발도 해야 한다. 또한 음악에 능동적으로 참여할 수 있도록 재능을 능숙하게 숙달시켜야 한다.

음악교육의 목적을 구체적으로 제시하기 전에 교육의 목적에 대한 많은 물음을 던지고 있는 교육학자들의 여러 이론을 제시하므로, 그것들을 종합하여 총체적인 의미의 교육 목적을 알아봄으로써 음악교육의 목적을 제시하려 한다.

페스탈로치의 교육은 '사회개혁의 수단'이라고 정의한다. 그것은 교육을 통하여 인격도야를 도모하고 개조된 인간을 통하여 사회개혁을 이룩할 수 있기 때문이다. 테도어 브라멜드(Theodore Brameld, 1904~1983)의 교육은 '사회적 자아실현'이라고 정의한다. 또한 듀이(John Dewey, 1859~1952)는 교육을 '사회적 과정'이라고 하였다.

음악교육은 음악을 대상으로 하는 음악교육이 아니라 인간을 대상으로 하는 음악적 교육이므로 음악교육의 목적은 음악 때문에 인간이 있는 것이 아니라 인간의 삶 때문에 음악이 있고 교육이 있는 것이다. 그런데 음악교육의 목적은 인간이 가지고 있는 모든 능력을 발전시켜서 음악적 언어와 음악적 창작품을 이해하고 감상할 수 있도록 하는 것이다. 여기서 감상이란 목적물에 대해 긍정적인 반응을 갖고 목적물의 미적인 속성에 대해서 즐거움을 지각하는 것을 말한다.

어떤 수준의 감상에도 뚜렷한 즐거움이 있으며 더 높은 수준의 감상에서는 미적 성질에 대한 특이한 즐거움을 수반한다. 감상을 높은 수준으로 개발하는 것이 음악교육의 목적에서 무엇보다도 가장 중요하다. 예를 들면, 음악 역사와 문헌에 대한 가장 세밀하고도 정확한 지식은 그것이 예술사에서 계속되는 시대 양식을 거쳐 발달한 것과 같이 음악의 미적 성격에 대해서 고도 수준의 감상과 반응을 동반하지 않는 한 음악예술을 계몽하는 데는 거의 도움이 되지 않는다. 음악교육은 첫째로 최우선적으로 미학교육일 때, 그리고 그것이 음악을 즐기는 데 필요한 지각과 식별 능력을 개발하는 결과가 될 때, 최고의 의의를 얻게 된다.

2 음악치료의 이해

음악치료는 정신과 신체 건강을 복원 및 유지시키며 향상시키기 위해 음악을 치료적인 목적으로 사용하는 것을 말한다. 음악이 치료적 매개체가 되어 사용되는 것은 생명이 시작되는 순간부터 음악적 성장이 이루어지고, 출생 3개월 전부터 청각 기능이 완성되어 귀와 뇌를 연결하는 신경이 발달하여 인간이 정상적으로 성장 발달하는 데 음악은 반드시 필요하며, 만족되어야 하는 본능적인 욕구라고 하였다.

인간은 음악을 들으면서 몸을 움직이고 싶어지는 것은 단순한 생각이나 감정의 변화뿐만 아니라 근 긴장도가 증가된 근육들이 움직이고 싶어 하는 육체적인 변화를 갖는 신경학적 구조를 가지고 있다. 그러므로 친숙하고 자유스러운 음악을 통해 획득된 만족감은 자기실현이라는 성취감에서 비롯되어, 성공적인 경험으로 능동성과 창의력이 발휘되고 음악활동을 통해 스스로 자신의 역량을 확인하는 기회를 제공하기도 한다.

음악치료는 음악을 치료도구로 삼아 아동부터 성인 및 노인에 이르는 다양한 사람을 대상으로 한 학제 간 연구 및 임상 분야로서 행동, 심리분석, 실존 및 인본주의, 의학과 같은 다양한 이론적 기반을 통합하여 이를 음악에 접목시킨 정신치료라 할 수 있으며, 개인의 음악적 경험이 기반이 될 수도 있다.

음악치료는 음악에 관련된 기술이나 지식 습득을 목적으로 하는 음악교육과는 달리 음악을 매개로 하여 음악 이외 정신, 사회, 신체 관련 생활기술 습득을 목적으로 한다. 따라서 개인의 음악적 능력이나 지식은 음악치료에서는 중요하게 취급되지 않는다. 음악치료는 즐거움이나 건강에 도움을 준다는 단순한 개념과는 차이가 있다. 음악치료는 제한된 인원을 대상으로 구체적인 목적을 가지고 특정 문제에 관한 진단을 내리고 그 문제해결을 목적으로 하여 단계적 과정을 적용한다.

음악치료는 음악을 수단으로 삼아 자아감 고취, 감정 인식 및 표현능력 향상과 같은 경험을 할 수 있다. 여기에는 보니 모델 GIM(Bonny Model GIM), 노도프 로빈스(Nordoff-Robbins)의 창조적 음악치료, 프리스틀리(Priestley)의 분석적 음악치료, 오르프 모델(Orff Model) 즉흥연주 등의 종류가 있다. 현재 행해지고 있는 근대 음악치료는 20세기 초에 미국에서 발생한 음악요법을 근간으로 한다. 20세기 초 미국정신병원의 격리병동에서 만성 정신질환자를 위한 위문음악활동 중에 만들어진 '치료 음악회'가 근대 음악요법의 출발점이라 할 수 있다. 이후 1950년 국립음악협회(National Music Council, NMC)에서 음악치료라는 용어를 공식적으로 채택하였다.

정신치료를 위한 음악치료에는 조정적 음악치료(Regulative Music-therapie, RMT)가 많이 적용된다. 이는 독일의 슈바베(C. Schwabe)가 불안 관련 신경증 치료를 위해 개발한 것으로 이완요법, 요가, 선 등의 영향을 받았다. 이처럼 훈련을 목적으로 하는 음악치료에서는 이미지 유도법(Guided Imagery and Music)을 많이 사용한다. 이는 심상치료와 음악을 함께 적용한 것이다. 이외에도 기악이나 성악, 즉흥연주 등을 사용하는 내담자 참여적인 음악치료기법들도 있으며, 프리스틀리는 분석적 음악치료를, 오르프는 창의성과 창조적 표현능력을 중시하는 음악치료를 개발하였다. 음악치료사들은 음악치료학회에서 정한 자격기준을 이수한 자로서, 내담자의 음악적 반응을 통한 정확한 진단평가, 내담자 행동변화를 추구하는 치료목적 및 목표 설정, 치료계획 수립, 과정 중 환자 상태 평가 등을 행한다.

음악치료 역사를 보면 다음과 같다.

고대 그리스 시대의 철학자들은 음악이 사람의 인격과 성격에 영향을 끼친다고 믿어, 플라톤은 음악의 사용을 국가에서 통제되어야 한다고 주장하였으며, 아리스토텔레스는 음악에 의해서 사람의 성격이 바뀔 수 있다고 믿었다. 현대에 와서는 정신건강기관에서 가장 먼저 음악치료를 시행하였으며, 세계대전 중 음악에 노출된 군인 환자들이 그렇지 않은 환자에 비해 신체적 · 정서적 반응이 뛰어났고, 이에 병원에서는 전문적인 음악가들을 고용하기 시작했다. 이러한 과정

중에 음악가들이 진행하는 환자들을 위한 교육이나 임상적인 교육이 필요함에 따라 대학에 음악치료학 과정이 생기게 되었다. 우리나라에서는 1990년대에 음악치료가 소개되었고, 전국 대학교 연합으로 하여 전국음악치료사협회가 설립되어 협회주간 자격시험을 통해 매년 음악치료사를 배출하고 있다.

음악치료는 심리뿐만 아니라 신체, 사회, 영적인 면까지 아우르는 치료를 행하며, 심신의 건강을 오랜 시간 유지할 수 있도록 하는 데 힘을 쏟는다. 이 같은 음악치료는 정신질환, 발달장애, 치매, 알코올이나 약물중독, 급·만성 통증, 신체장애, 스트레스, 신경증 등으로 고통을 받는 사람이 대상이 된다. 음악치료를 대표하는 학자로는 개스턴(E. Gaston), 시어스(W. Sears), 프리스틀리(M. Priestley), 브루시아(K. Bruscia) 등을 꼽을 수 있다. 음악치료는 체계적인 행위로 치료목표와 계획을 설정하고 그에 따른 활동을 목표 지향적으로 행해야 한다. 음악치료가 음악교육이나 음악을 매개로 하는 다른 레크리에이션과 차별을 두는 이유가 여기에 있다.

음악치료는 즐거움만을 목적으로 하거나 건강에 도움을 준다는 것과는 다른 개념으로, 어떤 필요를 파악하고 그것을 달성하기 위해 단계적인 과정을 적용하는 것을 의미한다. 음악치료는 소수의 제한된 인원을 대상으로 구체적인 목적을 가지고 행한다. 따라서 어느 정도의 기간을 필요로 하며, 음악치료사는 장단기 치료의 목적을 내담자(client)와 의논하면서 진행한다.

근대 음악치료는 20세기 초 미국이 그 발상지이다. 20세기 초 미국에서는 정신병원의 격리된 병동에서 황폐한 삶을 살아가는 환자들이 늘어가고 있었다. 이러한 만성 정신질환자들은 때때로 찾아주는 독지가들의 위문을 통해서만 사회와 연결될 수 있었다. 이와 같은 자선적인 위문 음악 활동의 하나에 성 토마스 길드가 했던 '치료 음악회'라는 것이 있었는데, 이로부터 근대 음악치료법의 큰 흐름이 시작되었다고 한다. '음악치료'라는 용어는 1950년 국립음악협회(National Music Council, NMC)에서 공식 명칭으로 채택되었다. 미국 음악치료협회(American Music Therapy Association)에서는 음악치료를 다음과 같이 설명하고 있다.

"음악치료는 치료적인 목적, 즉 정신과 신체 건강을 복원(rehabilitation) 및 유지

(maintenance)하며 향상(habilitation)시키기 위해 음악을 사용하는 것이다. 음악치료사가 치료적인 환경 속에서 치료 대상자의 행동을 바람직한 방향으로 변화시키기 위한 목적으로 음악을 단계적으로 사용하는 것이다." 음악치료의 목적은 장애나 질환을 갖고 있는 사람들의 증상이나 기능의 저하를 조금이라도 완화시키고, 그 사람들이 당하고 있는 고통이나 번뇌를 가능한 한 경감시켜 주는 것이다. 충분한 사회적 경험이나 훈련이 쌓이지 않은 상태에서 발병한 조현병(정신분열병) 환자의 경우에 병세가 어느 정도 호전된 뒤에 사회 복귀를 목표로 하는 단계가 되어도 자립을 위한 생활기술이나 대인관계의 구체적인 기능을 체득하지 못하는 경우가 많다. 이런 경우 생활기술을 체득시키는 것도 음악요법의 빠질 수 없는 훈련 과제의 하나가 된다. 음악치료를 통하여 불필요한 걱정이나 불안을 피할 수 있고, 사회 적응이 양호해져서 예방과 재활에도 용이하다.

음악치료에는 다음과 같은 적용 영역들이 있다.

첫째, 교육적 영역: 특수 교육기관과 장애 아동 기관들에 있는 아동들이 음악치료의 많은 수요자들이다. 장애 아동을 위한 음악치료의 목표는 음악 활동을 통해 긍정적인 기능 변화를 유도하는 데에 있다. 정신 지체, 정서 및 행동 장애, 자폐증, 학습 부진과 학습 장애, 의사소통 장애, 시각 장애, 청각 장애, 지체 부자유 등이 있는 아동들에 적용된다.

둘째, 심리치료 영역: 치료사와 내담자의 치료적 관계를 도와주고 치료 목표를 성취하는 데에 음악적 경험을 활용한다. 심리치료에서는 음악을 세션의 시작 부분에 활용하는 경우가 많다.

셋째, 의료 및 재활 영역: 의학적 모델을 중심으로 음악치료가 행해지는 경우는 질병을 치료하는 의료 기관이나, 음악적 개입을 과학적으로 연구하여 제공하는 물리 치료와 같은 재활 센터가 대표적인 예가 될 수 있다. 더 나아가 호스피스나 완화 의료 분야에서도 음악을 활용하는데, 대표적인 예로는 호스피스 기관이나 양로원을 들 수 있다.

1) 정신치료적 음악치료

정신치료적 음악치료는 환자의 고민을 듣고 지지 및 격려해 주는 기법과 마음속에 억압된 불만이나 증오를 표현하여 발산하는 표현법, 그리고 그 병세가 어떻게 하여 비롯되었는지 스스로 알아내는 통찰법 등을 말한다. 정신치료적 음악치료의 예로는 조정적 음악치료를 들 수 있다. 조정적 음악치료(Regulative Music-therapie, RMT)는 동독의 음악요법학자 슈바베가 고안한 조정적 음악치료는 불안 신경증 같은 신경증을 치료하는 음악요법이다. 조정적 음악치료는 이완요법과 요가와 선의 영향을 받아 만든 것으로, 심신의 잘못된 긴장을 해소한다는 의미에서 신경증에 대한 기본 치료법의 하나로 간주되고 있다.

2) 훈련적 음악치료

훈련적 음악치료는 아직 학습되지 않았거나 혹은 잘못 학습된 것을 일정한 체험 훈련 과정을 통하여 학습하거나 재학습하는 것을 말한다. 어린이들의 경우에는 행동요법이라고 표시하지 않은 음악요법에서도 처음부터 훈련적인 색채가 농후하다. 음악에 의한 이미지 유도법은 훈련적 음악치료의 한 예이다. 음악에 의한 이미지 유도법(Guided Imagery and Music, GIM)은 가이드 역할을 하는 치료자와 내담자가 일대일 혹은 집단적으로 만나서 시행하게 된다. 먼저 내담자는 눈을 감은 채로 음악이 변해감에 따라서 떠오르는 이미지를 치료자에게 이야기하고, 치료자는 시각적 이미지들을 유도해 간다. 이를 통하여 내담자는 의미 깊은 세계를 체험하게 된다.

3) 능동적 음악치료

능동적 음악치료는 연주를 사용하는 음악치료법으로, 치료를 받는 내담자가 치료자와 같이 음악을 연주한다. 연주의 종류는 성악, 기악, 그리고 즉흥이 있다.

4) 수동적 음악치료

수동적 음악치료는 음악 감상을 중심으로 하는 음악치료법으로, 음악을 듣는 행위 속에 여러 가지 치료적 과정이 이루어진다. 행동과학의 기반에서 시작된 초창기 음악치료 이론은 다음과 같은 방법들이 있다.

5) 관련적 음악치료

임상 현장에서 음악치료가 시행될 때 음악치료 그룹이 경험하는 과정을 음악 외적인 것과 연관시켜서 치료의 목적을 달성한다. 음악을 통해서 치료자와 내담자 그리고 내담자 간의 관계를 확립하거나 재확립할 것을 강조한다.

6) 경험적 음악치료

경험의 과정을 중요시하는 치료법으로, 치료활동 중에 가지는 경험 자체가 치료의 목적과 직접 관련되거나 치료과정이 다른 것과 연관이 되어 치료의 목적을 달성한다고 가정한다.

7) 행동적 음악치료

행동과학의 개념하에서 치료적 절차를 수행하는데, 행동을 만들어 내고 수정하고 유지하는 조건에 관심을 가진다. 주요 목적은 사회적으로 중요하거나 의미 있는 행동을 뜻하며, 이러한 목적의 성취는 내담자에게 보다 많은 유익을 가져올 것이라고 간주한다.

실제 음악 활동에서 가장 널리 응용되는 방법 중 하나가 즉흥연주 방법인데, 다음의 네 가지 종류의 모델로 즉흥연주 방법을 구분해 볼 수 있다.

8) 창조적 음악치료

여러 명의 치료자가 한 팀이 되어 진행하는데, 모든 아동이 음악에 반응하는 자아가 있다는 것을 믿는다. 치료자가 연주하는 피아노 외에 내담자는 전형적으로 북과 심벌을 사용한다. 치료과정에서 내담자가 음악적 기술과 자유로움을 표현하도록 하고, 커뮤니케이션과 내부적 반응을 발달시키도록 돕는다.

9) 분석적 음악치료

프리스틀리(Priestley)가 정의한 대로 '소리 표현이란 방법을 통해 분석적 음악치료자와 함께 무의식의 세계를 탐구하는 방법'이다. 즉, 무의식을 반영하고 의식을 일깨우는 음악의 능력, 특히 즉흥연주의 능력을 치료에 활용하고 있다.

10) 실험적 음악치료

기악, 소리, 몸동작 등 개인의 음악적 경험과 표현을 그룹 내 사람들과 나누고,

이러한 경험을 통해 새로운 경험을 시도하는 그룹 즉흥연주 모델이다. 치료자는 그룹의 일원 혹은 그룹 밖에서 돕는 사람의 역할을 하는데, 자유로운 연주의 과정을 가지거나 치료자가 어떤 제시를 한 후 그룹이 그 주제적 생각이 형성될 때까지 즉흥연주를 하기도 한다.

3 음악치료의 기법과 구성

음악치료사는 치료의 과정으로 환자에 대한 진단 평가, 치료적인 목적 및 목표 설정, 음악 활동 계획, 환자의 반응 평가 등을 하게 된다. 음악치료사는 유머와 센스가 있으면서, 완강하고 고집스럽지 않아야 한다.

진단 평가에서는 환자의 상태와 배경, 특히 현재 환자가 보이는 장점과 약점에 대해 평가한다. 치료 목적과 행동 목표는 진단 평가에서 나타난 문제점을 통해 장기 및 단기 치료 목적으로 구분하여 설정한다. 치료 목적과 행동 목표가 설정되면 음악 활동을 계획에 따라 적절하게 구성하고 세션마다 활동 계획을 만들며, 이 계획에 따라 세션을 시행하고 그 결과를 데이터로 만든다. 이때 수집되는 데이터를 통해 환자의 치료 결과를 평가하는데, 이 데이터는 반드시 사전에 행동 목표에서 설정된 기준에 의해 수집된 것이어야 한다.

세션의 구성에는 다음에 열거한 네 가지의 조건을 만족해야 한다.

첫째, 충분한 훈련 과정을 수료한 치료사에 의해 진행되는 세션이어야 한다.

둘째, 변화가 요구되는 대상이 필요하다.

셋째, 음악치료는 음악적 진단과 다른 전문적인 진단을 검토하여 설정된 목표를 가지고 체계적인 치료 단계를 설정하여 제공되는 하나의 중재 과정(intervention process)이다.

넷째, 음악이 중요한 요소이다.

음악치료는 환자의 상태에 따라 개인별 또는 집단적으로 진행하며, 그 외 다양한 방법이 함께 실시된다.

1) 개인 심리 음악치료

개인을 대상으로 한 명 또는 여러 명의 치료사가 참여할 수 있다. 다음과 같은 경우 적용된다.

- 연령이 또래 집단에 동화되지 않는 단계이거나 초기 발달이 현저하게 늦어지는 경우
- 치료의 초기
- 병세로 보아 집단에 포함시키는 것이 어려운 경우
- 환자의 정신적인 갈등이 주 문제로, 그 갈등을 치료사와의 관계에서 재현(전이)시켜 그 처리를 통해서 병세를 치료할 필요가 있는 경우

단, 조현병에서 개인적인 정신요법은 피하도록 한다.

2) 집단 심리 음악치료

30명, 40명과 같은 대집단인 경우와 10명 내외의 소집단인 경우가 있다. 개인치료가 어느 정도 진행되어, 발달 과제로서 집단 속에서의 행동이 필요하게 된 단계에서 집단 요법을 실시한다. 성인에서는 집단의 이점을 적극적으로 이용하는 것이 좋겠다는 판단이 드는 경우, 예를 들면 자기이해, 현실 검토, 사회관계

기술의 습득 등 마음속의 갈등에서 이차적으로 발생한 인간관계 장애를 치료하는 것을 목표로 할 때 시행하고, 조현병의 치료활동으로도 가능하다.

3) 다양한 치료방법

음악은 노래, 기악 연주, 즉흥 등을 중심으로 하는 방법들이 있다. 능동적 음악치료는 연주를 사용하는 음악치료를 가리키는 말로써, 치료를 받는 환자 자신이 치료사와 같이 음악을 연주한다. 연주의 종류는 성악, 기악, 그리고 즉흥이 있다. 수동적 음악요법은 음악 감상을 중심으로 하는 음악요법으로, 치료 장면에서 음악이 재생되고 그 음악을 듣는 행위 속에 여러 가지 치료가 이루어진다. 치료방법에 대해서 결정할 때는 다음의 것을 염두에 두어야 한다.

① 대상: 어린이인가, 성인인가, 노인인가
② 장애의 종류
③ 치료 목표
④ 연주 가능한 악기
⑤ 준비할 수 있는 설비

음악치료의 소요시간은 보통 1회당 30분~1시간 정도의 시간이 평균적으로 소요되나, 대상자 특성에 따라, 상황에 따라 달라질 수 있다. 총 회기는 경우에 따라 달라진다.

4) 음악치료의 구성

음악치료의 리듬 관련 요소로는 다음과 같다.

첫째, 박(pulse)이다. 음악의 시간적 계기의 기본 단위이다. 박이 규칙적일 때 청자는 훨씬 기억을 잘할 수 있으며, 안정성과 예측성을 느끼게 해 준다. 박은 긍정적인 정서를 제공해 주며 신체적인 향상성과도 연관되어 안정적인 에너지 수준을 유지하게 해 준다.

둘째, 박의 하위분할이다. 박을 시간적 단위로 나누는 것으로 에너지 수준이 높아지거나 상승하면서 평정상태에 변화를 가져오게 된다. 결국 하위분할이 많이 될수록 에너지 수준은 정의 상관관계를 가지게 된다.

셋째, 템포(tempo)이다. 전체적인 빠르기, 시간적 흐름으로 곡이 가지고 있는 활동이나 에너지 수준의 측정기라 한다. 템포가 상승되면 활동수준이 높아지고, 템포가 하강하게 되면 활동수준이 감소하게 된다.

넷째, 박자(meter)이다. 박의 나열은 덩어리 지은 단위와 같은 개념으로 박자는 박으로 인해 에너지의 안정감과 향상성을 촉진시켜 주고 전체적인 박의 나열을 구조화해 줌으로 인하여 에너지 수준을 의식적으로 조절하는 역할을 한다.

다섯째, 리듬적 배경이다. 일정한 시간적 간격을 유지하면서 반복적인 박들로 이루어진 배경리듬은 평정상태를 유지하고 이들을 통해 안정감을 가져올 수 있다.

여섯째, 리듬적 전경이다. 개별적으로 제시된 박들이 규칙적으로 제시되는 것과는 상반된 리듬패턴을 가지고 전개되는 것으로 각기 다른 시간적 길이를 가진 박들이 나열되는 것을 말한다.

다음은 조성 관련 요소이다.

첫째, 선율(melody)이다. 감정과 관련된 선율은 개인의 충동 정도를 드러내게 된다. 음폭이 크면 클수록 감정을 많이 드러냄을 의미하고, 음역이 좁을수록 감정을 절제하고 있음을 의미하며, 선율의 진행이 순차적이면 안정적인 감정표현을 의미하고 도약적 진행이 많을수록 충동적 감정표현을 의미한다.

둘째, 음계(scale)이다. 선율 안에 있는 어떠한 음을 사용할 수 있는지에 대한 제안을 하게 되고 선율 속에 표현되는 감정을 지지하기도 하고 제한하기도 한다. 선율이 음계를 벗어날 때 이를 또 다른 차원의 감정을 다루는 것으로 분석할 수 있으며 반대로 선율이 음계의 범위 안에 머무를 때 이를 감정적 맥락이 계속 강조되고 있다고 본다.

셋째, 화음/화성(harmony)이다. 하나 이상의 음이 동시에 생성되는 것이며, 선율이 어떠한 감정을 표현하도록 지지하는 역할로써 협화음의 경우 감정표현을 지지하는 것으로 보고 불협화음의 경우는 선율이 표현하고자 하는 감정을 지지하기보다는 방해한다고 볼 수 있다. 그렇기 때문에 화성의 전개는 선율의 전개를 도와 감정을 고조시키고 각성 · 해결하는 과정을 경험하도록 이끄는 데 중요한 요소가 된다.

넷째, 조성(tonality)이다. 선율을 이루는 각 음들에게 상대적 중요성을 결정하여 나름의 위계를 세우게 된다. 이들 중에 가장 중요한 음은 으뜸음이며 이를 음악의 중심점, 핵심이라 한다.

그 외 음악적 요소들은 다음과 같다.

첫째, 악구(phrase)이다. 형식의 가장 작은 구성요소인 마디가 어울려 악구를 이루는데 리듬과 선율은 악구를 통해 서로 관계되어 선율과 리듬이 악구 안에서 일치하지 않는다면 감정과 표현의 강도 그리고 에너지 방향도 일치하지 않음을 의미한다.

둘째, 강도(volume)이다. 강도는 특정한 감정을 얼마만큼의 소리의 세기로 경험하는지와 감정의 정도를 표현하고자 하는지를 나타낸다. 같은 곡을 연주하더라도 연주자의 경험이 그때의 곡에 바로 반영되어 다르게 표현되며, 감상자도 감정의 정도에 따라 강도를 조절하게 된다.

셋째, 음색(timber)이다. 음색은 악기, 목소리 그리고 신체를 이용한 소리로 나눌 수 있으며, 표현하고자 하는 대상이나 감정의 주체가 될 수 있다. 목소리는 자신의 내면을 표현하는 것이며, 악기연주는 확장된 자신을 표현하는 것이라 볼 수 있는데, 여기서 악기연주는 신체를 확장하고 참여시키며 내재된 감정을 청각적 · 시각적으로 표출하는 것을 의미한다. 따라서 음색은 음악으로 표현하고자 하는 감정 혹은 메시지의 주체를 상징화하는 것이다.

4 음악치료의 이론

1) 행동주의적 음악치료

음악치료활동을 통해 나타나는 환자들의 음악 외적 행동들을 치료목적으로 두게 되며, 이러한 문제 되는 행동들을 음악을 이용해 보완 · 수정하는 것이다. 행동주의에 바탕을 둔 음악치료는 단계적인 목표와 그에 따르는 활동, 절차를 가지며 행동을 변화시키기 위해 측정 가능한 용어로서 설계한 계획에 따라 행동이 증가 또는 감소했는가를 기대한다.

2) 인본주의적 음악치료

인간의 존엄성과 가치를 존중하고 각 개인마다 독특한 잠재력이 있으며 모든 인간은 이런 잠재력을 펼칠 수 있는 자아실현의 경향성을 가지고 있다는 믿음에 바탕을 둔다. 음악치료사는 치료대상자가 자신의 잠재력을 펼칠 수 있는 환경을 만들어 주는 목적으로 음악을 사용한다.

인본주의 음악치료는 로저스(C. Rogers), 매슬로(A. Maslow) 등이 주창한 인본주의 사상과 음악치료를 접목한 이론으로, 인간 상호 간의 사랑, 개인적 창의성, 자아인식, 인격적 성장, 인간 기본욕구충족, 자아실현, 고매한 가치관 설정, 존재의식, 성취감, 유머, 온정, 책임감, 의미, 절정에 대한 경험, 용기와 같은 개념적 차원과 자아발달의 실현을 목표로 하고 있다. 이는 소리와 신체, 정신, 정서, 영적 요소들을 모두 포함한 전 인간의 상호적인 관계가 핵심이다. 음악치료는 개인 및 사회에 득이 되기 위한 인간의 욕구를 쟁점으로 하는 음악의 측면을 치유적으로 구성하는 과정이라 할 수 있다. 따라서 인본주의 음악치료사는 음악적 경험을 통해서 내담자가 건강과 안녕의 상태로 나아갈 수 있도록 인도하고 지도해야 한다.

인본주의 음악치료는 인간의 정서와 관계를 핵심적으로 다루기 때문에 인간 본위적이며 전체주의적인 전 인간으로서의 개인을 대상으로 하여 인지, 발달, 사회적 측면을 통합적으로 탐색한다. 음악을 매개로 하는 치료적 활동은 매슬로가 제시한 인간의 욕구 중 상위 욕구를 다룰 수 있는 과정을 제공하고, 능동 및 수동적 수준에 맞춘 음악적 경험이 내면에 잠재되어 있던 욕구를 규명하고 통찰할 수 있도록 해 준다.

그뿐만 아니라 인간이 경험할 수 있는 행복한 충만함의 절정경험을 즉흥연주와 같은 창의적인 음악활동을 통해서 체험할 수 있으며, 음악을 통한 자기표현으로 자기실현과 잠재적 능력의 발현을 꾀할 수 있다. 음악은 창조적 예술활동으로 창의성을 기본으로 하여, 인간의 독창적인 면을 촉진하기 때문에 내담자 스스로 창작하는 음악 자체가 자기만의 표현이 되어 자기성찰 및 자긍심 신장으로 확장될 수 있다.

인본주의 음악치료의 이론적 개념으로는 건강한 욕구와 필요를 스스로 조절하여 인식의 경험을 유도하고 의사소통 수단을 개발시킨다는 것과 내재적 학습을 통해서 외부세계로의 참여를 유도하고 개인의 만족과 총체성을 불러일으킬 수 있다는 점, 원만한 인간관계 형성을 통해서 자아발달을 이끌어 준다는 점 등이다. 특히 자아발달이론에서 가장 핵심적인 것은 타인과의 관계이기 때문에 인본주의 음악치료는 음악을 매개로 타인과의 관계향상을 꾀하여 음악을 통한 사회적 기능향상이라는 효과도 볼 수 있다. 인본주의 음악치료는 무조건적 수용이라는 인본주의 원칙하에 어떤 내담자이든 모든 증상이나 행위 및 태도에는 그 원인이 있다고 가정하고, 모든 연령대에서 어떤 증상을 가진 내담자라 하더라도 가능성을 지닌 존재로 받아들인다.

진단이나 판단을 내리지 않고 공감이라는 주제를 중심에 둔 채 주변 세계 및 타인과 자신 사이를 건강하게 인식하는 활기찬 신체(vibrant body)를 만들어 나가는 것이 인본주의 음악치료의 궁극적 목적이다. 활기찬 신체란 사람이 음악적 도구를 써서 자기를 확장해 나가는 개념으로, 연주와 같은 음악활동을 함으로써 내면의 자기를 이끌어내는 첫 번째 오케스트라라고 할 수 있다.

음악을 창조하는 활동은 인간의 동작, 몸짓, 자세, 시야, 언어, 리듬의 질서 등으로 대화를 이끌어 낸다. 인본주의 음악치료 입장에서 볼 때 소리는 세계와 세계에 대한 감정으로 생산되는 것이므로 바로 관계가 된다. 인본주의 음악치료는 세계, 타인, 자기의 수용을 향한 열림으로 출발하여 음악적 체험의 과정을 거치면서 내적 변화를 야기하고, 모든 연령대의 자기실현을 완성하는 데 도움을 준다.

3) 분석적 음악치료

프리스틀리 모델(Priestly Model)이라고도 부르는 분석적 음악치료는 1970년대 초 프리스틀리(Mary Priestley), 라이트(Peter wright), 워들(Marjorie Wardle) 등이 영국에서 기초를 다지고 프리스틀리가 임상실험을 통해서 이론을 정립한 음악치료의 한 형태로, 프로이트(Freud)와 융(Jung), 클라인(Klein) 등의 정신분석적 이론을 기반으로 하고 있다. 분석적 음악치료는 내담자에게 자신의 내면세계를 탐색할 기회를 주기 위해서 치료사와 내담자가 표제음악의 표제에서 도출한 즉흥연주를 중심으로 진행한다.

분석적 음악치료가 지향하는 궁극적 목표는 내담자 내면에 잠재되어 있거나 억눌려 있어서 실현되지 못한 개인적 능력 또는 삶의 목표 등을 가로막고 있는 장애물을 제거하여 개인성장을 꾀하는 것이다. 따라서 내담자의 내면에 잠재되어 있는 능력이나 개인의 목표수행을 가로막고 있는 장애물을 제거하기 위해 무의식적 소재에 접근, 통찰획득, 방어적 능력 탐색, 긍정적 목표 재조정 등의 과정을 거쳐 균형감각과 창조성의 발달 등을 이끌어 낸다. 이는 원래 성인을 위해 개발되어 여러 심리적 문제를 다루는 데 사용되었지만 아동에게 행해진 적도 있다.

분석적 음악치료를 실행하기 위해서는 청취력, 적정 수준의 지능, 언어능력,

상징적 사고능력 등을 지니고 있어야 하기 때문에 중증의 정신분열이나 지체 등에는 적용하기가 힘들다. 주로 개별 치료를 행하지만 2인 1조 혹은 집단으로 행할 수도 있다. 분석적 음악치료는 쟁점이나 문제점 확인, 즉흥연주를 위한 내담자와 치료사의 역할결정, 표제 즉흥연주, 즉흥연주에 관한 토의 등의 네 가지 절차로 구성하고, 이를 반복하는 형태로 진행한다.

내담자가 일단 자신의 호소하는 문제점이나 주된 쟁점을 확인하고 나면 이를 표제로 삼아 즉흥연주를 행하고, 이에 관한 관찰, 토의, 검토 등을 거치는 구체적인 프로그램을 실행한다. 즉흥연주 후에는 즉흥연주 경험에 관한 즉각적 반응을 탐색하기도 하고, 기록된 즉흥연주를 재생하여 들으면서 더 깊은 성찰을 경험할 수도 있다. 분석적 음악치료에서는 즉흥연주에 필요한 악기를 내담자 스스로 선택하며, 내담자 문제점에 따른 표제의 내용에 따라 광범위하고 다양한 악기를 사용할 수 있다. 이때 치료사는 즉흥연주의 반주를 담당하는 경우가 많기 때문에 피아노 반주를 잘할 수 있어야 한다. 물론 내담자의 필요나 요구에 따라 반주 악기의 종류를 선택할 수 있다.

내담자가 즉흥연주를 할 때 내담자의 내적 음악이 표현되기 마련인데, 이것은 내담자의 성격에 따른 것일 수도 있고 즉흥연주의 표제, 시간제한, 구체적인 음악적 발상, 소재나 구성에 따른 것일 수도 있다. 즉흥연주가 이루어진 다음 토의에서는 즉흥연주 경험에 대한 내담자의 즉각적인 반응의 검토와 즉흥연주의 재생 청취가 필요하다. 이 과정에서 내담자의 즉흥연주에 대한 정보를 기록하기 위하여 치료일지와 청취록을 이용하고, 이를 통한 즉흥연주 내용의 사정과 평가를 수반해야 한다.

분석적 음악치료에서 치료사는 감정이입, 내담자 내면탐구, 내담자 수용 및 안아주기와 인정, 음악에 대한 순수한 반응, 내담자의 치료적 성장자극, 내담자의 그림자 극복과 같은 역할을 한다. 분석적 음악치료가 다른 음악치료와 구별되는 특징은 언어, 즉 말을 중요시한다는 점이다. 이에 즉흥연주 이후 진행되는 토의로 내담자의 내면에 대한 탐색 및 분석을 하는 단계가 분석적 음악치료의 핵심과정이라 할 수 있다. 분석적 음악치료과정에서는 내담자와 치료사의 치료적 동맹을 기반으로 음악적 매체를 통해서 전이와 역전이를 능동적으로 활용하여 치료에 적용한다.

4) 오르프 음악치료

오르프 음악치료는 독일의 작곡가이자 음악교육자인 카를 오르프(Carl Orff)가 독일의 무용가인 귄터(D. Gunther) 및 위그먼(M. Wigman)과 함께 음악교육에 관한 연구를 하게 되면서 기반을 다진 음악치료로써, 나중에 슐베르크(O. Schulwerk)가 보완 · 정리했고, 게르투르투 오르프(Gertrud Orff)가 이들의 이론을 바탕으로 하여 음악치료 프로그램으로 개발하였다. 게르투르투 오르프는 음악을 언어, 소리, 동작이 통합된 전체적 표현방법이라 보고, 음악과 동작을 즐겁게 연주하는 경험을 통해서 내담자의 증상을 개선하고 그들의 욕구를 해소시키는 데 중점을 두었다. 내담자는 이러한 음악적 경험으로 환경 및 타인과 상호작용을 하면서 사회생활 속에서 필요한 기술을 습득할 수도 있다. 이와 같은 오르프 음악치료는 아동을 대상으로 하여 출발하였다.

게르투르투 오르프는 뮌헨의 유치원에서 발달 지체 및 장애가 있는 아동을 대상으로 하여 30여 년간 임상연구를 한 결과, 사회소아과학과 카를 오르프 슐베르크의 음악교육이 음악치료적 임상환경에서 큰 영향력을 발휘하는 것을 관찰할 수 있었다. 이를 계기로 게르투르투 오르프는 발달 지체 및 장애가 있는 아동을 대상으로 한 소아사회과학 임상환경을 구축하여 새로운 음악치료를 만들었다. 그는 임상적 환경과 음악적 배경을 핵심으로 한 치료에서 아동들이 언어, 소리, 동작 등의 통합적 표현을 통해서 발전해 나가는 모습을 지켜볼 수 있었다.

여기에 제2차 세계대전 이후 아동의 발달 지체 및 장애 진단과 연구를 하던 독일의 헬브뤼게(T. Hellbruegge)가 약물의 한계를 인식하고 소아과 의사, 심리학자, 직업치료사, 몬테소리 치료사, 교육학자, 사회복지사, 간호사 등과 함께 발달장애나 지체가 있는 아동을 위한 해결책을 모색하다가 게르투르투 오르프를 초청하게 되었고, 이들의 협력으로 오르프 음악치료라는 새로운 치료방법이 세상에 소개되었다. 게르투르투 오르프는 항상 발달장애가 있는 아동의 잠재적 발달능력을 강조하면서 인본주의적 입장에 서서 치료사와 내담자 간의 관계를 중요시하였다.

반응적 상호작용(responsive interaction)을 중요시하는 오르프 음악치료는 발달심리학과 인본주의 철학이 조합된 이론을 기반으로 한다. 따라서 치료사는 아동의 눈높이에 맞추어 아동의 생각과 아동의 직관적 능력을 기꺼이 수용하고, 아동이 충동적 상황에서 보여주는 새로운 생각까지 지지하는 자세를 취해야 한다. 이러한 반응적 상호작용은 치료사들이 아동의 발달수준에 맞추는 융통성을 가질 수 있도록 하며, 아동이 새로운 능력을 습득할 때마다 그에 유연성 있게 대처할 수 있도록 해 준다.

오르프 음악치료는 카를 오르프의 기본 개념과 음악교수방법을 치료적 환경에 적용하여 내담자가 음악적인 환경에서 자신을 표현하고, 자신을 한 개인으로서 경험하며, 다른 사람들과 함께 음악 만들기를 경험하는 것을 목표로 하였다. 또한 그것을 통하여 사회적 상호작용에서의 표출이 가능해지도록 하는 데 중점을 두었다. 즉, 음악적 자극을 통하여 자신의 감각을 지각하고 인지하며 자신을 느끼고, 자신을 둘러싼 주위 환경과 사물, 공간을 인식하고, 타인과의 음악적 경험을 통하여 사회적 상호교류를 경험하고, 사회적 기술을 학습해 가는 과정이라고 할 수 있다. 더 나아가, 오르프 음악치료는 각 대상의 발달단계와 특징에 따라 체계화된 단계별 치료목표를 설정하여 특정 과제를 가르치는 과정을 제시한다.

오르프 음악치료는 사람들의 참여를 유도하고 결집시키는 음악으로 여러 가지 요소를 가지고 있다. 음악적 요소, 악기 요소, 말 요소, 동작 요소 등이 결집된 기초 음악의 형태와 개념을 가진 '기초 음악'이라고 설명할 수 있다. 오르프 음악교육의 '기초 음악'을 토대로 하여 리듬과 노래, 말과 동작, 그리고 놀이 등으로 치료 대상자가 스스로 자신의 문제를 해결하도록 도와주는 접근이다. 따라서 오르프 음악치료에서는 지적인 이해보다는 감각을 우선으로 하는 신체의 동작을 수반하는 음악을 주로 사용한다. 즉, 리듬을 통한 체험을 중요시하기 때문에 지속적인 반복과 리듬악기를 기본으로 하는 오르프 악기를 사용하여 직접적이고 종합적인 음악경험의 기회를 제공하는 것이 중요한 치료방법인 것이다. 오르프 기법의 치료적 특징을 살펴보면 다음과 같다.

첫째, 음악적 재능을 가진 아동만을 위한 것이 아니라 모든 아동을 위한 교육으로, 음악적 능력의 차이와 무관하게 아동 모두가 각자의 능력에 따라 참여할 수 있는 공간과 역할이 있다. 오르프 수업은 소규모의 그룹 형태로 진행되며, 음악적 능력과 관계없이 모든 아동이 참여하고, 상호협력하여 다양하고 재미있는 음악적 경험을 유도한다.

둘째, 탐색과 경험을 강조한다. 오르프에서 음악교육은 아주 쉽고 자연적인 활동에서 점차 음악적으로 발전된 학습으로 전개된다. 오르프 교수법은 아동들이 좋아하는 활동 중에서 노래, 낭송, 박수, 춤, 사물 두드리기 등을 활동의 기초로 삼고 있다. 이러한 활동은 먼저 음악을 듣는 것(music listening)에서 시작하여 음악을 만드는 과정(music making)으로 유도되고, 그다음 음악을 읽고 작곡(music reading & composing)하는 학습으로 연계된다. 오르프 음악치료는 이러한 오르프 교수법의 특징에 따라 아동들이 좋아하는 활동을 기초로 다양한 표현양식을 활용하면서 아동의 직접적인 체험을 부분에서 전체로, 단순한 것에서 복잡한 것으로 전개하는 원리를 따른다.

셋째, 오르프 음악 학습의 기초는 리듬이라 할 수 있다. 리듬은 가장 원초적이고 자연적인 특성을 가지고 있으며, 음악, 동작, 언어에 모두 내재되어 있는 음악의 기본 요소다. 따라서 오르프에서는 음악교육이나 훈련경험이 없는 아동에게 신체소리(physical sound)와 몸짓을 통한 리듬교육을 선행하고, 사람의 음성(voice)을 가장 근본적이고 자연스러운 악기로 이용하고 있다. 오르프 음악치료에서도 리듬은 인간의 뛰는 심장으로 간주된다.

오르프 수업에서 사용되는 오르프 악기는 음악수업에 중요한 도구가 되며, 아동들이 쉽게 음악을 만들 수 있도록 제작되었다. 오르프 타악기는 두드리거나 치기를 좋아하는 인간의 본능적 특성과 부합하며, 신체적 발달 특징에 적합하고 연주기능을 최소화하여 아동들이 쉽게 연주하면서 음악을 만들 수 있도록 고안되었다. 또한 오르프 교수법의 창시자인 카를 오르프가 악기 제작자의 도움을 받아 개량한 오르프 선율 악기들은 아름다운 음색을 즉각적으로 제공하여 아동들의 음감발달과 감수성 계발에 효과적이다.

이러한 악기들은 소규모 합주형태로 연주되기 때문에 아동을 민감하고 주의 깊게 청취하는 감상자가 되도록 하며 지속적으로 음악 만들기에 참여하도록 동기를 부여한다. 오르프 악기의 사용은 매우 효과적인 치료도구로써, 특히 게르투르투 오르프가 강조하는 다감각적 경험을 제공하는 유용한 매개체로서 오르프 음악치료에서 가장 적극적으로 활용되는 방법이다. 악기의 서로 다른 재질과 재료를 통하여 악기의 온도, 표면의 느낌, 강도, 무게, 탄력, 진동 등을 촉각적 자극제로 활용할 수 있고, 악기들의 모양과 크기, 색깔 등을 시각적 자극제로 사용할 수 있다. 또한 악기의 서로 다른 음색과 톤, 소리 등은 청각적 자극으로 제공할 수도 있다. 이러한 다감각적 경험은 신체 특정 감각기관의 결함이나 손상이 있는 사람에게 특히 효과적인데, 악기는 손상된 감각기관을 대신하여 다른 감각을 통하여 자극을 전달하고 반응을 유도하는 데 치료적으로 사용될 수 있다.

오르프는 즉흥연주와 창작으로 아동이 즐거운 음악적 경험을 하고, 평생 음악을 사랑하고 즐겨 할 수 있는 기회를 주는 것이다. 모든 학습은 학습자에게 만족감을 심어 줄 때 비로소 유의미하다는 긍정적인 결과를 산출한다. 만족감은 자신이 습득한 지식을 사용하여 새로운 무엇을 창조할 때 더욱 크게 느낀다. 오르프는 생동감 있고 창의적인 즉흥연주 및 창작활동을 함으로써 아동의 창의성과 창조적 표현능력을 발달시킨다. 이러한 창의적인 즉흥연주와 창작활동은 오르프 음악치료에 적용되어 내담자가 자신을 느끼고 표현하고 타인과 함께할 수 있는 기회를 제공한다. 이와 같은 음악 만들기를 통하여 만족감과 성취감을 느낄 수 있고, 자아실현의 기회를 얻을 수 있다.

5) 창조적 음악치료

창조적 음악치료는 미국의 작곡가이면서 피아니스트인 노도프(Paul Nordoff)와 영국의 특수교육 학자인 로빈스(Clive Robbins)가 아동을 위해 개발한 음악치료기법으로서, 슈타이너(Rudolf Steiner)의 이론에서 영향을 받았다. 노도프와 로빈스는 인본주의를 바탕으로 해서 모든 아동은 음악적 자아를 품고 있기 때문에 음악적 자극이 주어지면 그에 대한 반응을 할 수 있다는 가설을 세웠다. 이들은 모든 사람은 선천적으로 음악성을 지니고 태어나며, 그 선천적 음악성은 개인의 성장 및 발전에 일조한다고 믿었다. 이는 곧 자기실현적 잠재력이며, 이러한 잠재력을 최대한 이끌어내고자 즉흥음악을 활용한다. 즉흥음악을 체험하면서 개인은 자신의 정서, 신체, 인지적 문제를 극복하는 내적 창조성을 도출할 수 있기 때문이다.

노도프는 1958년 장애 아동들의 음악적 반응을 경험하면서 음악의 치료적 효과를 확신하게 되었고, 로빈스와의 만남으로 새로운 음악치료의 장을 열었다. 노도프와 로빈스는 『Therapy for Handicapped Children』(1965)을 출판하기도 하였다. 노도프와 로빈스의 이러한 음악치료기법을 창조적 음악치료라 명명하게 된 것은 창조성이 가지고 있는 치료적 측면을 중시하여 인간이 지닌 창의성을 최대한 활용하는 즉흥연주를 매개로 하기 때문이다. 창조적 음악치료에서 창조성이란 인간의 건강한 본성을 뜻하는 동시에 창조적 음악치료의 핵심 개념인 음악아동(music child)과 연관된다. 노도프와 로빈스는 모든 인간은 내면에 선천적 음악성을 지니고 있으며, 이는 치료과정 중 치료사와 치료적 동맹을 용이하게 하는 개인 본성의 일부분인 음악아동으로 체험된다고 하였다.

반면, 음악아동과는 달리 개인의 창조적 본성 발현을 방해하는 장애나 문제를 가진 부분을 조건아동 혹은 제한 아동(condition child)이라 하는데, 장애를 오랫동안 지녀 온 개인의 경우 음악아동이 조건아동에 갇혀 제대로 활동하지 못하게 되고, 그 결과 아동의 발달에 문제가 발생하는 것이다. 노도프와 로빈스의 창조적 음악치료는 음악을 매개로 하여 조건아동에 갇힌 음악아동의 본성을 깨우고 활성화시켜 이를 개인의 성장 및 발전을 돕는 데 쓸 수 있도록 함으로써 옛 자기

(old self)를 변화시켜 새로운 자기(new self)를 형성하는 것이 목적이다. 창조적 음악치료를 시행하는 음악치료사는 음악의 예술적 창의성 및 미적 감각을 이용하여 내담자 문제에 다가가고, 각각의 회기를 녹음·기록하여 분석과 연구를 거친다.

이를 통하여 지속적 사정을 행하고 치료계획을 수립한다. 내담자와 치료사는 동료적(co-active) 창조자로 다양한 음악을 즉흥적으로 만들어 내고, 내담자는 특별한 능력을 요구받지 않는 자유롭고 안전한 환경에서 자기를 표현할 수 있다. 창조적 음악치료를 실행할 때는 2명의 치료사가 한 팀이 되어 한 사람은 피아노에서 내담자의 치료적 음악 경험을 체험하고, 다른 한 사람은 내담자가 즉흥연주를 할 수 있게 도와주면서 피아노에서 유도하는 치료사에게 적절한 반응을 할 수 있도록 한다.

이와 같은 창조적 음악치료의 대상은 원래는 아동이었지만 연령이나 발달수준에 관계가 없다. 창조적 음악치료는 음악적 만남을 통한 라포 형성, 음악적 반응 유도, 음악적 능력 및 표현능력, 상호 반응능력 개발과 같은 단계를 거친다. 창조적 음악치료를 행하는 치료사는 내담자와 동료적 관계를 맺고 내담자의 내적 능력에 관한 믿음과 존중을 지니고 즉흥연주를 도와주면서 내담자의 개인 성장과 발전에 힘써야 한다.

6) 생체의학론 음악치료

생체의학론에 바탕을 둔 음악치료는 테일러(Dale Taylor)가 제창한 것으로, 음악이 관찰 가능하고 증명 가능하며 측정 및 예측이 가능한 방법으로 인간의 뇌에 영향을 주고 나아가 뇌 이외의 신체기관에까지 영향을 미치기 때문에 인간행동 변화를 도출할 수 있다는 이론을 바탕으로 만들어졌다. 테일러는 음악치료는 인간의 뇌와 그 기능에 관한 것을 목표로 두는 기본적이고 핵심적인 의학이라는 입장을 취하고 있다. 음악은 본질적으로 인간의 다양한 행동을 결정하는 대뇌피질의 작용 및 기능에 직접적인 영향을 미친다. 따라서 음악치료는 대뇌피질 작용에 영향을 미쳐 특정 행동을 변화시키는 결과를 낳는다. 음악은 뇌신경 자극 양식을 변화시키고 뇌 기능의 변화를 유도하여 새로운 기능에 따라 통제되는 특정 행동으로 대체하는 능력을 만들어 낼 수 있다.

테일러는 『Expressive Technique for Reversal of Suicidal Behavior』, 『Neuroanatomical Model Using Music for Remediation of Aphasic Disorders』, 『Control Reversal Therapy Technique for Treating and Removing Eating Disorders』와 같은 저서에서 생체의학론 음악치료에 대한 실증들을 제시하였다. 대뇌변연계나 시상하부와 같은 신경해부학적 구조가 스트레스 관련 신경호르몬의 조절, 면역반응 조절 등을 관장하면서 동일한 구조가 음악을 창조하고 체험하는 과정을 함께 관장한다. 이 때문에 생체의학론 음악치료가 가능한 것이다.

시상하부-뇌하수체-부신-피질(hypothalamic-pituitary-adreno-cortical, HPAC)로 이어지는 HPAC 체계는 신체기관이 스트레스 상황에 직면해서 효과적인 대처방안을 마련하지 못했을 때 작동되어 결국 우울, 불안, 동맥경화증, 면역억제, 기억능력저하 등에 영향을 미치는 코르티솔을 과다분비한다. 이에 반해 교감신경 부신수질계인 SAM(sympatho-adrenomedullary system) 체계는 면역반응을 신장시켜 우울을 억제하고 신체기관이 스트레스 상황에 직면했을 때 효과적인 대처방안을 만들어 내는 능력을 확장시킨다. 이것이 바로 음악치료의 과정과 동일하며, 이러한 입장이 생체의학론 음악치료이다.

Chapter 06

독서치료

인간의 심리적 문제를 해결하고자 하는 노력은 미술, 음악, 놀이를 넘어 연극, 영화, 동작, 문학, 독서 등 여러 다양한 방법을 통해 연구되어 졌다. 그 중 책을 이용한 독서치료는 문학치료와 함께 효과적인 심리치료로 자리매김되고 있다. 처음 독서치료의 시작은 예술치료 내 보조수단으로 사용되었으나 이제는 하나의 독립된 치료 영역으로 발전해 가고 있으며, 다양한 연령층에서 심리적 문제를 해결하는 데 도움을 주고 있다.

독서치료는 20세기 초 미국에서 처음으로 환자를 치료하기 위해 병원에서 독서를 권장하는 것에서 시작되었으며 20세기 중반 이후에는 본격적으로 그 치료 방법과 효과에 대한 연구가 활발히 진행되었다. 현재 독서치료는 자기개념 및 인간관계 증진 등 발달적 관심에서 필요와 기대를 충족시키면서 문제에 대한 해결 중심적 접근과 더불어 예방적 접근의 가용성은 넓어지고 있는 추세이다.

1 독서치료의 이해

1) 독서치료의 개념

독서치료는 그리스어 'biblion(책, 문학)'과 'therapeia(도움이 되다, 의학적으로 돕다, 병을 고쳐 주다)'라는 두 단어에서 유래되었다. 이는 독서치료가 문학의 치료적 특성을 지니고 있음을 말해 주는 것이다. 독서치료는 응용 분야 및 적용 범위가 넓어 그 개념을 하나로 규정하기가 어렵지만, 돌과 돌(Doll & Doll)에 의하면 독서치료는 인간의 전반적인 발달을 위해 사용하며 독자의 성격을 측정하고 적응과 성장, 정신적 건강을 위해 책과 독자 사이의 상호작용 과정을 다루는 것으로 정의하였으며, 선택된 독서 자료에 내재된 생각이 독자의 정신적 또는 심리적 질병에 영향을 줄 수 있음을 말하였다. 또한 내담자에 의해 선택된 독서 자료는 내재된 심리적 근거로 정신적 또는 심리적 질병을 다루는 데 중요하다고 하였다.

상호작용을 강조한 하인즈와 베리(Hynes & Berry)는 내담자의 감정과 인지적 반응을 통합하도록 돕기 위해 내담자 스스로가 선택한 문학작품이나 글, 시청각 자료 등을 통해 창의적 글쓰기를 시도하고 작품에 대한 토론을 진행하며 상호작용을 돕는다고 하였다. 이와 같은 내용을 종합해 볼 때 독서치료는 발달적 문제나 적응상의 문제를 가지고 있는 내담자에게 문학작품을 매개로 하여 토론, 글쓰기, 그림 그리기 및 역할극 등의 상호작용을 통해 자신의 문제를 해결하도록 돕는다.

이처럼 독서치료는 시에서부터 단편소설, 자서전, 개인의 일기, 생활사 등등에 이르기까지 가능한 모든 문학적 형태를 포함하는 문학작품을 가지고 내담자를 이해하고 나누는 것이다. 현재 독서치료는 독서교육, 독서심리, 독서상담, 문학치료 등의 용어로 혼용되고 있으나 독서요법과 독서치료가 동일한 의미로 가장 많이 사용되고 있다.

대부분의 학자가 같은 맥락에서 독서치료를 정의하고 있다. 독서치료의 목적은 학자별로 다양하게 제시하였는데 간략하게 소개하면 다음과 같다. 돌과 돌(Doll & Doll, 1997)은 자신에 대한 통찰과 자기이해, 카타르시스, 문제해결능력 향상, 대인관계와 태도의 변화, 정보제공, 책을 읽는 즐거움 등을 독서치료의 목적이라고 하였다. 하인즈와 하인즈-베리(Hynes & Hynes-Berry, 1994)는 독서치료 참여자가 치유자료를 자신의 삶에 적용하는 능력 향상, 자아성찰, 대인관계의 변화, 현실문제해결능력 확장 등을 제시했고, 파덱과 파덱(Pardeck & Pardeck, 1998: 15)은 삶의 정보제공, 통찰제공, 문제에 대한 토론, 의사전달 능력 향상, 문제해결 능력 향상, 정신병리 치료기간 단축 등을 독서치료의 목적으로 제시했다. 이를 종합하면 독서치료의 목적은 치유서를 통하여 자기이해와 성찰, 그리고 책 속의 스토리를 통하여 카타르시스를 경험하고, 치유와 통찰을 통하여 삶의 태도가 변화되고, 성숙하고 행복한 삶을 유지할 수 있도록 도와주는 것이라고 할 수 있다. 독서치료의 학자별 정의는 **표 6-1**과 같다.

표 6-1 독서치료에 대한 학자별 정의

구분	연도	정의
Berry	1977	독서치료란 치료자와 참여자가 활용 가능한 다양한 문학적 형태를 포함한 작품들을 가지고 상호작용을 나누는 것이다.
Gladding & Gladding	1991	책 속의 주인공과 자신의 처지를 동일시하여 참여자의 정서를 순화시키며 사고의 왜곡이나 오류를 바로잡고 새로운 방법을 통해 다른 사람과 상호작용을 하도록 돕는 과정이다.
Hynes & Hynes-Berry	1994	전문적인 치료자가 임상적 · 발달적 독서치료 대상자에게 감정과 인지적 반응을 통합하여 정신건강을 증진시키며 글, 글쓰기, 시청각 자료 등에 대한 토론을 유도하고 이끌어 나가는 것이다.
Doll & Doll	1997	전반적인 발달을 위해 책을 도구로 사용하며, 책은 독자의 성격을 측정하고 적응이나 성장 그리고 정신건강을 위해 사용되는 책과 독자 간의 상호작용과정이 독서치료이다.
윤달원	1990	전문적 지식과 훈련을 쌓은 치료자가 심리적인 갈등이나 문제로 인해 어려움이 있는 내담자나 환자에게 문제의 원인 및 특성에 관계되는 독서를 처방함으로써 치료를 하려는 접근방법이다.
유혜숙	1997	독서치료는 정신적 문제나 신경증적 증상을 가지고 있는 대상자의 치료를 목적으로 하며 환자에게 약을 처방하듯이 해당 도서를 처방함으로써 환자의 감정 및 행동을 변화시키는 방법 중의 하나이다.
정기철	2000	질병을 치료하기 위한 목적으로 글을 읽거나 도서를 활용하여 문제되는 성격이나 태도 등을 바람직한 방향으로 수정하기 위한 활동을 적용하는 과정이다
김현희 외 7인	2010	발달적 혹은 임상적 문제를 가지고 있는 대상자가 문학작품을 매개로 치료자와 토론, 글쓰기, 그림 그리기, 역할극 등의 상호작용을 통해 대상자의 적응과 성장 및 문제를 해결하는 데 도움을 얻는 것이다.

2) 독서치료의 원리

독서치료의 원리를 이해하기 위해서는 책을 읽는 동안 독자의 내면세계 속에서 무엇이 일어나고 있는지를 이해해야 한다. 지금까지 독서치료에 중요한 이론적 근거를 제시한 심리학 이론으로는 정신분석이론, 아들러 학파의 심리학 이론,

게슈탈트 이론, 사회학습이론, 집단상담이론 등이 있다. 정신분석이론에서는 내담자가 문학작품을 읽은 후 치료자와 나누는 상호작용 중에 일어나는 동일시, 카타르시스, 통찰과 같은 근거를 제시하고 있는데, 그 내용은 다음과 같다(김현희 외, 2010).

(1) 동일시

타인이나 사물에 애정을 느껴서 자기와 다른 사람이나 사물을 일체로 생각하도록 하는 자아의 자각 과정이며, 투영과 섭취가 있다. 투영은 자기의 감정이나, 성격, 사고, 태도를 다른 사람에게서 찾아내는 것을 말한다. 섭취는 반대로 타인의 감정이나, 성격, 사고, 태도를 자신의 모습에서 찾아내는 것이다. 즉, 동일화(identification)는 도서(자료)와 독자와의 역동적인 상호작용에서 일어난다. 독자가 작품 속의 등장인물을 통한 대리경험의 과정을 통해 자아를 인식하는 과정으로 등장인물들의 성격이나 감정, 행동, 태도 등과 동일시를 이루면서 자신의 내면에 섭취하여 행동을 변화시켜 나가는 것을 말한다.

(2) 카타르시스

감정을 정화시키는 것으로 치료적인 면에서 보면 인간의 내면에 쌓여 있는 욕구 불만이나 심리적 갈등을 언행으로 표출시켜 충동적 정서나 소극적인 감정을 발산시키는 것이다. 정신분석에서는 마음의 상처를 외부로 발산시켜 치료에 직접적인 영향을 주는 정신요법의 일종을 가리킨다. 독서치료에 있어서는 책 속의 등장인물이나 책 내용의 감정, 사고, 태도, 성격에 대한 감상을 글쓰기나 말로 표현시키는 것으로 감상의 고백을 말한다. 이는 간접적인 고백으로 다른 심리치료에서 자주 볼 수 있는 저항을 받지 않는다.

감상의 고백은 자신의 내면적인 사고나 정서, 태도, 성격이 투영된다. 말이나 글쓰기로 감상을 표현하면서 의식적인 억압이나 억제가 점차적으로 약해져 감에 따라 등장인물에 대한 감상이라고 하는 간접적인 표현이 현실 생활 중의 인물에 대한 감상이라고 하는 직접적인 표현 형태로 바뀌어 나가게 된다. 독자는 자신의 문제와 동반되는 좌절감, 슬픔과 분노의 감정에 빠져 있기 때문에 객관적인 시각으로 문제를 해결하는 힘이 약하다. 따라서 카타르시스를 경험하면 부정적 감정에서 벗어나서 통찰이 가능하게 된다.

(3) 통찰

자기 자신에 대하여 올바른 객관적 인식을 갖는 것을 의미한다. 독서치료자는 내담자에게 자신과 비슷한 문제에 봉착한 책 속의 등장인물이 어떻게 그 문제를 긍정적으로 해결해 나가는지를 스스로 깨닫도록 도움으로써 통찰이 일어나도록 촉진한다. 따라서 독서치료에서의 통찰은 계속적인 치료과정을 통해 책 속 등장인물의 행동을 스스로 깨닫도록 함으로써 내담자 자신의 욕구를 충족시킬 수 있는 카타르시스를 동반한 감정적 통찰력을 갖게 한다.

아들러의 개념 중에서 독서치료와 특히 연관 지을 수 있는 것은 개인의 언어상징의 타고난 반응 잠재력이다. 아들러는 이미 오래전에 독서치료를 자신의 심리치료 요법으로 사용하였는데, 그는 내담자로 하여금 기승전결로 글을 쓰게 하고, 그 글에서 내담자가 무엇에 분노하는지 내담자의 사회적 상황은 어떤지 등을 판단하였다고 한다(김현희, 2003).

게슈탈트 이론에서는 문학작품을 읽은 후 거기에 등장하는 인물의 역할을 맡는 역할극에 참여함으로써 자신의 내적 갈등을 더 많이 인식하게 하여 심리적인 통합과 올바른 자아인식을 하게 된다는 점이 독서치료와 관련된다(김진숙, 2010).

치료자를 치료 상황과 분위기를 만드는 예술가로 보고, 그 역할 관계 속에서 내담자는 자아를 탐색하고 성장할 수 있는 힘을 얻는다고 본다. 사회학습이론에서는 문학작품은 사회적으로 용납되지 않는 충동(공격성, 지배성, 복수심)을 사회에서 받아들여지도록 표현할 수 있는 방법들을 제시한다. 이는 사회학습이론에서 강조하는 관찰학습과 모델링이 가능하게 하여 참여자는 작품 속의 등장인물이

하는 바람직한 행동을 따라 하게 된다(김현희 외, 2010).

독자 반응 이론에서는 독자의 개념이 수동적 이해자 에서 능동적 참여자로 그 의미가 확대되면서 똑같은 작품이라도 독자와 읽는 시기에 따라 다르게 반응할 수 있다고 주장한다. 또한 작품을 해석하고 반응하는 것은 사람마다 다르기 때문에 옳고 그름을 정하는 것은 불가능하다고 하였다. 따라서 독자는 책을 읽으면서 자유롭게 탐험하고 탐구할 수 있으며, 오답에 대한 두려움 없이 자유롭게 토의할 수 있다(김현희 외, 2010).

이러한 독서의 원리와 과정은 '아이코이아(ICOIA) 과정'을 거친다고 하였다. '아이코이아'란 다음과 같은 과정을 말한다. 1단계는 동일화(identification), 2단계는 카타르시스(catharsis), 3단계는 표출하기(output), 4단계는 통찰(insight), 5단계는 적용(application)이다(김진숙, 2010).

이상에서 살펴본 것과 같이 독서치료의 기본 원리들은 여러 이론적 근거를 바탕으로 다양하게 도출되고 있다.

2 독서치료의 유형

독서치료는 대상에 따라, 상호작용 정도에 따라, 상황에 따라 다른 유형의 모습으로 나뉜다.

1) 상호작용적 독서치료

상호적 독서치료는 양질의 정보를 도서나 영상 등의 다양한 매체를 통해서 충분히 공급하고 있으나 치료적으로 활용하지 못하는 내담자를 위해 사고의 과정에 숙련된 인도자가 개입하는 형태의 독서치료를 말한다. 내담자의 문제에 대해 정확하고 구체적인 진단과 독서수준을 파악해서 적절한 자료 선정과 치료적 발문, 독서 전 · 중 · 후 활동, 추후활동 등 구조적인 개입을 필요로 한다. 실행 과정은 내담자에 대한 이해와 독서치료활동계획을 수립하는 준비단계, 치료적 자료 선정 및 소개 단계, 책을 읽고 토의하는 이해단계, 추후활동을 통해 자기적용을 하는 후속조치 단계인 4단계로 이루어진다.

하인즈와 하인즈-베리(Hynes & Hynes-Berry, 1994)는 "훈련된 인도자가 임상적 · 발달적 독서치료에 참여한 참여자의 감정과 인지적 반응을 통합하도록 도와주기 위해 선택한 문학작품에 대한 토론을 이끌어내어 인도자와 참여자 간의 치료하는 상호작용이 이루어져야 한다."고 하며, 이를 상호작용적 독서치료라고 하였다. 즉, 상호작용적 독서치료는 인도자와 참여자가 책을 읽는 동안 서로 밀접한 관계를 유지하며 역동적으로 활발하게 상호작용을 주고받아 새로운 차원의 통찰로 이끌고, 더 나아가 책과 참여자, 책과 인도자의 상호작용을 통해 치료에 도달하는 방법이다. 상호작용적 독서치료가 그룹을 기반으로 이루어진다면 참여자들의 독서 자료에 대한 다양한 반응들은 훌륭한 거울 역할을 할 수 있다(이영식, 2006).

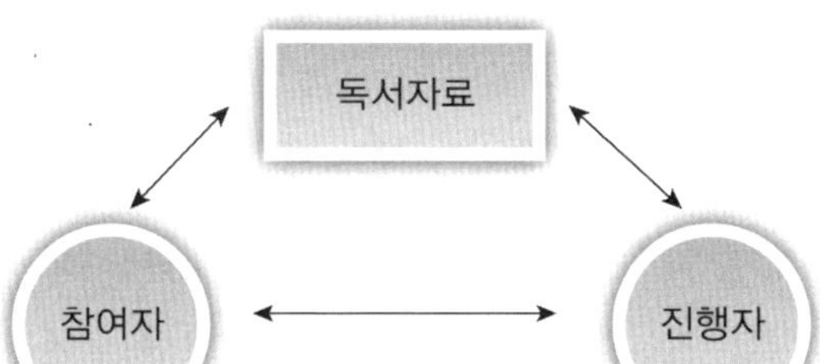

그림 6-1 상호작용적 독서치료

하인즈와 하인즈-베리(Hynes & Hynes-Berry, 1994)는 상호작용적 독서치료를 통하여 네 가지가 향상될 것이라고 말하였다.

첫째, 독서치료 자료를 보거나 들으면서 느낌을 나누는 횟수가 증가할수록 반응하는 능력이 향상될 것이라는 것, 둘째, 독서치료를 통하여 자신에 대한 이해가 증가할 것이며, 셋째, 이러한 자신의 이해는 타인을 보다 쉽게 받아들이고 대인관계의 의사소통이 명료해져 유연한 대인관계를 맺게 될 것이고, 넷째, 현실을 바라보는 견해가 확장된다고 말하였다. 이러한 목표들은 어떤 위계를 가진 것이 아니라 포괄적이며 상호보완적이라고 말하였다. 상호작용적 독서치료 프로그램의 내용에는 책의 주제에 대한 인식과 내용에 대한 이해가 충분히 있어야 하며, 통찰력 있는 사고를 위한 체계적인 배려로 프로그램이 진행되어야 한다(김현희 외, 2004). 이러한 상호작용적 독서치료 프로그램에 대해 돌과 돌(Doll & Doll, 1997)은 다음과 같이 4단계에 걸쳐 진행되는 모델을 제시하였다.

먼저 준비단계로, 이때는 참여자 개인 혹은 참여자그룹의 특성과 문제점, 기본 신상 수집 및 참여자에 대한 종합적인 프로필을 작성한 후 목적(ends), 목표(goals), 하위목표(targets)를 구별하여 진행목표개발 및 계획을 세우는 단계이다. 둘째, 자료선택 및 소개 단계로 문학적으로나 예술적으로 질이 높고, 참여자의 독서수준과 흥미에 맞으며, 참여자가 현재 문제상황을 이해하고 해결책을 제공할 수 있는 자료를 선택하고 발문을 구성하여 참여자의 관심을 고조시키는 방법으로 자료를 소개한다. 이 단계에서 책에 대해 과도한 부담감이나 건강하지 못한 감정적 반응을 보이면 조정해 주고 완화해 준다. 셋째, 이해를 돕는 단계인데 독서치료의 핵심적인 부분으로 주로 토의에 의한 개입이 이루어지며 동일시, 카타르시스, 통찰의 발문을 통해 자기적용의 원리가 일어나도록 촉진한다. 마지막으로 추수활동을 한다. 추수활동은 프로그램을 종료한 후에도 참여자 변화를 관찰하고 추가개입을 하는 활동을 말한다. 이와 같은 상호작용적 독서치료의 전 과정을 거칠 때 참여자의 치료와 성장이 긍정적으로 일어난다고 한다(김현애 외, 2004).

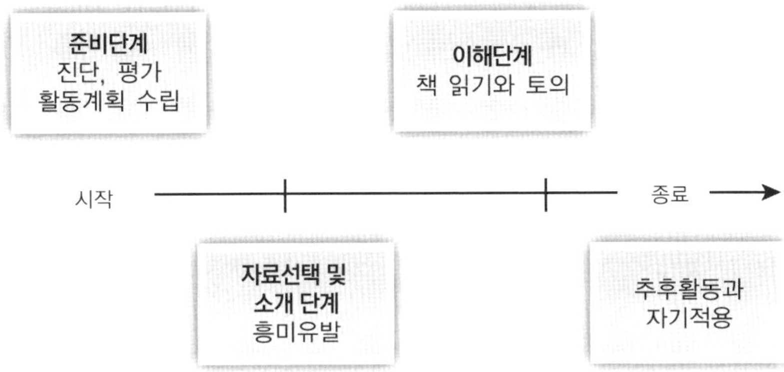

그림 6-2 상호작용적 독서치료 프로그램의 과정

2) 집단독서치료

리더가 제공해 주는 자료를 참여자가 읽고 다른 집단원과 상호작용하는 과정을 통해서 문제를 해결하거나 성장 변화하는 것이다. 집단독서치료에서 참여자들은 자료를 읽은 후, 집단에서 토의·글쓰기·그림 그리기·역할극 등의 다양한 활동을 통해 문제를 해결할 수 있는 통찰을 경험하거나, 새로운 문제해결 방식을 적용해 볼 수 있는 연습의 기회를 갖기도 한다. 코레이(Corey, 2002)는 "집단상담에서 참여자들이 자기 문제들을 경험할 수 있기 때문에 강력한 치유의 힘을 가진다."라고 말했다. 집단상담은 우리가 자신을 다른 사람의 눈을 통해 다시 볼 수 있는 무의식적 거울을 통한 창문을 제공하는데, 집단독서치료에서는 매체라는 거울이 하나의 창문을 제공한다고 할 수 있다.

정춘순(2009)은 집단독서치료는 본인만 문제가 있다는 고립된 생각에서 본인과 유사문제를 가진 집단원을 통해 보편성을 경험하고 문제에 대해 적극적으로 대처할 수 있는 방법을 찾을 수 있게 된다고 하였다.

얄롬(Yalom, 2005)은 집단의 치료적 요인으로 희망 심어주기, 정보 전달, 이타주의, 보편성, 가족의 교정적 재현, 대인관계 학습, 집단 응집력, 사회화 기술의 발달, 모방행동, 정화, 실존적 요인인 11개로 제시했다. 얄롬(Yalom, 2005)은 "자신의 내면세계를 타인과 정서적으로 공유하고 그들에게 수용되는 집단 응집력이 높을수록 좋은 치료결과를 나타내고 자기개방을 더 잘하게 된다."고 말했다. 치료 요인은 집단원의 성장과 조건의 개선에 기여하는 요소로써 집단지도자, 집단원, 다른 집단원, 집단 활동의 상호작용을 통하여 집단원의 개선과 변화 성장을 촉진하는 기제라고 할 수 있다. 집단에서 이루어지는 상호작용의 효과가 널리 알려지면서 요즘에는 거의 집단으로 독서치료를 하고 있는 추세이다.

3) 체험적 독서치료

체험형 독서치료란 긍정적인 심리변화를 일으키는 치료 요소가 책을 읽는 행위 자체에서 발생한다고 보고, 참여자의 치유 상황에 맞는 자료를 제공하고 참여자 간의 상호작용을 강조하는 독서치료방법을 말한다. 체험형 독서치료에서는 학문적인 독서치료보다는 마음과 몸으로 느끼는 치유 경험을 중요시하며 인도자도 치유의 과정에 직접 참여한다. 독서치료의 목적은 프로그램 참여자의 정신적 건강과 심리적 안정감을 확보하는 데 도움이 되는 정보를 제공하는 것이다. 체험형 독서치료는 열린 진행과 일상적인 이야기를 나누듯이 인도자의 편안한 방식으로 참가자가 주체가 되는 치유를 경험하게 한다. 이러한 방식은 참가자들에게 심리적 부담감을 줄여 내면 탐색의 자율성과 프로그램에 자발적이고 적극적인 참여를 유도한다. 이러한 체험형 독서치료 진행방식의 장점으로 인해 일부 사람들은 생활밀착형 독서치료라고도 부른다. 체험형 독서치료의 실행과정을 나타내면 **그림 6-3**과 같다.

치유적 책 읽기
인도자가 추천한 자료를 집중해서 모두 읽는다.
읽으면서 떠오르는 생각과 느낌에 주의한다.

↓

치유적 글쓰기
자료에 대한 책 느낌을 글로 적어본다.
자신에게 와 닿는 메시지의 강도를 글로 표현한다.
읽는 과정에서 내면에 일어나는 생각과 느낌을 적는다.

↓

치유적 말하기
글로 표현된 것을 바탕으로 집단 참여자들에게 말로 표현한다.
자신을 진솔하게 열어 보이며 표현한다.
타인의 말을 경청하고 서로 마주 보며 토의한다.

그림 6-3 체험형 독서치료의 실행절차

출처: 김현애 외(2010).

3 독서치료의 목표

독서치료를 하는 현장의 전문가들은 독서치료의 자료를 통해 내담자 문제와 관련된 정보가 제공되며 문제에 대한 통찰을 얻을 수 있음을 말한다. 또한 집단에서 독서치료를 진행하는 경우 각 집단원의 문제를 토론의 형식으로 자극하여 새로운 가치와 태도를 나누게 되고 동일한 문제로 갈등을 경험하는 사람들에게 지지와 희망을 줄 수 있음을 이야기한다. 이를 통해 문제에 대한 해결책이 제시되는 것이다. 돌과 돌(Doll & Doll)이 이야기한 독서치료의 목표는 다음과 같다.

- 통찰력을 향상시킨다.
- 정서적 카타르시스를 경험하도록 한다.

- 일상 속 문제를 해결하도록 돕는다.
- 상호작용능력을 향상시켜 행동과 태도를 변화시킨다.
- 안전한 대인관계를 촉진시킨다.
- 다양한 상황에서의 대처 능력을 향상시킨다.
- 독서의 즐거움을 제공한다.

4 독서치료의 심리학적 관점

독서치료는 정신분석이론, 게슈탈트 이론, 사회학습이론, 독자반응이론 등 다양한 이론을 기초로 하고 있다.

1) 정신분석이론

인간의 행동은 무의식적인 동기와 성적인 충동, 공격성 등은 어린 시절 경험에 의해 결정된다고 보는 이론이다. 이에 대한 치료는 과거에 기초한 내적 갈등을 분석하는 과정을 통해 이루어지는데, 이러한 정신분석이론은 문학작품을 읽는 참여자와 치료자가 나누는 상호작용 중에 발생하는 동일시, 전이, 카타르시스 같은 개념의 근거를 제시했다.

2) 게슈탈트 이론

개인이 감추고 싶어 하는 근원적인 것을 찾아서 해결해 주는 이론으로 치료자는 내담자가 '지금-여기'에 집중해서 충분히 경험할 수 있도록 인도해 줘야 한다. 내담자는 자신의 갈등 해결을 위해 책을 읽고 등장인물과 동일시되는 과정으로 역할극에 참여함으로써 자신의 인식 수준을 넓혀 심리적인 통합과 올바른 자아 인식을 형성하게 되는 것이다. 게슈탈트 이론을 적용하여 전체로써의 개인을 자각하도록 도와주는 빈의자기법으로 치료자에게 도움을 줄 수 있다.

3) 사회학습이론

사람들이 새로운 행동을 익힐 때는 타인의 행동을 관찰하여 모방하는 사회적 학습을 한다는 이론이다. 이 이론은 관찰학습과 모델링을 강조하는데, 이는 작품을 읽고 참여자가 등장인물의 바람직한 모습을 따라 하는 것과 같다. 또한 아이가 부모의 생각과 행동을 모방하여 또래집단 속에서 영향을 주고받으며 성장하는 것을 잘 설명해 준다.

4) 독자반응이론

문학작품을 이해하고 평가할 때에 독자의 반응을 중요하게 생각해야 한다는 로젠블랫(Rosenblatt)에 의해 창시된 이론이다. 문학 텍스트만을 중시한 지식 위주의 교육에 대한 반성으로 텍스트와 독자 사이의 반응을 통해 같은 작품이라도 독자와 텍스트를 읽는 시기에 따라서 반응이 다를 수 있음을 보여준다. 이러한 반응은 독자가 책의 등장인물과 동일시하거나 그들에 대한 느낌을 나누는 것으로서 인지적인 영역과 정의적 영역을 둘 다 포괄한다. 이것은 독자가 책을 읽으면서 자유롭게 탐험하고 탐구할 수 있도록 해 주며 정답이나 오답에 대한 두려움 없이 자유롭게 토의할 수 있도록 해 주는 새로운 가능성을 열어주었다고 할 수 있다. 이러한 심리이론은 독서치료과정에서 한 가지만 적용되는 것이 아닌 서로가 연결되어 적용된다.

5) 인지이론

차카리아(Zaccaria, 1968)는 인지이론 또는 독서요법을 통해 아동의 문제해결과 동시에 행동변화에 영향을 준다고 하였다. 즉, 아동과 독서재료와의 역동적인 상호작용 과정에서 책의 내용과 상황 및 등장인물들의 행동장면에서 통찰이 일어날 수 있으며, 이러한 통찰에 의해 아동이나 환자들이 자신의 문제의 원인을 발견하고 해결할 수 있게 되며 행동변화가 가능하게 된다고 본다.

6) 인간 중심 상담이론

로저스(Rogers)에 의해 창시된 인간 중심 상담이론은 인간은 합리적이고 긍정적이며 주체자로서 스스로 자신의 길을 발견하고 성장해 나갈 수 있는 잠재력이 있다고 본다. 로저스는 경험을 통해 인간의 마음속 깊이 들어갈 수 있다면 긍정적 본성을 찾을 수 있다고 하였다. 독서활동을 통해 자신을 이해하고 경험을 개방하며, 타인에 대해 무조건적 관심과 수용의 자세를 갖는다면 심리적인 성장이 이루어질 수 있다. 이처럼 여러 심리학에 근거한 독서요법은 비교적 저항을 받지 않고 자신의 감정을 표출해 낼 수 있게 하며 자신의 문제에 대한 통찰을 통해 문제해결과 행동 변화에 영향을 주는 기술로써 아동의 생활지도와 상담에 적용하여 효과를 볼 수 있을 것이라 기대된다. 또한 책 속의 주인공이나 등장인물들의 올바른 행동에 대해서 모방 또는 대리경험을 통하여 행동 변화가 일어날 수 있다고 하여, 사회학습이론에도 근거를 갖고 있는 독서치료 프로그램은 공격성 감소 및 대인관계 능력 향상에 도움이 될 것이다.

5 독서치료의 과정

독서치료의 과정은 참여자가 치유자료들을 읽으면서 스스로 느끼는 감정을 경험하고, 이후 집단에서 진행자와 참여자들과 대화와 상호작용을 통해 카타르시스와 통찰을 경험한다. 또한 독서치료를 적용하는 단계를 통해 대상자는 문제인식과 문제에 대한 이해 및 해결방법을 찾고 적용하게 된다. 독서치료 단계와 장점 및 한계점을 비교하면 **표 6-2**와 같다.

표 6-2 독서치료 단계와 장점 및 한계점 비교

구분	단계	장점	한계점
Hynes & HynesBerry (1994)	1) 인식단계 2) 고찰단계 3) 병치단계 4) 자기적용단계	동일시 통해 감정정화, 문제해결에 대한 내면 통찰 이루어짐	치료사의 육하원칙 중심, 치료사 능력에 따라 발문수준 차이 있음, 평가단계 필요함
Watson (1994)	1) 문자단계 2) 추론단계 3) 평가단계 4) 창조단계	독전활동의 준비단계 활용. 심층 적 단계를 위한 체계적 구성. 토론 · 역할 놀이용이	책 속 내용과 정보 중심의 질문 인지수준이 추론단계를 할 수 있을 정도여야 함
Doll & Doll (1997)	1) 준비단계 2) 자료선택 3) 자료 제시 4) 이해 조성 5) 추후 활동과 평가	신뢰관계 형성과 내담자 문제 이해를 위한 사례 개념화에 적합	내담자 독해 수준과 심리적 특성에 대한 진단적 모형. 읽기자료 강조로 책에 대한 부담감 상승
이영식 (2006)	1) 입력 2) 처리 3) 출력	무엇을 어떻게 읽힐 것인지와 읽기과정에 대한 이해 도움	정보제공 중심, 내담자에 대한 이해나 상담자 역할 안내 부족
정춘순 (2009)	1) 책 읽기 2) 글쓰기 3) 도입 4) 말하기 5) 경험보고서 작성	진행과정과 각 회기에 따라 유연한 단계이동 가능함	대상자의 글쓰기 수준과 학력 수준을 감안하여 적용해야 함

구분	단계	장점	한계점
이기명, 이제환 (2012)	1) 면담 2) 독서자료 선택 3) 적극적 읽기 4) 정서문제 원인의 공식화 5) 관련 자료의 활용 6) 인지의 재구성 7) 정서문제의 완화	독자의 인지적 · 감성적 변화에 따라 사서가 어떤 역할을 수행해야 하는지 세부 단계의 구성이 명료하게 제시됨	문헌정보학 분야 중심의 책 선정 과정으로 제한

출처: 나미현(2015). 일부 수정.

1) 하인즈와 하인즈-베리(Hynes & Hynes-Berry, 1994)의 독서치료의 과정

독서치료의 과정은 인식, 고찰, 병치, 자기적용의 4단계로 설명하고 있다. 인식은 자료가 의미하고 있는 것을 참여자가 내용을 충분히 지각하는 것을 말한다. 고찰은 첫 단계인 인식이 강화된 것으로 읽은 문학작품을 다양한 각도에서 자세히 살펴보는 활동이다. 독자는 작품을 읽은 후에 작품의 일부분에서 받은 충격의 결과로 인식하게 된다. 인식을 고찰하게 되면 그 주제에 대해 추가적으로 심상이 생겨나는데, 추가적인 심상은 독자가 가진 초기의 반응에 개선과 변화를 가져오게 된다. 독서치료에서 고찰은 참여자로 하여금 대상이나 경험에 대한 두 가지 인상을 나란히 놓고 비교, 대조해보게 하는 병치를 이끌어낸다(김현희 외, 2010). 병치과정은 고찰 과정의 인식의 확산을 통해 생겨난 추가적 느낌이나 감상을 자기 경험과 처지와 비교해 보는 과정이다. 이렇게 작품을 통해 인식되고 고찰되고 병치되었던 느낌과 개념은 자기적용의 경험으로 완성된다고 할 수 있다(김현희 외, 2010).

왓슨(Waston, 1994)은 독서치료의 단계를 문자단계, 추론단계, 평가단계, 창조단계로 구분하여 제시하였다. 내담자는 책 읽기 전 준비과정을 거쳐 책 본문의 정보에 대한 질문을 한다. 또한 읽기자료에 함축된 정보에 집중하여 결론을 도출하며 도서 내용과 내담자가 연상하는 질문에 대해 답변한다. 마지막으로 창조적 재질문을 통해 역할을 바꾸어 적용할 수 있도록 한다.

2) 돌과 돌(Doll & Doll, 1997)의 임상 독서치료의 4단계

임상 독서치료의 4단계는 준비단계, 자료선정, 이해를 돕는 단계, 후속조치 및 평가단계이다. 준비단계를 통해 신뢰감을 형성하고 내담자의 문제에 대한 명료화와 상황 파악을 하며 자료선정 단계에서는 내담자의 상황에 맞는 자료와 내담자의 흥미와 관심을 고조시키는 도서를 선정한다. 이해를 돕는 단계에서는 내담자에게 동일시, 통찰, 카타르시스의 원리가 적용되도록 촉진한다. 마지막 단계에서는 내담자가 이전의 단계를 통해 새롭게 알게 된 바를 실제 적용할 수 있도록 지지한다. 이영식(2006)은 입력, 처리, 출력의 3단계 과정을 통해 내담자가 당면한 문제에 대한 인식과 해결능력을 익히고 마지막으로 삶에서 적용할 수 있도록 돕는다.

3) 독서치료과정 5단계

독서치료과정 5단계는 통찰(insight)의 단계, 수용(acceptance)의 단계, 선택(choice)의 단계, 연습(practice)의 단계, 평가(evaluation)의 단계로 적용하였다. 통찰단계에서는 이전에 알지 못했던 문제나 원인을 자각하게 하였고, 수용단계에서는 통찰을 통해 알게 된 자신과 타인에 대한 이해, 선택단계에서는 독서의 나눔과정을 통해 얻은 정보를 토대로 자신에게 적합한 대안을 마련하는 단계이며, 마지막 연습단계에서는 행동상의 변화를 촉진시키는 단계로 적용하였다.

4) 상호작용 독서치료과정

면담을 통해 내담자의 상황을 파악하고 적절한 도서자료를 선택한 후 적극적인 책 읽기를 한다. 그다음 단계로는 내담자의 실제적 문제를 명확히 확인한 후 도서자료를 활용하여 재구성한다. 마지막으로 내담자의 당면문제를 완화시키는 단계로 마무리한다.

독서치료는 상호작용이 기본이다. 매개로써 독서행위가 진행되면 대상자는 저자 및 등장인물이나 주인공과의 만남을 통해 상호작용이 이루어진다. 이러한 과정을 통한 상호작용은 자기 스스로 통찰할 수 있도록 돕는 기능을 통해 독자를 치료하고 상담해 주는 역할을 한다.

6 독서치료의 효과

독서치료는 다양한 외상 및 심리적 불편감에 대해 직접적 언급이 어려운 내담자들에게 책 또는 관련 정보를 통해 투사하도록 독려함으로써 불안과 저항감을 줄이도록 돕는다. 따라서 자신의 사고와 경험을 표현하는 것에 어려움이 있는 여러 대상에게 독서치료는 매우 효과적이다. 특히나 충격적인 사건을 겪은 아동에게 그림책은 등장인물을 통해 자신의 경험을 표현하게 하거나 심정을 투사하도록 하는 매개로 매우 적절하며 저항감을 낮추도록 돕는다. 아동뿐만 아니라 청소년 및 성인의 경우에도 일상에서의 태도를 탐색하거나, 대리적 보상 경험을 통해 치료적 개입이 가능하다.

독서는 치료와 교육적 목적에서 두루 사용되며 자신이 경험하지 못한 어떠한 상황에 대한 정보를 제공하므로 문제해결에 도움을 주며 대처 능력을 높여준다.

또한 독서는 읽는 이에게 즐거움과 흥미를 줄 뿐만 아니라 책 속의 주인공이 문제를 해결해 나가는 과정을 통해 용기를 얻고 기대와 희망을 통해 스스로를 돌아보게 하는 힘을 준다. 이와 같은 긍정적 인식과 보편성은 협소한 인식의 폭을 넓혀 삶을 유연하게 하며 기회를 제공한다. 독서치료의 장점을 살펴보면 다음과 같다.

- 독서치료는 책 속 등장인물 중 누군가와 자신을 동일시하면서 감정이입을 통해 자신을 공감하며 지지감을 경험한다.
- 독서치료는 책 속 등장인물의 감정, 사고, 성격, 태도를 통해 다양한 표현으로 억압된 감정을 발산할 수 있도록 돕는다.
- 독서치료는 일련의 과정을 통해 스스로 자신을 알아차리도록 하며 문제에 대한 통찰을 얻어 건강한 목표를 설정하도록 돕는다.

Chapter 07

정서 중심 이야기치료

1 정서적 의사소통

정서는 다른 사람들에게 자신의 의도나 행위 준비성에 대한 정보를 알려 준다. 진화론적 용어로 말한다면 정서는 기본적인 신호체계(signaling system)이며, 생존을 강화하기 위해 진화하였다. 예를 들어, 유아의 울음은 보호자가 안고 달래게 하는 접근행동을 유발한다. 반면, 으르렁거리는 분노는 적대적인 의도를 표현하는 것으로서 파괴적인 갈등을 피하게 하는 적응적인 기능을 수행하기도 한다.

대인관계에서 우리는 끊임없이 특히 얼굴 표정을 통해 정서 상태에 관한 신호를 주고받으며, 이를 통해 상호작용에 대한 정보를 서로 제공받고 조절한다. 친밀한 관계에서 우리는 특히 상대의 상태에 민감하고 수용적으로 반응하며, 이 때문에 수많은 어려움을 피해갈 수 있다. 나의 정서 상태에 상대가 민감하게 반응한다면 나는 배려받고 있다고 느낄 것이다. 그러나 내가 상대의 안중에도 없다고 느낀다면 매번 무시당한다는 느낌이 들 것이다. 이와 유사하게 치료를 받는 내담자들 역시 암묵적으로 자기 내면의 감정이 변화되면 이것이 외부로 전달되고, 그러면 다른 사람들(치료자를 포함하여)이 자신을 다르게 대할 것이라고 믿고 있다. 그러나 만일 이들이 자신의 감정에 보다 확신을 가실 수 있다면 더욱 확고하게 자신을 표현할 수 있을 것이다.

정서는 의식적인 상징적 사고에 앞선 감각의 형태로, 복합적이고 전의식적인 판단과정을 거쳐 발생한다(이영표 역, 2021). 그리고 정서적 경험을 통제할 수 없다면 감정을 수용하고 이해하며, 그로부터 무엇인가를 배우는 것이 최선일 것이다.

그림 7-1 감정의 과정

감정의 자연적 과정은 **그림 7-1**과 같이 출현, 자각, 보유, 표현행위, 그리고 완결의 단계로 구분한다. 새로운 감정이 출현하면 다시 이 과정이 시작되고 반복된다. 그런데 이런 자연적인 흐름이 상습적인 방해 — 출현이나 자각 단계에서 방해를 받거나, 경험을 자각하여 상징화하지 못하거나, 표현이 계속 좌절당하거나, 행위와 완결이 자꾸 차단당함 — 를 받으면 나쁜 감정 상태에 만성적으로 사로잡히거나 역기능적 고통을 경험하게 된다.

감정은 행위 준비성을 증진시킨다. 그러나 감정이 행동은 아니다. 화나거나 불쾌한 감정은 공격적인 행동과 다르다. 감정은 감각적으로 경험하는 것, 특별한 행위를 지향하도록 조직화된 것을 의미한다. 반면 행동은 이 세계 안에서 우리가 직접 행위하는 것을 의미한다. 감정은 주관적인 경험인 반면, 행동은 공공연한 것으로 사회적 규제의 대상이 된다. 문제는 감정과 행동을 혼동하는 데 있다. 사람들은 때로 행동이 아니라 사회적 규범에 적합한 감정을 인위적으로 만들어 내려고 한다. 그러나 그렇게 되면 오히려 건강하지 못한 자기 조작과 자기 강압에 빠지게 된다. 원하지 않는 감정을 제대로 다루려면 감정을 통제하는 것이 아니라 자신이 무엇을 하고 있는지, 솟아나고 흘러가며 완결되는 감정의 자연적 흐름을 스스로 어떻게 방해하고 있는지를 자각할 수 있어야 한다.

2 정서조절

정서는 적응적 기능에 힘을 부여하고 조직화하며 동기를 유발한다. 그러나 이는 정서를 조절하는 방식에 따라 여러 가지로 달라진다. 허술하기는 하지만 유아들에게도 자신을 조절할 수 있는 능력이 있다.

정서조절이나 자기 조직화를 이루기 위한 첫 번째 과정은 생화학적 정동반응,

신체적 각성, 표현-운동적 과정을 일관되고 응집된 패턴으로 통합하는 것이다. 그리고 시간이 지나면서 이런 경험 패턴들이 감정으로 경험되며, 최종적으로 분노와 슬픔 같은 정서로 의식에 상징화된다. 이것이 바로 가장 기본적인 형태의 정서조절과정으로 여기에는 가공되지 않은 정동(raw affect)이 일관되고 응집된, 의식에 인식된 패턴으로 통합되어 나가는 과정이 포함되어 있다.

정서의 조절은 개인 내적으로나 대인관계에서나 모두 필수적인 기본적 발달과제이다. 건강하게 정서를 조절하는 법을 배우는 것은 많은 시간이 걸리는 일이다. 정서조절의 발달은 내적 · 외적 요인의 영향을 모두 받는다. 정서를 조절하는 능력은 성숙에 의해서도 발전하지만 양육자가 아동의 정서에 어떻게 반응하는가에 의해서도 발전한다. 자신의 정서적 경험을 다른 사람이 어떻게 보는가가 내적 경험과 통합되면서 자기와 상황에 대한 정서 도식이 형성된다. 이런 내적 상태를 '특별한 나(me: 다른 사람에게 비추어지는 나)'로 보게 되며, 이는 자기에 대한 다른 사람의 관점과 반응을 통해 중재된다.

김민정(2010)은 성인 남녀를 대상으로 자기분화와 대인관계문제에서 인지적 정서조절전략에서 그 하위 요인인 적응적 인지적 정서조절전략과 부적응적 정서조절전략 모두 부분 매개효과가 있음을 보고하였다. 따라서 자기분화는 개인의 독립성을 유지하면서도 친밀감을 유지할 수 있도록 하며, 정서적 고통이나 감정에 휘말리지 않고 정서적으로 균형을 이루는 변인으로 예측된다. 또한 자기분화 수준에 따라 정서조절에 미치는 영향이 있을 것으로 보이며, 결혼만족도에도 영향을 미치는 것으로 보고되고 있다(배선영, 2017). 정서적 기능과 지적 기능의 분화가 잘되어 있을수록 주위에서 일어나는 감정적인 역동을 이성적으로 알아차리고, 감정적으로 얽혀 있는 상태로부터 자기 자신을 분리시킬 수 있다. 즉 불쾌한 상태에서도 정서적 충동성에 휩쓸리지 않을 수 있는 자제력과 객관성을 가지고 있기에 자기 스스로 부정적 정서 상태를 통제할 수 있다는 자신감이 높은 것으로 나타났다(한정아, 심흥섭, 2005; 조현주, 2020).

청소년과 성인은 더 높은 자기이해능력과 복잡하고 독특한(어떤 것은 적응적이지만 다른 것은 역기능적이기도 한) 조절능력을 발전시킨다. 아동의 정서조절전략을 크게 양육자나 동료의 사회적 지지, (고통이나 분노에 대한) 정서적 의사소통 그리고 자동적 조절(주의 돌리기나 회피, 자기진정)의 세 가지 범주로 구분할 수 있다(Kopp, 1989; Rossman, 1992). 이 중 주의를 돌리거나 회피하는 것, 다른 사람에게 정서를 표출하는 것은 취약성을 줄이고 자존감을 강화하는 데 가장 효과적이지 못한 방법이다. 사랑하는 관계를 상실한 것에 슬픔을 느끼는 것은 깨어진 애착관계를 처리하는 정상적 과정이다. 거절을 당했다고 해서 심한 절망감이나 공황상태에 빠지는 것은 전혀 적응적이지 못하다. 사람이 정서의 강도를 조절할 수 없을 때 감정에 압도당해 통제력을 상실했다고 느낄 때이다.

정서조절이 단순히 표현을 통제하거나 억제하고 다른 사람이 눈치채지 못하게 정서를 은닉하는 것을 의미하지 않는다. 은닉되거나 억제된 정서는 아직도 그 안에 분노가 있음을 의미한다. 그보다는 통제력을 자각하면서 경험과 표현 간에 균형감각을 성취하고 유지하는 것이 정서조절의 목표이다. 정서는 이해 가능한 메시지와 건설적인 행동으로 전환될 필요가 있다. 이런 과정을 통해 정서는 비로소 수동적·반응적 차원에 머물지 않고 어떻게 반응해야 할지를 알려주는 정보의 근원이 된다.

정서조절은 현재의 정서적 반응을 있는 그대로 경험하는 것, 감정을 적절하게 표현하는 것, 감정이 자연스러운 과정을 밟아가도록 놓아두는 것, 과거의 정서적인 폭풍과 격동을 초월하는 것 그리고 과거의 학습과 내적 갈등으로 반복되는 현재의 부적응적 정서패턴을 극복함으로써 이루어진다. 감정을 자각하고 불안을 조절하며 자기를 진정시키는 능력은 삶에 필요한 핵심적 기술이다.

3 이야기치료

1) 이야기치료의 주요 개념과 정의

이야기는 치료적인 힘을 지니고 있다. 이야기를 할 때 감정의 구속과 억압된 사건으로부터의 자유로움을 얻는다. 사람들은 자기 자신에 대한 이야기를 말하고자 하는 욕구를 가지고 있다. 그러나 이야기하기를 싫어하거나 이야기를 꺼내지 못하는 사람은 지금까지 살아온 자신의 삶의 어느 한 부분, 또는 어떤 한 주제에 병적으로 고착되어 있는 경우가 많다. 상담자는 내담자로 하여금 그들의 이야기를 언어의 수준으로 표현할 수 있도록 도와주어야 한다.

이야기를 할 수 없을 때 인간은 병들게 되는 것이다. 우리의 이야기가 우리의 삶에서 이런 역할을 할 수 없을 때 우리는 삶의 목적과 의미를 상실한다. 이때 우리는 이야기의 재구성을 필요로 하게 되는 것이다. 이것이 곧 이야기 심리학에서 이해하는 상담과 심리치료의 과정인 것이다.

이야기를 통한 접근방식은 인간의 삶에 대한 논리적이거나, 분석적이거나, 구조화된 접근방식이 갖는 편견과 한계를 극복해 나갈 수 있도록 도와주기도 한다. 이야기는 개인이나 집단이 다른 사람들과 살아가는 관계 속에서, 시간적인 흐름 속에서, 그들의 문화와 삶의 터전 속에서 의미를 발견해내는 독특한 방식이다. 이야기를 통해 우리가 접하는 세계에 쉽게 의미를 부여하고, 우리를 어떤 방향으로 인도하기도 한다.

이처럼 이야기는 의미 없는 세상에 의미를 부여하는 기능을 부여하는 기능을 지닌다. 우리는 이야기를 통해 자신과 세계, 그리고 이웃을 발견하게 되며, 이야기 속에서 인간의 마음과 생각을 이해하므로 한 인간의 정체성과 치유에 대한 통찰을 얻을 수 있다.

종종 기독교 상담에서는 과거 오랜 세월 성경 본문을 놓고 여러 방식의 해석학적인 모델과 방법론을 적용시켜 보고 발전시켜 왔듯이 상담에서도 내담자의 삶의 이야기를 그런 방식으로 이해하고 다룰 수 있다고 주장하기도 했다. 그래서 상담에서 내담자의 삶의 이야기를 어떤 방식으로 해석하느냐에 특히 신학적인 해석과 적용을 해나가는 데 상담의 주안점을 두기도 했다.

한편 이야기치료(narrative therapy)를 국제적인 규모로 확대시키는 데 가장 큰 공헌을 한 가족치료 학계에서는 다분히 근래 나타났던 해결중심 학파 등의 영향을 받은 것처럼 보이지만, 몇 가지 독특하고 발전된 치료법을 내놓은 마이클 화이트(Michael White)와 데이비드 엡스톤(David Epston) 등을 주축으로 한 치료모델과 방법론을 이야기치료의 표준화된 대표적인 치료법으로 바라보는 면이 없지 않다.

또한 최근 국내외에서 크게 발전하고 있는 독서치료 분야에서도 문학적인 다양한 표현수단으로서 책 읽기, 글쓰기, 이야기하기 등을 통한 치료방법을 모색하므로 학문적이고 방법론적인 면에서 이야기 접근방식에 큰 관심을 갖고 있다. 이처럼 똑같은 이야기치료라고 하더라도 어떤 분야에서는 해석학적인 면을 중시하기도 하고, 또는 포스트모더니즘과 사회구성주의 등의 현시대의 철학적 정신에 기반을 둔 치료이론과 방법을 개발하는 데 주력하기도 하고 또는 이야기의 문학적 요소에 치료의 근간을 두기도 한다. 이는 이야기치료가 각기 다른 학문적 영역에서 나타났기 때문에 모체가 된 자기 학문의 영향을 받을 수밖에 없었기 때문이다.

앞으로 이야기치료의 큰 과제는 이런 다양한 학문적 전통과 배경을 어떻게 효과적으로 통합시켜 나갈 수 있느냐 하는 것인데, 이야기치료는 각기 어떤 학문적인 배경 속에서 그 학문의 특성과 정체성을 지닌 채 발전하겠지만, 그 중심부에는 늘 이야기 형식의 요소를 간직하고 있고, 그것이 학문적 발전의 핵심적인 단서가 되기 때문에 무엇보다도 문학적인 면의 영향을 더욱 받게 될 것이라고 판단된다. 요컨대 이야기치료는 똑같이 이야기치료 또는 이야기 상담 등의 표현을 쓴다고 하더라도 치료학파의 성격에 따라 원리나 방법론은 크고 작은 차이점이 생길 수밖에 없지만, 그러면서도 어느 정도 서로 일치하는 것은 상담의 주된 개념과 방식을 무엇보다 내담자의 삶의 이야기를 이해하고 다루어 나간다고 보는 것이다. 역기능적으로 왜곡되게 쓴 삶의 이야기를 새롭게 다시 구성해 나가야 한다고 보는 것이다.

상담이나 심리치료에서 내담자는 상담자에게 자신이 누구이며, 어떤 사람이 되려고 했고, 무엇이 자신을 고통스럽게 하는지 등에 관해서 자신의 삶을 이야기의 형태로 표현하면서 전달하려고 하고, 상담자는 그것을 어떤 다른 이야기로 만들어 내려고 한다.

이처럼 새로운 패러다임과 방법론을 활용한 치료법은 1960년대 후반부터 상담과 심리치료의 한 분야로 대두되기 시작하였고, 한국에 소개된 것은 1990년대 후반으로 매우 최근의 일이다.

따라서 아직까지는 과거 발표되었던 학설과 치료법 등의 영향을 받고 있으며, 어떤 정형화된 상담방식을 강하게 주장하고 있지는 않지만, 앞으로 계속해서 학제 간 연구와 임상적 실험 등을 통해 아동상담 및 청소년상담, 부부 및 가족상담, 학교상담과 산업체상담, 기독교상담과 종교적 상담 등 상담의 전반적인 분야에 보다 발전된 상담이론과 방법론을 제공해 줄 것으로 기대한다.

2) 이야기치료의 치료효과

이야기를 통해 다른 사람도 자신처럼 고통을 받고 있다는 사실을 깨닫게 되며 이야기 속의 인물처럼 자신도 고통을 극복할 수 있다는 자신감을 갖게 된다. 상담이나 심리치료 현장에서 이야기는 내담자의 경험을 일상적인 사건 가운데 하나로 전환함으로써 심리적 부담을 덜어주는 효과가 있다. 이야기는 자기가 속한 문제를 사회문화적인 관점에서 검토함으로써 사건을 객관화할 수 있는 기회를 제공한다.

이야기를 통해 다른 사람도 자신처럼 고통을 받고 있다는 사실을 깨닫게 되며 이야기 속의 인물처럼 자신도 고통을 극복할 수 있다는 자신감을 갖게 된다.

이야기(story)는 사연(narrative), 말하기(talking), 혹은 대화(dialogue) 등의 형태로

심리치료에 활용된다.

그 첫 번째로 내담자는 자신의 경험 이야기에 초점이 모인다. 상담과 심리치료과정에서 삶의 이야기를 말하고 듣게 되며, 상담자는 내담자의 이야기를 통해 이야기 세계를 파악하고 현실세계와 어떠한 연관을 맺고 있는지를 탐구한다. 이런 경험이 카타르시스 치료법의 출발점이 되었다. 의식 혹은 무의식 가운데 자신의 이야기를 함으로써 심적인 불안감이 해소될 만큼, 이야기는 그 자체로 큰 힘을 가지고 있다. 이야기를 재해석하는 과정에서 어떻게 새로운 경험을 형성하는가에 그 초점이 모인다. 기존의 해석에 얽매이지 않고 자신에게 맞는 해석을 시도함으로써 이야기로부터 새로운 경험을 얻어내는 것이 그들이 말하는 이야기치료에 해당한다. 예를 들면, '다음번에 당신이 말할 때는 그것은 공포가 아니라 단지 자신이 흥분한 것이라고 생각해 보세요'라는 식으로 새롭게 해석함으로써 심리적 불안을 해소한다. 이야기치료에서 자신을 드러내는 대화는 문제를 사람으로부터 분리하여 말하게 하는 방식이다. 문제의 원인은 자신의 성격이나 열등한 요소 때문이 아니라 문제를 일으키는 주변적 환경과 대인관계 사이에서 비롯된 것임을 상기시킴으로써 건강한 자아의식을 확립하는 과정이 수반된다. 이야기치료는 일종의 이야기식 대화기법이며 인지행동치료에 그 바탕을 두고 있다.

두 번째 유형은 다른 사람의 이야기를 통해 자신을 돌아보는 방법이다. 인간은 제한된 영역과 환경의 지배를 받기 때문에 한 사람이 다양한 경험을 할 수 없다. 성장과정에서 경험하는 것은 대부분 새로운 것이기 때문에 그만큼 위험요소가 도사리고 있다. 위인전이나 진솔한 삶의 이야기는 성장과정에 있는 아동에게 희망을 주고 꿈을 키워주는 훌륭한 안내자가 된다.

세 번째 유형은 융(Jung)학파에서 주로 활용하는 이야기치료 원리이다. 전래동화나 민담 혹은 신화 등에 나타난 원형적 이미지를 심리적 관점에서 분석하는 작업이다. 이야기가 심리치료에 활용되는 이유는 그 안에 인류문화가 남긴 수많은 원형적 이미지가 존재하기 때문이다. 내담자의 기억에 남은 이야기는 개인적인 진단정보를 알려 줄 뿐만 아니라 내면에 있는 집단무의식의 심리적 역동을 이해하는 데 도움을 준다.

이야기하기(storytelling)는 신체적 건강뿐만 아니라 정신건강에도 대단히 유용하다. 이야기는 혼자 중얼거리는 것이 아니라 다른 사람과 함께 이루어지는 공동의 작업이다. 이야기에 나타난 다른 사람들의 세계관을 통해 자신을 객관화시킬 수 있다. 동화나 민담을 통해 치료자는 내담자의 심리상태를 간접적이면서 덜 위협적인 방식으로 전달한다. 따라서 이야기치료를 시도하는 상담자는 내담자로 하여금 연상(association)이나 적극적 상상(active imagination)을 통해 자신의 경험을 진솔하게 말하도록 이끌어야 한다.

팔터(S. Falter)는 이야기를 내담자와 상담자 사이의 빨랫줄 비유로 설명한다.

첫째, 이야기는 마음의 빨랫줄로서, 우리는 내면의 여러 가지 심상들을 빨랫줄에 걸 수 있다. 빨랫줄에 걸린 이야기들은 우리 삶에 의미를 주며 그것들이 제구실을 하도록 돕는다.

둘째, 이야기를 통해 자녀들(혹은 내담자)이 어떻게 성장하는가를 엿볼 수 있다. 자녀들에게 문화 혹은 삶의 양태와 관련된 전통을 이야기함으로써 그들이 의미를 위한 토대를 창조하거나 들은 것을 구체화하도록 돕는다.

셋째, 이야기는 사람들 사이를 연결해 준다. 다양한 사람들의 이야기는 서로 다른 차원에서 지혜를 나누게 한다. 이야기 전달자, 듣는 이, 그리고 나눔(sharing)이 한 조가 되어 삶의 변화를 일으킨다.

Chapter 08

저널치료

1 저널치료에 대한 이해

1) 저널치료의 개념

저널(journal)이란 말은 일기(diary)를 뜻하지만 우리가 알고 있는 일반적인 일기를 순수하고 독특한 치료법으로 변형시킨 새로운 형태의 일기다. 매일매일 일어나는 일과 사건을 객관적으로 또는 외부에서 보는 관점에서 기록하는 기존의 전통적인 일기와 달리 저널은 자신이나 인생의 여러 문제에 대한 보다 깊은 성찰과 이해를 위해 내면의 생각과 느낌을 글로 표현함으로써 글을 쓰는 사람의 내적인 경험, 반응, 그리고 인식에 글쓰기의 초점을 맞추고 있다.

어원을 살펴보면, 저널(journal)이란 말은 불어의 하루 혹은 오늘을 뜻하는 'journée'에서 나온 말로, 17세기에는 하룻길 여정(journey), 혹은 하루의 사건 기록을 뜻하였다. 저널-하루-여정(journal-journée-journey)이라는 말은 모두 목표나 방향과 움직임을 가진 연속성과 변화, 시간성과 지리적 장소를 동시에 뜻하는 말로서, 저널의 의미는 점점 개인과 인생의 관계를 뜻하는 강력한 은유가 되었다. 즉, 저널은 자신의 목소리를 찾아가는 길, 하나의 여정을 뜻하게 된 것이다.

저널은 자아와의 관계, 그리고 타인과의 관계를 형성하는 수단이다. 일기라고 하면 좀 더 친숙하게 영어로 다이어리(diary)라는 용어가 있다. 다이어리가 자신의 하루 동안의 삶을 기록하는 일지의 성격이 있다면, 저널은 보다 더 감정적이고 내적인 삶에 집중된 성찰적 글쓰기를 말한다. 따라서 저널치료의 개척자인 프로고프(Progoff)는 저널이라는 말을 사용하였고(At a Journal Workshop, 1975), 또한 애덤스(Adams)도 치료를 위한 글쓰기를 저널(Journal to the Self, 1990)이라고 불렀다. 레이너(Rainer)는 새로운 일기(The New Diary, 1978)라고 말하기도 했고, 우즈(Woods)도 일기(Diary of a Grief, 1998)라는 말을 사용하였다.

어떤 용어를 사용하든 이들은 모두 문제해결과 치료, 그리고 자아의 성장을 위한 저널기법을 제시한 것이다. 이 기법들은 반드시 지켜야 하는 규칙은 아니다. 다만 자신의 표현욕구와 내면의 목소리를 찾아 따라가도록 도움을 주기 위한 가장 효과적인 가이드라고 볼 수 있다. 저널은 자아와 함께 시작한다. 우리는 자신의 외적 이미지뿐만 아니라 감정, 태도, 그리고 신체감각이 가진 내적 이미지를 탐험하는 내면으로의 여행을 하면서 창조적인 표현으로 자기인식을 하게 된다.

저널은 이러한 내적 성찰과 자기인식을 격려함으로써 자존감을 개발하도록 도와준다. 자존감은 있는 그대로의 나를 바로 인식하고, 그러한 나를 받아 주고 인정할 때 생기는 것이다. 자존감은 자신의 생각과 감정을 맘껏 표현하지 못하고 억압할 때는 자라날 수 없다. 사람들은 종종 육체적 혹은 감정적 고통, 혼돈, 분노, 두려움, 그리고 슬픔 같은 다루기 힘겨운 감정과 느낌을 경험한다. 이럴 때 저널은 마음속에 있는 모든 감정을 표현할 수 있는 좋은 친구이자 장소가 될 수 있다. 아이들은 다루기 힘든 감정들을 언어로 표현하는 것이 어려운데, 그럴 때는 그림을 그리고 언어로 설명하는 것이 훨씬 쉬운 표현방법이 될 수 있다. 저널은 판단하지 않고, 비난하지 않고 모든 것을 '들어 주고', '받아 준다'.

안네 프랑크(Anne Frank), 아나이스 닌(Anaïs Nin) 같은 유명한 저널을 쓴 사람들은 모두가 곁에 아무도 없을 때 모든 것을 믿고 털어놓을 수 있는 '누군가'를 갖는 것이 얼마나 중요한지 증명해 주고 있다. 그 '누군가'는 바로 자기 자신이다. 언어를 종이에 글로 쓰는 것이 중요한 이유는 보이지 않는 생각과 느낌, 태도, 믿음, 상상을 시각적 형태로 바꾸어 주기 때문이다. 그것을 보고, 읽는 것은 그 언어들이 표현하는 여러 감정에 형태와 실체를 부여하는 것이며, 글쓴이를 문제와 분리시켜 개인적인 고통의 여러 측면을 성찰하도록 해 준다.

저널은 우리의 경험을 밖으로 내어놓는 방법으로서, 쓰인 글에 거울처럼 비친 우리 자신을 바라볼 수 있게 해 준다. 또한, 시간이 흐른 뒤 다시 읽어 보는 저널은 같은 사건과 경험이나 감정을 새로운 관점에서 바라보게 해 줌으로써 자아에 대해 한층 더 깊게 이해하도록 만든다. 감당하기 힘든 고통스러운 생각과 느낌, 경험을 감당할 수 있는 보다 작은 조각으로 나누는 글쓰기 행위는 혼란과 좌절감을 완화시켜주며 문제에 대한 통제력, 자신감, 이해력을 증진시킨다. 이처럼 문자 그대로 '자기 자신의 마음을 읽는 행위'를 통해서 저널을 쓰는 사람은 자신의 경험을 더욱 명확하게 인식할 수 있으며, 그 결과 긴장을 해소시킬 수 있고 자아의 성찰과 성장을 가져오며 궁극적으로는 정신적 · 육체적 건강에 도움이 된다.

치료적 글쓰기로서의 저널쓰기는 상담비가 들지 않는 상담자의 기능과 전인적인 자기경영과 진정한 자아의 발견을 통한 창조적 자아실현을 위한 방안으로서의 사적인 글쓰기다. 평생을 쓰는 저널은 점차 각자의 문체, 기법, 창조적 능력의 계발을 가져오고, 글쓰기에 숙달되도록 한다. 결국 저널을 쓰는 사람과 저널 사이의 친밀감 증대로 저널은 개인에게 평생 자기표현의 강력한 수단이 되고, 또한 자아성장을 촉진하며 문제해결, 감정치료, 면역력 강화로 육체적 치료까지 돕는 충실한 동반자이자 안내자가 된다.

사람들이 일기와 저널을 써 온 것은 수세기 전부터 있던 일이다. 그러나 미국의 경우 감정표현과 반성적 글쓰기가 치료적 잠재력을 가지고 있다는 것이 대중에게 알려진 것은 1960년대 프로고프가 '집중 저널치료'라는 주제로 개최한 워크숍에서다. 심리학자이자 심리치료사인 그는 글쓰기가 갖는 치료효과에 관심을 가지고 당시 수년간 그의 내담자와의 상담에 심리공책을 사용하여 저널기법을 체계화하였다. 그 후 프로고프의 저널치료를 널리 대중화시킨 사람은 심리학자이자 공인문학치료사, 그리고 상담사이며 미국시치료협회 회장을 역임한 애덤스다.

애덤스는 삶 속의 여러 구체적인 문제들을 글로 쓰기 위해 사용할 수 있는 구체적인 도구로서의 글쓰기 기법을 모아 놓은 '저널도구상자(journal tool box)'를 제시하였고, 문학치료에 저널치료, 즉 글쓰기를 적극적으로 도입하였다. 저널이 미국의 교육현장에서 사용된 것은 여러 공립학교에서 저널을 국어(영어) 시간과 다른 학과목에 사용하기 시작한 1980년대였다. 종종 '대화' 또는 '응답' 저널이라고 불리던 이 저널은 학생들에게 독립적인 생각과 사고의 기술을 키워주었으며, 교사에게는 학생들에게 개별적이고 직접적인 반응과 응답을 할 수 있는 장을 마련해 주었다.

물론 수업에서 활용한 저널의 의도는 치료보다는 교육에 목적이 있었지만, 교사들은 학문적 질문이나 문제점에 대해 생각하고 반추하는 단순한 숙제를 내주었을 경우에도 학생들의 저널 속에서 그들의 감정적인 삶에 대한 중요한 사실과 정보를 발견할 수 있었다. 또 학생들은 종종 문제가 되는 사건에 대해서나 고통스럽고 혼돈을 초래하는 생각과 감정을 글로 쓸 때 긴장감과 압박감이 해소된다고 보고하였다. 저널을 좀 더 적극적으로 학생들의 전인적 치유에 사용한 사례도 있다. 미국의 한 공립학교 교사인 그루웰(Gruwell)은 저널쓰기를 통하여 상처입고 방황하는 학생들이 전인적 치료와 삶의 놀라운 변화를 겪은 사례를 수록한 『Freedom Writers Diary』를 1999년에 출판하여 저널의 힘을 세계에 알리기도 하였고, 이 책은 영화로도 제작되었다.

저널치료란 심리적 · 정서적 · 육체적 치유를 촉진하기 위해 성찰적 글쓰기나 과정으로 글쓰기를 의도적으로 사용하는 것을 의미한다(Adams, 2006). 저널치료에서 말하는 '저널'은 우리말로는 일기라고 번역할 수 있지만 매일 일어나는 일을 객관적으로 또는 외부에서 보는 관점에서 기록하는 전통적인 일기와는 다른 종류의 글이다. 저널은 우리의 깊은 내면의 여정을 기록하는 글이며, 자신이나 인생의 여러 문제들에 대해 보다 깊은 성찰과 이해를 위해 생각과 느낌을 표현하는 글이다(이봉희, 2007).

저널치료는 우리나라에서 '글쓰기 치료', '표현적 글쓰기', 혹은 '치료적 글쓰기'와 혼용되어 사용되고 있다. 슬롬스키(Slomski, 2003)는 글쓰기 치료의 일부인 저널치료를 심리적 치료 또는 개인의 성장을 심화시키기 위한 목적을 가지고 의도적으로 자신의 생각들이나 감정들을 기록하는 것이라고 정의하였다. 저널치료는 문학치료(literary therapy)의 하위범주에 속한다(강은주, 이봉희 역, 2006). 문학치료란 독서치료(bibliotherapy), 시치료(poetry therapy), 이야기치료(narrative therapy), 드라마치료(drama therapy)를 모두 포함한 말로 참여자와 치료자 사이의 치료적 상호작용을 위해 문학을 사용하는 치료법을 지칭한다(미국문학치료협회 NFBPT의 정의).

저널치료가 자아를 찾아가는 글쓰기이기 때문에 일기쓰기와 비슷하지만 저널쓰기는 고통스러운 체험이나 무의식적 상처를 소재로 하여 상처를 치유하며 자아를 찾는 것에 목적이 있다고 하여 일기쓰기와 저널치료를 구별하였다. 그리고 저널은 자신이나 삶 속의 여러 문제들에 대한 깊이 있는 성찰과 이해를 위해 내면의 생각과 느낌을 글로 표현함으로써 글 쓰는 사람의 내적 경험, 반응, 그리고 인식 자체에 글쓰기의 초점을 두는 것이다.

심리학자이며 심리치료사인 프로고프(Progoff, 1980)는 '집중적인 저널 방법(Intensive Journal Method)'을 소개하면서 저널쓰기가 일기쓰기와 다른 점을 설명하였다. 그는 '집중저널 워크숍(Intensive Journal Workshop)'에서 강의를 통해 반성적 글쓰기가 치료적 잠재력을 가지고 있다는 것을 대중들에게 알렸다. 그는 당시 수년간 그의 내담자와의 상담에 '심리공책'을 사용하여 저널기법을 체계화하였다. 그의 저널은 글의 내용, 즉 글쓴이가 철할 수 있는 파일용 공책으로 되어 있었다. 프로고프(Progoff, 1980)는 또한 개인의 체험을 바탕으로 한 집중적인 저널쓰기 프로그램을 만들어 미국 전역에 매년 250회 이상의 저널쓰기 워크숍을 진행했으며, 저널쓰기의 이론과 방법론을 체계화시켜서 글쓰기를 통한 치료프로그램의 대중화를 가져왔다. 일기는 개인 삶의 사건을 연대기적으로 기록한 것이며, 일기 그 자체로는 인생의 깊은 변화를 가져오기에는 충분하지 않은 비구조적인 방법이다. 반면 저널쓰기는 개인의 감정, 경험을 명확히 하는 데 필요한 것이며, 집중적인 저널쓰기를 통해 저널을 쓰는 기록자들이 자신을 더 깊이 이해할 수 있도록 한다. 그 후, 저널치료를 가장 널리 대중화시킨 사람은 심리학자이며 공인문학치료사 그리고 상담사인 애덤스(Adams, 1990)이다.

애덤스(Adams, 1990)는 작가이자 임상문학치료사, 저널치료사이며 콜로라도 덴버에서 '저널치료센터(1985~)를 운영하고 있으며, 저널치료를 문학치료에 도입시킨 선구자이다. 애덤스(Adams, 1990)의 '저널치료'에 소개되고 있는 저널치료의 기법으로는 스프링보드, 인물묘사, 클러스트, 순간포착, 대화, 100가지 목록, 의식의 흐름, 징검다리, 타임캡슐, 오늘의 주제, 보내지 않는 편지, 관점의 변화, 꿈과 심상 기법 등이 있다. 이 기법들을 저널 도구상자라 칭한다. '저널치료'라는 워크북에 제시된 기법들은 **표 8-1**과 같다.

표 8-1 저널치료의 13가지 기법

기법	방법
스프링보드 (Springboards)	저널쓰기를 위한 주제문장으로 "내가 원하는 것이 뭐지?"와 같은 질문으로 표현하는 기법으로 정서적 반응을 일으키고 사고의 반응을 촉진하여 자유롭게 써 내려갈 수 있도록 한다.
인물묘사 (Character Sketch)	다른 사람 또는 자기 자신을 묘사하는 것으로 누군가와 갈등관계에 있거나 누군가와 어떤 모습으로 만나게 될지 미리 생각해 보거나 자신의 다양한 부분을 알고 싶어 할 경우에 사용할 수 있는 방법이다.
클러스트 기법 (Cluster)	자신의 수많은 정보를 재빠르게 접할 수 있도록 도와주는 재미있고 쉬우며 자연스러운 기법으로 '마인드맵 기법' 또는 '웹 기법'으로 불리기도 한다. 연상 작용이기 때문에 자신의 잠재의식이 표면화되도록 도와준다.
순간포착 (Captured moments)	순간포착 기법을 통해 자신의 삶과 영광과 고뇌, 평온함과 슬픔, 기쁨과 고통을 산문으로 기록하여 이를 기념하고 음미할 수 있다. '순간포착'은 동결된 한순간으로 카메라의 셔터가 영원 속의 한순간을 필름에 포착하듯이 감격과 감동의 순간을 보존할 수 있도록 해 준다.
대화 (Dialogue)	자신과 다른 사람, 혹은 다른 무엇과의 상호작용이라는 형식으로 자신은 두 대화자의 역할을 다 맡게 된다. 저널에서의 대화는 말 대신 글로 이루어진다.
100가지 목록 (List of 100)	생각을 정리하거나 패턴이나 문제점 발견하기, 마음속을 살피기 위한 목적으로 상상할 수 있는 모든 주제를 가지고 100가지 목록을 만드는 기법이다. 100가지 목록을 작성해 봄으로써 대처해야 하는 가장 중요한 문제를 찾게 해 주고 본질을 꿰뚫어 볼 수 있게 해 준다.
의식의 흐름 (Stream of consciousness)	의식의 흐름은 1920년대와 1930년대 초현실주의자들에 의해 대중화되어 제임스 조이스(J. A. Joyce)의 소설에 의해 대중화된 기법으로 우리의 무의식과 잠재의식을 초대해서 자기 앞에 그것들을 드러내도록 한다.
징검다리 기법 (Stepping –stone)	징검다리 목록을 12개에서 15개 정도로 제한하여 현재 자신이 살고 있는 인생의 맥락에서 볼 때 중요한 의미를 지닌 사건들을 선택하여 그 영향력을 파악할 수 있는 방법이다.
타임캡슐 기법 (Time capsule)	인생의 여러 행동을 돌아보게 하고 그것들을 하나의 일관성 있는 이야기로 구성해 주는 만능 도구이다. 저널쓰기의 타임캡슐은 자신이 살아온 인생의 한 시점 속에서 그 진수를 포착해 낸다.
오늘의 주제 (Topics du jour)	한 번에 돌 하나씩 옮겨 산을 옮길 수 있게 하는 저널기법으로 빈 종이에 1부터 31까지의 숫자를 적어 내려간 뒤 각 숫자 옆에 자신이 관찰하고 싶은 사생활 또는 직장에서의 삶을 적음으로써 자신의 삶의 변화과정을 도표화한다.
보내지 않는 편지 (Unsent letter)	카타르시스(catharsis), 완성(completion), 그리고 명확성(clarity)을 위한 수단으로 위협적이지 않은 지극히 안전한 환경 속에서 자신의 의견과 내면의 느낌, 적대감, 분개, 사랑, 의견 충돌 같은 감정을 터놓고 나눌 수 있다.

기법	방법
관점의 변화 (Perspectives)	자신의 인생에서 가 보지 않았던 길의 가능성을 탐색할 수 있게 하는 저널기법으로 전망을 통해 미래 또는 과거로 발걸음을 내딛을 수 있으며 새로운 관점을 시도할 수 있는 기법이다.

의식의 흐름(stream of consciousness)은 1920년대와 1930년대 초현실주의자들에 의해 대중화되어 제임스 조이스(J. A. Joyce)의 소설에 의해 대중화된 기법으로 우리의 무의식과 잠재의식을 초대해서 자기 앞에 그것들을 드러내도록 한다.

징검다리 기법(stepping-stone)을 소개하면 징검다리 목록법으로 12개에서 15개 정도로 제한하여 현재 자신이 살고 있는 인생의 맥락에서 볼 때 중요한 의미를 지닌 사건들을 선택하여 그 영향력을 파악할 수 있는 방법이다.

타임캡슐(time capsule) 기법은 인생의 여러 행동을 돌아보게 하고 그것들을 하나의 일관성 있는 이야기로 구성해 주는 도구이다. 저널쓰기의 타임캡슐은 자신이 살아온 인생의 한 시점 속에서 그 진수를 포착해 낸다.

오늘의 주제(topics du jour)는 한 번에 돌 하나씩 옮겨 산을 옮길 수 있게 하는 저널기법으로 빈 종이에 1부터 31까지의 숫자를 적어 내려간 뒤 각 숫자 옆에 자신이 모니터하고 싶은 사생활 또는 직장에서의 삶을 적음으로써 자신의 삶의 변화과정을 도표화한다.

보내지 않는 편지(unsent letter)는 카타르시스(catharsis), 완성(completion), 그리고 명확성(clarity)을 위한 수단으로 위협적이지 않은 지극히 안전한 환경 속에서 자신의 의견과 내면의 느낌, 적대감, 분개, 사랑, 의견 충돌 같은 감정을 터놓고 나눌 수 있다.

관점의 변화(perspectives)는 자신의 인생에서 가보지 않았던 길의 가능성을 탐색할 수 있게 하는 저널기법으로 전망을 통해 미래 또는 과거로 발걸음을 내딛을 수 있으며 새로운 관점을 시도할 수 있는 기법이다.

그 후 애덤스(Adams, 2006)는 '저널치료의 실제'에 문장완성하기, 5분간 전력질주, 구조화된 글쓰기, 가나다 시 짓기, 시 짓기, 자유로운 글쓰기 기법 등을 추가하였다. 그는 이러한 여러 가지 저널기법들이 방법의 다양성을 제공해주고 저널의 명료함과 효과를 극대화한다고 했다.

애덤스(Adams, 2006)는 만족스러운 저널쓰기를 위해 글쓰기 전 명상으로 시작하기, 저널을 쓸 때마다 날짜를 기록하기, 기록한 모든 것을 보관하기, 빨리 쓰기, 쓰기를 시작하고 계속 쓰기, 가능한 한 빨리 완전한 진실을 말하기, 당신의 프라이버시를 보호하기, 자연스럽게 쓰기 등 8가지를 제안했다.

2 저널치료의 효과

저널치료의 역사는 오래되지 않았지만 여러 연구를 통해서 볼 때, 저널치료의 효과는 매우 크다는 것을 알 수 있다. 또한 국내·외에서 저널치료를 활용한 연구는 아직 많지 않지만, 저널치료는 초등학생에서 성인에 이르기까지 연령의 제한 없이 적용할 수 있는 치료기법임을 알 수 있다. 저널쓰기의 효과는 내 안의 작가를 발견, 미래 성찰을 위한 내 삶의 기록, 잠재자아의 발견과 개발, 필요할 때 곁에 있어 주는 친구, 관계의 치유, 잠재의식과의 만남을 통한 자기이해와 개발, 꿈의 탐구, 삶의 상징성을 감지하는 능력을 통한 직관개발, 시간의 효율적 사용과 업무능력의 향상, 잠재된 창조성 개발, 삶의 여러 감정적 주기에 대한 이해, 과거의 상처나 어린 시절의 심리적 외상 극복 등의 12가지로 정리할 수 있다(Adams, 2006). 저널치료의 효과는 이외에도 많은 학자에 의해 연구되었다. 페니베이커(Pennebaker, 2004)의 쓰기를 수정, 보완해 저널치료를 대중화시킨 애덤스(Adams, 2006)에 따르면 저널쓰기는 미래 성찰을 위한 삶의 기록이며, 다양한 문제에 대처할 수 있게 해 주며 관계의 치유도 가능하다고 했다. 또한 자기이해와 개발을 할 수 있으며 과거의 상처, 어린 시절의 심리적 외상 극복 등에 효과를 줄 수 있다. 애덤스(Adams, 2006)의 〈저널치료의 실제(The Way of The Journal)〉는 모든 종류의 외상 스트레스로부터 회복 단계에 있는 사람들, 치료적 글쓰기 프로그램을 시작하는 데 어려워하는 사람들 또는 임상적으로 안전한 저널쓰기 기법을 제공하려는 치료자들에게 이론적인 발달 모델로서 유용하다.

애덤스(Adams, 1998)의 이론을 바탕으로 저널치료가 신체건강 및 정신건강에 효과적인 방법이라는 주장은 많은 학자(이봉희 2007; Adams, 2006)에 의해 밝혀져 왔다. 한편, 시워드(Seaward, 2012)는 저널치료가 정신적 · 영적 효과만이 아니라 신체적 효과도 가져옴을 강조하면서 저널치료를 깊은 내적 통찰을 제공하는 데 있어 가장 효과적인 스트레스 대처 방법으로 소개하였다. 저널치료는 카타르시스를 위한 기회를 제공하는데, 사람들은 저널치료를 통해 감성적 상태를 종이 위에 표현할 수 있으며, 두려움 없이 감정을 터뜨릴 수 있는 기회를 가질 수 있다. 또한 자신과의 소통뿐만 아니라 타인들과 소통하는 방법도 배우며 글쓰기의 반복을 통해 행동과 감정을 명료화할 수 있다고 했다.

이밖에 국내에서도 저널치료의 효과에 관한 연구결과들이 보고되었다. 이오덕(2004)은 "글은 삶의 기록이다. 그러니 글이 있기 전에 말이 있었고, 말이 있기 전에 삶이 있었다."고 말한다. 즉, 삶이 없이 글은 쓰일 수가 없다는 것이다. 이때 삶은 해석을 필요로 하는데, 인식이 아닌 표현을 통해서 완전해진다. 그러므로 우리는 저널치료를 통해 인생이라는 삶을 자세히 들여다볼 수 있으며(차미숙, 2009), 저널치료는 내 안의 작가를 발견할 수 있으며, 미래의 성찰을 위한 삶의 기록이다. 또한 잠재자아가 '진정한 자아'로 통합되는 것을 발견할 수 있게 해주고 나의 꿈을 탐구함으로써 창조력을 계발해 주기도 한다(차미숙, 2009).

이봉희(2007)는 저널치료는 상담자로 하여금 효과적으로 내담자와 상담할 수 있도록 할 뿐만 아니라 치료기간을 단축하며 상담 종료 후에도 지속적으로 문제해결, 자아발전의 도구로 사용된다고 했다. 또한 저널처럼 감정을 자유롭게 표현하는 감정표현 글쓰기의 중요성은 그것이 정서적 · 정신적 문제를 치료해 주는 효과가 있다고 했다. 저널은 또한 상담자가 더 효과적으로 내담자와 상담할 수 있도록 도울 뿐만 아니라 상담이 종료된 후에도 계속 문제해결과 자아발전의 도구로 사용된다(이봉희, 2007).

저널치료는 자아성찰을 통해 '나'의 본연의 가치에 집중하게 하며 있는 그대로의 '나'를 직시하는 자기반성을 할 수 있다고 했다. 그리고 저널치료는 자신이 무엇을 느끼고 무엇을 알고 왜 하는지의 이유에 대해 정리하는 기회를 제공한다고 했다. 이러한 저널치료의 효과를 종합해 보면 저널치료를 통해 자신을 성찰할 수 있으며, 있는 그대로의 자신을 경험하고 탐색함으로써 자기이해의 기회를 가질 수 있음을 알 수 있다.

3 저널치료 선행연구

현재 저널치료에 대한 연구가 많이 이루어지지 않은 상태이며, 다양한 주제의 저널치료에 대한 선행연구가 있다. 저널치료에 대한 최근의 선행연구들을 크게 세 영역으로 요약하고자 한다.

첫째, 자아상(정체성)과 자아존중감 그리고 갈등 부부들의 자기자각 경험과 진로효능감을 향상하기 위한 연구들이다.

둘째, 저널치료를 통해 자아를 발견하고 삶의 질이 향상된 연구들이다.

셋째, 미술치료 전공자들의 저널쓰기 체험과 비주얼 저널쓰기 등이 있다.

임정선(2019)의 '중학생의 진로자기효능감 향상을 위한 저널쓰기 집단상담 프로그램 개발'에서는 저널쓰기 프로그램을 개발하여 집단상담을 함으로써 실험집단의 진로자기효능감 변화가 통제집단의 변화와 유의한 차이가 있는 것으로 나타났으며, 진로자기효능감 향상에 긍정적인 영향을 준 것으로 나타났다. 이민아(2016)의 '저널쓰기 집단상담 프로그램이 임용고사를 앞둔 대학생의 불안과 자아존중감에 미치는 효과'에서는 집단원들의 저널 성찰문과 회기별 경험보고서, 프로그램 평가 설문지의 내용과 연구자의 관찰내용을 함께 양적 분석하였다. 그 결과 저널치료 프로그램에 참여한 실험집단의 불안이 유의미한 감소를 보였으며, 자아존중감 역시 유의미한 향상을 보였다는 것을 알 수 있었다. 이병준(2011)은 갈등을 겪고 있는 부부들에게 부부집단 저널치료를 통해 어떠한 자기자각 경험을 하는지 탐색하고 그 경험의 본질과 의미를 현상학적으로 분석하였다. 이를 통해 부부치료와 부부상담에서 갈등 부부의 치유와 회복을 위한 자각의 단계를 제공하였다.

둘째, 차미숙(2009)의 '저널치료를 통한 자아발견'에서는 잃어버린 꿈으로 정체성의 혼란을 겪고 있는 40대 직장인 남성을 대상으로 저널치료 프로그램을 적용했다. 그 결과, 저널쓰기는 자아를 회복하고 자아를 발견하며 자아를 실현하는 데 영향을 미치고 있다는 것을 알 수 있었다. 이를 통해 행복은 진정한 자아를 찾아서 실현해 가는 과정에 있으며, 이 과정에서 저널은 목적을 가지고 쓰는 좋은 도구임을 알 수 있었다.

미국의 한 공립학교 교사인 구루웰(Erin Gruwell)이 일기쓰기를 통해 상처 입고 방황하는 학생들에게 전인적 치료와 삶의 놀라운 변화를 가져온 사례가 1999년 『프리덤 라이터즈 다이어리(Freedom Writers Diary)』라는 책으로 출판되어 저널의 힘을 세계에 알리기도 하였다(이봉희, 2007). '저널치료가 성인 여성의 감사와 탄력성 및 주관적 안녕감에 미치는 효과'에서는 저널치료 실시 후, 실험집단의 삶의 만족도와 정서적 안녕감이 모두 의미 있게 향상되었다. 그러므로 저널치료는 성인여성의 삶의 질 향상을 위한 방안으로 활용 가능하다고 했다.

셋째, 고하정(2017)의 '내적 이야기 구성에 관한 비주얼 저널의 자전적 탐구'에서는 클랜디닌과 코넬리(Clandinin & Connelly, 1990)의 내러티브 탐구 방법으로 연구를 진행했는데, 일상의 사건과 감정을 메모하고 그 과정에서 생성된 이야기와 미술작품을 비주얼 저널로 만드는 작업을 통해 자기실현과정을 경험하였으며, 이를 통해 진정한 내면의 소리에 귀를 기울이게 되었다고 한다. 또한 상담과정에서 비지시적인 상태의 치유과정을 만들어 줄 수 있음을 확신하게 되었다는 연구결과가 나타났다. 이우진(2015)의 '미술치료 전공자의 저널쓰기 체험의 의미'에서는 미술치료 전공자에게 있어 저널쓰기 체험이 주는 의미를 살펴보았는데, 반 마넨(Van Manen)의 분석 과정에 따라 현상학적 질적 분석을 했으며, 그 결과 미술치료 전공자들의 저널쓰기 체험은 내담자와의 관계 속에서 자기 탐색과 반성적 성찰을 통해 '자기'가 중요함을 깨닫고, '자기인식을 훈련하는 과정'으로서의 의미가 있다는 것을 알 수 있었다. 또한 이를 통해 개인으로서의 삶의 질을 향상시킬 수 있다고 했다. 이러한 선행연구를 통해 볼 때, 저널쓰기는 '글을 쓰는 행위' 자체에 치료적 효과가 있다는 것과 어떤 계기를 통해서라도 글을 쓰는 행위는 스스로를 성찰함으로써 치유적 효과를 가져온다는 것을 알 수 있다. 이와 같은 저널치료에 관한 선행연구 고찰을 통해 저널치료가 어떤 대상으로 어떤 주제를 가지고 진행되었으며, 또 어떤 결과를 가져왔는지에 대해 알 수 있다. 하지만 저널치료에 대해 연구한 자료가 그 효과에 비해 풍부하지 않으며, 그마저 양적 연구가 대부분이며, 구체적 현상에 대해 깊이 있게 탐구한 질적 연구가 많지 않다는 것을 알 수 있다.

Chapter 09

시치료

1 시치료에 대한 이해

1) 시치료의 이론적 배경

시치료(poetry therapy)는 독서치료(bibliotherapy)의 한 장르로 볼 수 있다. 서구에서는 보편적으로 독서치료, 시치료, 이야기치료 등으로 구분한다. 미국 시치료협회(National Association for Poetry Therapy, NAPT)를 국내에서는 독서치료협회 혹은 문학치료협회로 명명하고 있다. 그러나 현재 유럽이나 미국에서는 독서치료나 문학치료로 구분하지 않고 시치료라고 부른다. 이러한 맥락에서 시치료는 독서치료와 치료적 배경을 같이 한다. 미국 시치료 협회에서는 시치료는 통합적 치료방법으로써 “신체와 마음과 정신의 건강을 돌보기 위하여 여러 수단을 사용한다. 이때 문학이 주도적으로 혹은 부수적으로 사용될 수 있다. 그리고 훈련받은 시치료사가 참여자들에게 글쓰기 작업을 통하여 자신의 문제를 인지하고 감정을 표현하게 하여 자신의 삶을 변화할 수 있도록 도와준다.”고 정의하고 있다. 이것은 시치료가 통합적 치료방법을 사용하는 것을 말한다. 즉 상징, 은유, 리듬, 이미지, 아이러니 등의 요소를 내포하고 있는 시를 치료 장면에 주로 활용하고 시는 물론 동화, 신화, 말하기, 듣기, 읽기, 쓰기, 생각하기, 노래하기, 그림 그리기, 영화 등 시적 활동하기 영역과 응용적 처치로써 시치료에 필요한 보조적 활용 영역까지 포함한다는 것이다.

문학은 말로 표현할 수 없는 감정이나 깊은 억압을 드러내게 하는데, 이것은 여러 가지 감정을 드러내어 의미의 형상화를 가능하게 한다는 정신분석에 깊은 관련을 맺고 있다. 따라서 시치료에서 참여자의 무의식에 속한 과거의 미해결된 경험과 정서를 창의적인 글쓰기를 통해 언어 차원으로 형상화하는 것은 참여자의 억압된 감정을 표출하도록 도울 뿐만 아니라 문제 상황에 대한 인지적 자각을 이끈다. 이러한 자각은 자신의 문제를 객관화하고 새로운 시각으로 바라보게 함으로써 치료적 통찰을 향하여 나아가게 한다.

문학 매체를 통한 창조의 과정은 참여자의 무의식에 내재된 자발성과 창조성을 불러옴으로써 그 자체로 치유적인 효과를 지닌다. 즉, 참여자가 문학적 표현 행위에 몰두하는 동안 창조자와 창조물 사이에 보이지 않는 역동이 발생한다. 그러한 표현 행위는 참여자의 무의식에 영향을 미치고 그들의 사고와 정서를 이전과는 다른 형태로 변형시키는 데 기여한다. 참여자가 자신의 생각과 내면세계를 자유롭고 안전하게 표현하게 함으로써 참여자 스스로에 대한 긍정적인 사고의 전환을 가져오는 것이다.

또한 참여자는 능동적인 과정에서 특수한 개인적인 인식을 위한 토대를 마련할 수 있는 것이다. 수동적인 독서치료보다 능동적인 시쓰기치료가 스스로의 상징을 창조하면서 얻는 상징의 형상화에 더 큰 효과를 얻는 것이다. 패터슨(Patterson)에 의하면 "우리가 참여자의 상징을 이해한다는 것은 우리가 그 사람을 이해한다는 것이다. 대부분 상징으로 이루어진 참여자의 활동 속에서 가장 포괄적으로 그를 이해할 수 있다."고 하였다. 한 걸음 더 나아가 자발성은 자신이 스스로 할 수 있다는 인지 능력을 더함으로써 자신감과 에너지를 불러와 현실에 대한 적응 능력이 생기는 것이다. 이처럼 시치료에서 치료적 구조화를 위해 사용되는 시적 창조 행위는 다양한 표현 매체를 사용함으로써 참여자의 저항을 약화시키고 안정된 치료가 이루어지게 하는 것이다. 즉, 참여자의 정서적이고 인지적인 심리역동 구조를 재정비하게 하는 것이다.

융(Jung)은 모든 인간이 정동적 · 정신적 양식, 이른바 원형을 공유하기 때문에 무의식의 강력한 힘이 임상적 소재에서뿐만 아니라 종교나 예술을 포함하여 인간이 스스로를 표현하는 문화적 영역에서 확실하게 나타난다고 하였다. 융은 문학적 창작 활동이 인간의 진정한 자아와 접하여 치유와 성장을 가져온다고 하였고, 모든 사람이 시인이며, 다양한 창의적인 요소를 통하여 체계와 세계에 대한 독특한 의미를 발전시킬 수 있다고 보았다.

시를 쓰면서 과거의 환상이나 원형 집단무의식의 상이 떠오른다. 이것은 시를 쓰는 참여자 자신도 모르는 무의식의 표상인 셈이다. 즉, 시를 쓰면서 누구나 무의식에 다가갈 수 있다는 뜻이다. 충동은 비유나 상징으로 모습을 드러낸다. 이것은 문학이라는 장르가 자유로운 영역이자 유희의 영역이라는 보호막을 가지고 있기 때문에 리듬 여과 형식이나 메타포와 비유의 수단으로 무의식에 접근한다는 것을 뜻한다. 즉, 시적 자아는 독서나 글쓰기를 통하여 일상화된 언어를 넘어서 자기 자신의 정서를 찾아내고 깊은 정서 체험을 하는 것이다. 이것은 참여자의 억압된 정서가 시를 통하여 표출됨으로써 깊은 내면 정서를 이해하고 수용할 수 있도록 하는 것이다. 여기서 정서적 이해란 참여자가 지금까지 가져온 고통을 당한 왜곡된 감정과 행동에 대한 이해를 말한다. 이것이 이해되고 수용될 때 참여자는 자신의 내면을 이해하고 내면의 변화를 현재의 삶에 통합하는 치유의 과정을 겪는 것이다.

시치료를 이해하는 방법은 세계관만큼 다양하다.

어떤 사람은 이론적 배경을 동양 사상에 두기도 하고 정신분석이나 대상관계, 융의 분석심리학 또는 게슈탈트 심리학과 막스 베르트하이머(Max Wertheimer, 1910)의 통합적 방법에 두기도 하는데, 이 절에서는 정신분석과 게슈탈트의 치료 방법을 살펴보고 융의 분석심리학 관점에서 치유 방법으로 시치료를 이해하고자 한다.

(1) 프로이트(Freud)의 정신분석

프로이트는 우리의 일상을 결정하는 대부분이 무의식적인 과정에서 일어난다고 주장하였다. 무의식적인 행동 본능적인 소원과 환상 외상과 갈등은 불유쾌한 초기 기억에서 비롯되는데, 이러한 초기 기억과 억압과 금지가 나중에 신경증을 일으킨다는 것이다. 억압과 금지로 인해 파생된 지속적인 흔적을 망각이나 무의식과 유사한 것으로 보았다.

이렇게 억압된 것은 사라지지 않고 무의식 속에 자리 잡고 계속적으로 작용하여 인간을 위협한다고 주장하였다. 프로이트는 “히스테리의 특성은 아주 심한 망각이다.”라고 하였는데, 시치료적인 수단으로 억압을 불러와 다시 화해와 조정을 거쳐서 되돌려 보내는 것이 치료적 관점이다.

프로이트는 문학이 치료적 효과를 발휘하는 것은 바로 자유 연상을 통해 가능하다고 보았다. 정신분석에 따르면 시치료는 시를 읽어주거나 쓰게 할 때 유사한 마음속의 욕망을 드러내게 하는 수단인 동시에 치유의 수단이 되는 것이다. 동일화의 원리라고도 한다. 동일화는 첫째, 타인과의 관계에서 내담자가 치료사를 부모 중 한 사람으로 보는 것처럼 타인의 반응경향을 받아들이는 경우, 둘째, 타인을 자기 대신이라고 보는 것으로서, 예를 들어 자신과 문학작품 내 등장인물과 동일하게 느끼거나 어머니의 자식에 의한 대리만족과 같은 경우, 셋째, 타인이나 집단과 밀접한 관계를 맺는 것으로서 타인의 목적이나 가치관을 자신의 것으로 취하여 마치 그것이 자기 것처럼 여겨지는 경우, 넷째, 중요한 점이 유사하다고 인지하는 것으로서 분류학에서 말하는 동일 종(種), 유(類)라는 것으로 '고정'이라고 하는 경우 등을 말한다.

자신의 문제와 행동에 영향을 주는 요인에 대한 이해가 높아지고 자아인식이 향상되는 것을 뜻한다. 통찰은 상담접근법에 따라 다양한 의미로 사용되는데, 정신분석에서는 내담자가 과거경험과 현재 행동 간의 관련성을 인식하는 것을 의미한다. 상담자가 해석과 훈습을 통해 내담자의 무의식적인 갈등을 의식화시킬 때 통찰이 일어나며, 인지적인 이해로부터 충분한 감정적 자각에 이르기까지 통찰의 깊이는 다양하다. 통찰에 대해서는 정신분석의 목표에 따라 상반된 견해가 존재한다. 한 가지 관점은 정신분석의 목표를 내담자가 신경증을 유발하기 이전의 통찰수준을 회복하는 데 두는 것이다. 또 다른 관점은 분석을 통해 내담자의 통찰수준을 한층 더 깊은 단계로 발달시키는 데 두는 것이다.

동일시는 개인이 한 가지 또는 몇 가지 측면에서 다른 사람을 닮게 되는 자동적이며 무의식적인 정신과정, 동일시는 성숙 및 정신 발달을 수반하며, 흥미, 이상, 버릇, 기타 다른 속성을 획득하거나 배우는 과정을 돕는다. 개인의 적응적 반응 유형과 방어적 반응 유형은 사랑하고 존경하는 사람이나 두려워하고 미워하는 사람과의 동일시를 통해서 형성될 수 있다. 클라인(Klein)학파의 이론은 특별히 두 가지 유형의 동일시를 강조한다.

투사적 동일시에서 자기와 내적 대상의 부분들은 분리되어 외적 대상으로 투사되며, 외적 대상은 분리된 부분에 의해 소유되고 통제될 뿐만 아니라 "동일시" 된다. 방어로서의 투사적 동일시의 목적은 분리를 피하기 위해 외적 대상과 하나가 되는 것, 박해 위협을 주는 파괴적이고 나쁜 대상을 통제하는 것, 자기의 좋은 부분을 분리시켜 치료자 안에 둠으로써 안전하게 보존하는 것 등이다. 이 기제는 편집-분열적 자리에서 시작되지만 발달 과정 내내 지속될 수 있다.

비록 클라인(Klein)과 그녀의 동료들이 투사와 투사적 동일시라는 용어를 상호 교환적으로 사용하기는 했지만, 두 용어의 의미는 구별된다. 투사는 단지 방어 기제만을 말하지만, 투사적 동일시는 환상 내용을 포함한다. 옥덴(Ogden, 1982)은 이 둘 사이를 정교하게 구분한 반면, 그롯슈타인(Grostein, 1981)은 이를 구분하지 않았는데, 그것은 투사된 부분이 동일시될 수 있는 대상이 없이는 투사 자체가 불가능하다는 생각 때문이었다.

내사적 동일시는 투사적 동일시의 상대 개념이다. 이는 대상을 구강을 통해 합입하는 환상을 포함하는데, 이로써 대상과의 동일시가 발생한다. 내사와 투사는 지속적으로 유지되는 과정이며, 이를 통해 내적 세계가 형성된다. 대상의 좋은 측면과 동일시한 것을 합입하고 대상의 나쁘거나 위험한 측면과 동일시한 것을 "뱉어버리는", 지속되는 과정에서 내사적 동일시는 투사적 기제와 균형을 이루게 된다. 프로이트(Freud, 1915: 이재훈, 2002)는 내사라는 용어를 도입하는 글에서 이러한 투사와 내사의 상호 관계에 대해 설명하였다(Ferenczi, 1909). 따라서 부모를 내사하는 과정은 자아가 외부 대상의 어떤 측면들은 내사하고 다른 측면들은 투사하는 선택적 과정이라고 생각할 수 있다(Heimann, 1952).

부모와의 동일시는 이러한 두 기제의 결합에 의해 일어나며, 이것은 자아와 초자아의 발달을 가져온다. 투사적 기제가 편집-분열적 자리에서 지배적인 반면, 내사적 기제는 우울적 자리에서 지배적이다. 우울적 자리는 편집-분열적 자리에 비해 성숙된 정신 상태를 나타낸다. 이 자리에서 대상은 부분 대상이 아니라 전체 대상이며, 투사된 죽음 본능(즉 나쁜 대상)에 의해 자아가 파괴될 위험은 없어지고, 자신의 파괴적 충동이 사랑하는 대상을 파괴시킬 수 있다는 위험이 대신한다. 우울적 자리에서는 대상을 소유하고 내부에 보존하는 것을 통해서 유아 자신의 파괴성으로부터 대상을 보호해야 하기 때문에 내사 과정이 더욱 강하게 일어난다. 다른 한편, 내사적 동일시는 외부 대상의 좋은 측면을 보존하기 위해 나쁜 대상을 안으로 들이고 그것과 동일시하는 방어 기제로도 사용될 수 있다.

통찰은 정화경험 도중에 혹은 정화경험 후에 종종 나타나며, 순간적으로 나타나기도 하지만 상담과정이 진행되는 동안 점진적으로 나타나는 경우가 더 일반적이다. 내담자가 자기감정의 근원을 자각하고 문제에 대한 통찰을 얻게 되면 무의식적 갈등이 해소되고 그 결과 주변환경과의 상호작용이 개선되어 적응력이 향상된다. 통찰은 지적 통찰(intellectual insight)과 정서적 통찰(emotional insight)의 두 가지 유형으로 분류되기도 하고, 또한 발생적 통찰(genetic insight)과 역동적 통찰(dynamic insight) 등을 포함하기도 한다.

지적 통찰은 내담자가 단지 희미하게 알고 있던 생각을 지식수준에서 보다 더 명료하게 이해하는 것을 뜻한다. 치료목표를 달성하기 위해 내담자는 자신의 무의식 속에 억압되어 있는 갈등에 대해 통찰을 얻어야 한다.

정서적 통찰은 내담자가 개인적인 체험을 통해 자신의 내면세계를 보다 더 명확하게 이해하는 것이다. 무의식적 갈등을 자각하는 데 대한 저항이 약해졌을 때 가능하며, 회피하고 있었던 충동적 파생물을 자아가 인정하고 받아들일 수 있게 된다.

정서적 통찰이 이루어지면 통찰된 내용을 확실히 믿을 수 있게 되고, 그에 수반되어 감정 반응이 뒤따른다. 지적 통찰에 비해 정서적 통찰이 더 치료적인 것은 단순한 기억의 회상에 따른 암기식 지식이 아니라 신경회로의 광범위한 연산망을 재가동하여 얻은 것이기 때문이다.

발생적 통찰은 자신의 문제가 과거생활 중 어떤 사건에 의해 발생되었는지 그리고 어떤 대인관계에서 유래되었는지를 자각하는 것이다. 이는 갈등의 원인에 대한 통찰로서 종적인 통찰(longitudinal insight)이라고도 부른다. 내담자가 현재의 갈등문제에 대한 정서적 통찰을 얻고 심리적 에너지의 활동기제에 대해서도 이해했지만, 그 원인적 기원에 대해서는 미처 파악하지 못할 수도 있다. 역동적 통찰은 자신의 갈등이 현재의 생활에 어떤 식으로 영향을 미치고 있는지를 자각하는 것이다. 이는 갈등의 결과에 대한 통찰로서 횡적인 통찰(cross-sectional insight)이라고도 한다. 내담자가 문제의 원인적 기원에 대한 발생적 통찰을 얻었지만, 과거의 사건이 현재의 생활이나 성격에 미치는 영향에 대해서는 미처 역동적 통찰을 갖지 못할 수도 있다.

(2) 펄스(Perls)의 게슈탈트 이론과 실제

펄스는 신 프로이트학파에 속하면서 게슈탈트 치료를 창안하였다. 펄스는 정신분석과 거리를 두었다. 프로이트의 무의식 이론이 너무 과거에만 집착하고 육체를 무시한 정신적인 내용만 다루는 것을 비판하여, '과거의 자리를 지금 여기에'라는 현재의 작업으로 채웠다. 즉 신경증으로 현재와 미래가 개인에게 장악당하는 것을 극복하는 것이다.

펄스는 창의적인 작업을 통해서 자기 조절 훈련을 하여 과거를 극복하고 신경증을 극복하도록 과제를 설정하였다. 참여자는 그림을 그리고 소리를 내어서 글을 읽고 씀으로써 자기와 만나고 자기와 직면하면서 치유가 된다고 하였다.

2) 융의 분석심리학과 시치료

융(Carl Jung)은 무의식의 내용을 억압적인 내용으로 보지 않았다. 프로이트가 무의식을 병리적인 차원에서 보았다면 융은 무의식이 의식의 결함을 보완하는 자율적 질서와 기능을 지닌다고 보았다. 융은 무의식을 개인무의식과 집단무의식으로 나누었다. 개인무의식은 개인의 경험과 관련된 내용이며, 집단무의식은 선험적이고 보편적 원형을 말한다. 융은 프로이트가 치료라고 말한 것을 개성화 과정, 즉 성장의 모델로 바꾸었다. 융은 예술을 질병으로 보지 않고 나타나는 상징도 증상으로도 보지 않았다. 그는 상징이 기호 이상의 것, 다시 말해서 사물과 사상에 대한 자기의 직접적인 표상임을 강조하였다. 우리가 상징을 이해하려고 할 때 상징 그 자체를 직면할 뿐만 아니라 상징을 만들어 내는 그 개인 전체와 직면하는 것이다.

융은 시 글쓰기를 쓰면서 원형 집단무의식의 상이 떠오르고 시를 쓰는 당사자는 자신도 모르는 무의식에 다가간다고 보았다. 융은 시치료에서 참여자의 문학적인 글쓰기가 무의식에 속한 문제들을 의식화하여 그것을 객관화하여 바라보고 자신에게 갖는 의미를 발견함으로써 치유를 향하여 나아가도록 하는 방법으로 사용될 수 있는 토대를 마련하였다. 시적 자아는 독서나 글쓰기를 통해서 일상화된 언어를 넘어서 자신의 무의식 속의 내적 상처와 정서가 드러나고 이러한 깊은 체험은 치유의 과정을 거친다고 보았다. 융은 글쓰기뿐만 아니라 그림 그리기, 만다라 색칠하기, 조각하기, 음악, 춤 등의 다양한 형태의 표현적 매체가 심리치료의 도구로써 활용될 수 있다고 보았다. 그는 이러한 창조적 과정을 통한 생산물이 참여자의 병리에 대한 진단뿐만 아니라 치료적 수단으로 기능한다고 하였다. 융의 분석심리학에서 말하는 심리치료의 원리는 다음과 같다.

통찰은 문제해결이나 학습의 한 원리이며 어려운 문제를 해결하는 방법을 이해하는 것처럼 갑자기 밝혀지는 것으로서, 독일어로 'Aha-Erlebnis'라고도 한다. 이 말은 독일의 심리학자이자 이론언어학자인 카를 뷜러(Karl Bühler)가 만든 용어로, 'epiphany'라고도 한다. 이에 반하는 개념으로는 시행착오를 들 수 있다. 인지이론에서는 독일의 볼프강 쾰러(Wolfgang Köhler)가 주장하는 학습이론(learning theory)의 중심 개념이 통찰이다.

쾰러가 말하는 통찰의 원리는 전체 상황의 개념을 고려하는 것 혹은 학습자가 전체로서 상황을 운용하여 상황에 대한 앎이 일어난 다음 정신에서 해결책이 나오는 것이라고 할 수 있다. 쾰러는 길을 돌아가지 않으면 철망 너머로 보이는 먹이를 얻을 수 없는 상황에서 굶긴 개를 이용하여 실험했는데, 개는 먹이를 보고 잠시 멍하게 있다가 곧 행동을 바꾸어 길을 돌아가 먹이를 취하였다. 이 실험에서 개에게 일어난 인식상황을 통찰이라고 할 수 있는데, 이는 도구의 발견, 사용, 제작과정에서도 흔히 볼 수 있다.

통찰은 몇 분 동안 주저한 뒤 갑자기 일어나며, 그 결과는 망각저항이 커서 잘 잊히지 않는다. 통찰이 가능하려면 주변 상황을 새로운 관점에서 종합적으로 고쳐 보는 것(지각적 재체제화)이 필요하다. 심리학 및 정신의학에서 말하는 통찰은 자신의 정신적 질병을 인식하는 능력을 의미한다. 또는 심리치료 중 내담자가 지금까지 억압된 움직임에 의하여 의식할 수 없었던 갈등을 알게 되는 것도 통찰이라고 한다. 지적인 이해에서 그치는 것이 아니라 자아가 강화되는 데까지 이르는 것이 통찰이다. 이런 통찰의 형식은 치료가 필요하다는 것을 알게 되고, 질병에서 비롯되는 자신의 행동결과를 인식하는 등 여러 차원을 가지고 있다.

인식이나 앎의 수준이 매우 떨어지는 사람을 두고 '통찰불량(poor insight)' 혹은 '통찰결여(lack of insight)'라고 한다. 이외에 통찰을 원인과 결과를 연관시켜 규칙을 도출해 내는 의미로 보기도 한다. 정신은 통찰에서 구축되는 질서의 모델이다. 이때 정신의 사고는 두 가지 범주로 대별된다. 첫째, 나중에 활용할 수 있도록 통찰획득목표를 가지고 과거경험을 분석하는 것과 둘째, 결과를 예측하기 위해서 정신모델 속에 존재하는 통찰을 사용해서 미래 각본을 연습해 보는 것이다.

게슈탈트 심리학자들은 학습의 기본적인 행동형식으로 통찰을 강조한다. 문학을 매개로 하여 내담자의 심리 및 정서적 문제해결을 돕는 독서치료에서 통찰은 문제해결을 위한 마지막 단계로 볼 수 있다. 등장인물이 문제를 해결해 나가는 과정 및 방법을 관찰하여 얻은 결과물로 내담자가 스스로 깨달아 자신의 문제에 적용하여 자신의 동기 조성 및 욕구를 달성할 수 있는 카타르시스를 동반한 깨우침을 얻는 것을 독서치료에서의 통찰이라고 본다. 지각의 재조직화를 의미하는 통찰은 새로운 관계에 대한 깨달음이고, 축적된 경험을 통합하는 것이며, 자신의 재조직화를 뜻한다. 이 같은 통찰에 이르는 데는 세 가지 요소가 관여한다.

첫째, 지각이다. 지적 · 지각적 영역에서 나타난다. 문제를 풀기 위해서 여러 가지 요소를 살펴보고, 이 요소들 간에 놓인 숨겨진 관계를 지각하여 문제를 푼다. 이 때문에 통찰을 앞서 말한 '아하 경험(Aha-Erlebnis)'이라고도 하는 것이다. 이런 경험은 뜻하지 않은 상황에서 갑자기 일어난다. 상담장면에서는 내담자의 방어기제가 풀리고 내담자의 감정이 해방되는 순간에 흔히 볼 수 있다.

둘째, 자기수용이다. 내담자는 사회적으로 수용되지 않는 감정이나 이상적 자아와 일치하지 않는 자신의 감정이나 상태를 부정하려고 하거나 수용을 거부하기도 한다. 이때 내담자 자신의 축적된 경험을 통합하여 자기를 인식할 수 있으면 내담자는 하나의 게슈탈트로서 자신을 수용할 수 있게 되고, 이때 자신이 지니고 있는 감정 및 행동 등이 서로 인정되는 단계에 이르는 것이다.

셋째, 선택이다. 통찰은 현재 상태를 지각하고 수용하는 것에서 그치는 것이 아니라 더 나은 목표를 향한 적극적인 선택까지 포함한다. 이 셋째 요소로 통찰은 내담자를 위한 선택이 누가 대신해 줄 수 있는 것이 아니라는 한계를 인식하게 해 주고, 내담자는 그 한계를 수용하면서 미래를 위한 건설적인 선택을 하는 힘을 갖추게 되는 것이다.

시치료는 동일시의 원리, 카타르시스의 원리를 거쳐서 궁극적으로 이 통찰의 단계에 이르도록 내담자의 자아를 강화하고 내담자의 자기이해 증진을 도와 자신의 축적된 경험을 통합하도록 하는 것이다.

2 시치료와 상징

융은 우리의 콤플렉스가 가지고 있는 파괴적인 특성을 없애려면 콤플렉스가 산출하는 이미지와 증상을 상징적인 방식으로 해석해야만 한다고 강조하였다 증상적인 내용은 상징적으로 표현되는데 무의식적인 상태나 과정을 간접적으로 대변하기 때문이다.

융은 "상징은 그 본성이 아직 알려져 있지 않았기 때문에 다만 짐작될 수밖에 없는 무의식의 내용을 표현하는 가장 좋은 수단이다."라고 하였다. 또한 융은 상징을 정신적인 에너지의 요체와 이미지라고 하였다. 무의식은 의식이 미처 다 파악하지 못한 복합적인 내용을 의미의 연관에 따라서 통합적으로 드러내려고 하는데 상징 역시 두 가지 이상의 의미를 하나의 이미지 속에 담아서 한꺼번에 표상하기 때문이다. 상징의 어원은 그리스어(symbol)으로서 '같이 하다(symbolon)', '함께하다'의 의미를 가진 단어에서 파생된 명사인데 symbollo은 symbolon 원래 하나였지만 둘로 나누어진 물체를 나타내는 단어이다. 두 형제가 헤어질 때 도자기나 금속을 둘로 나누어 나중에 다시 만날 때 둘을 합쳐서 확인할 수 있게 했던 징표였던 것이다.

따라서 상징은 두 의미가 합쳐져야 비로소 그것이 본래 가리켰던 대상을 나타낼 수 있다. 상징은 상징하는 것과 상징되는 것이 밀접한 관계 속에서 하나의 전체적인 의미를 나타내는 것이다. 그래서 상징은 어떤 심층적인 의미를 나타내려고 할 때 다른 의미와 더불어 그 의미를 가리키게 되는 것이다. 상징이 이렇게 동시에 두 가지 의미를 담고 있는 것은 인식이 거부하는 실재를 표현하기 위해서이다.

상징의 두 번째 특징은 이미지로 되어 있다는 것이다. 상징은 눈에 보이지 않는 추상적인 실재를 표현하기 위한 시도이다. 상징은 눈에 보이는 형상을 통하여 눈에 보이지 않는 것을 나타낸다. 베르고트(Vergote)는 상징은 어떤 이미지를 가지고 있는데 이미지는 그것이 가지고 있는 특성 때문에 우리들의 지성을 가지고는 도저히 파악할 수 없는 어떤 것을 보여준다고 하였다.

상징이나 신화는 인간 무의식의 심층에서 나오는 것이다. 상징이란 하나의 이미지 속에 겉으로 드러난 그 이미지의 의미를 넘어서 또 다른 실재를 드러내는 수단이다. 기호와 상징은 모두 직접 제시되지 않은 어떤 것을 지칭하는 형식인데, 기호가 그 대상을 단순하게 가리키는 데 불과하다면 상징은 그 대상을 가리키는 데 그치지 않고 그것을 현존하게 하며 사람들로 하여금 그 대상에 참여하게 하는 것이다.

상징은 낯선 이미지를 통하여 그것과 전혀 다른 실재를 나타낸다. 그래서 상징은 사람들로 하여금 상상력을 불러일으키고 그 함축된 의미를 해석하게 한다.

정신병의 여러 가지 증상이나 꿈 이미지들은 무의미한 것처럼 보이지만, 그 안에는 모두 어떤 상징적인 의미를 담고 있다. 그 무의식적인 욕구를 드러내어 의식이 그것을 그의 정신에 통합시키기를 촉구하는 것이다. 그래서 멜랑콜리(melancholy)는 상징이 무의식적인 욕망의 투사상이며 종교의 중요한 의미를 담은 그릇이라고 주장하였다.

상징은 인간 무의식의 어두운 영역을 열어주는 열쇠가 되는 것이다. 또한, 상징은 이미지와 정동(emotion)의 복합체이기 때문에 사람들에게 의미와 힘을 동시에 전달한다. 즉, 상징은 그것이 표상하는 의미뿐만 아니라 그 속에 담긴 힘까지 전달하는 것이다.

인간의 감정은 상호작용을 불러일으킨다고 강조하였다. 상징이 가진 이러한 정동적인 측면은 시 분석에 매우 중요하다. 왜냐하면 시의 이미지들은 시를 읽는 독자에게 정동 체험을 하도록 하며 삶의 태도까지 변화시킬 수 있는 힘을 전달하기 때문이다.

상징의 이러한 특성 때문에 폰 프란츠(von Franz)는 설화나 꿈에 나오는 동물들은 그 동물들로 해석되어야 할 것이 아니라 하나의 상징으로 정신요소의 투사체로 해석되어야 한다고 주장하였다. 예를 들어서 꿈에 나타나는 호랑이는 진짜 호랑이가 아니라 우리의 내면에 있는 호랑이같이 사나운 탐욕을 나타낸다는 것이다. 무의식의 언어라고 할 수 있는 상징의 기능은 크게 네 가지로 볼 수 있다.

① 상징은 대상에 참여하게 한다

상징은 지칭이 되는 단순하게 대상을 가리키는 것이 아니고 그 대상에 참여한다. 앞서 말한 바와 같이 상징은 실재를 드러내고 현존화하기 때문에 상징은 가리키는 대상에 직접 참여하게 한다. 그래서 융은 상징이란 단순한 어떤 사실을 언급하는 것이 아니라 살아 있는 실재라고 주장하였다. 예를 들어 바위에 영험한 능력이 있다고 믿으며 비는 아낙네는 아들을 얻을 수 있으며, 신유의 은사를 간절히 바라며 기도하는 사람도 어느 순간 치유를 받는다는 것이다. 이러한 현상을 인류학자 레비 부륄(Levy Bruhl)은 무의식의 특성 때문에 생기는 신비적 융합이라고 불렀다. 신비적 융합이 일어날 때 사람들은 대상을 생생하게 느끼며 그것과 하나가 되는 깊은 체험을 한다. 신비적 융합을 하는 원시인과 현대인의 무의식에는 유사한 점이 많은데 그것은 모두 이미지를 중심으로 전 논리적이고 의미 연관에 따라서 이루어지는데, 상징은 인간의 그러한 정신구조에서 생긴다. 이러한 현상은 예를 들어 어머니에 대한 시를 읽고 쓸 때 어머니의 현존을 체험할 수 있다. 어릴 적 어머니이거나 돌아가신 어머니일지라도 어머니를 그 순간 체험할 수 있는 것은 상징의 대상 참여 기능 때문이다.

② 상징은 직관적으로 인식하게 한다

상징은 본래 인간의 논리적이고 사변적인 정신 기능에서 나온 것이 아니라 형상적이며 비 사변적인 정신 기능에서 나온 것이다. 그래서 상징은 사람들에게 분석이나 추리를 통해서 인식하게 하지 않고 직관적이며 즉각적인 인식을 하게 한다. 사람들이 어느 때 십자가를 보고 가슴이 뭉클해지며 그리스도의 희생과 하나님의 사랑을 느끼는 것은 상징이 가진 이러한 기능 때문이다. 상징은 우리가 그 의미를 파악하기만 하면 우리를 사로잡으며 그 속에 담긴 의미를 깨우쳐 주는 것이다.

이러한 사실을 미셀 멜랑은 "상징은 인간의 직관을 일깨우고 있다."라고 하였다. 이러한 상징의 기능은 우리가 어머니에 대한 시를 읽을 때 직관적으로 모성 원형이 인식되어 가슴이 뭉클해지면서 모성성을 느끼는 것과 같은 맥락으로 작용하는 것이다.

③ 상징은 인간의 정신세계에 다른 영역을 이어준다

상징은 두 개의 실재 사이를 이어주고 그 둘을 궁극적으로 통합시키는 기능을 수행한다. 의식과 무의식, 상상계와 실재계, 일상계와 태초, 사람과 사회 및 우주 사이를 이어주는 다리인 것이다. 상징은 일상계 속에 태초의 거룩한 시간이 담겨 있음을 보여준다. 상징은 무의식에 머물러 있던 내용들을 상징적인 이미지를 통해서 드러냄으로써 그 의미를 의식에 전달하려고 하며, 상상 속에 머물렀던 정신적인 내용들을 하나의 이미지를 통하여 이 세상에 실재하게 한다. 이렇게 두 실재를 이어주는 상징이 본래의 인간 내면에 있는 전체상을 투사한 것이기 때문이다.

사실 의식과 무의식 사이의 갈등은 상징을 통해서 해결된다. 상징이 그 안에 서로 대립되어 있는 두 가지 요소를 포용하고 있으며, 하나의 이미지로 나타내기 때문이다. 따라서 상징에는 서로 분열되어 있던 두 요소를 하나로 통합하여 전체성에 이르게 하는 치유의 효과가 있는 것이다. 따라서 융은 전체성을 나타내는 상징을 체험할 때 사람들은 종교 체험에서와 같은 누미노즘(numinosum, 신성력)을 체험한다고 하였다. 융은 상징이 무의식에서 비롯된 것이기 때문에 사람들을 영적인 세계로 이끌어 가며 우리의 영혼을 각성하게 하는 원형적 이미지를 드러내고, 내면적이며 무의식적인 실재를 표현하기 때문에 삶의 실존적 가치를 드러내 주며, 우리 삶의 진실을 계시하는 것이라고 한다. 예를 들어, 시 속의 어머니 상징은 어릴 적 나에게 상처를 준 어머니와 현재의 어머니, 돌아가신 어머니 혹은 무의식 속의 어머니 원형을 연결시킨다. 우리가 어머니에게 받은 상처를 긍정적인 어머니 원형으로 회복할 수 있는 것은 상징이 대상에 참여하게 할 뿐만 아니라 실재 어머니와 무의식 속의 어머니 원형을 연결시키는 기능이 있기 때문이다.

④ 상징은 인간의 삶을 변형시킨다

상징은 무엇이든지 그것을 다른 어떤 것으로 변형시키는 기능이 있다. 융은 상징이 어떤 말이나 행동이나 형상을 그것과 다른 어떤 것으로 변형시키면서 그 전보다 더 높고 광범위하며 인간을 초월하는 어떤 실재를 나타내는 도구가 된다고 하였다. 즉, 상징은 하나의 형상을 관념으로 변화시키고 그 관념을 이미지로 변형시킨다. 그런데 상징의 변형 기능 중에 가장 중요한 것은 정신적인 에너지를 변환시키는 기능인 것이다. 융에 의하면 상징이 만들어지면 상징은 실재의 대상으로부터 리비도를 벗겨내고 실제 대상에서 회수된 리비도는 상징으로 넘겨지게 된다고 하였다. 따라서 상징에는 많은 양의 리비도가 담기게 되는 것이다.

상징에는 본래 많은 에너지가 담겨 있으며 본능적인 에너지 대상과 유사한 대상을 만들어낼 수 있기 때문이다. 이에 해당되는 것을 만들어 내면 리비도는 승화되어 분출되면서 사람들의 정신적인 균형을 되찾아줄 수 있는 것이다. 따라서 융은 상징을 가리켜 정신적인 에너지를 변형시키는 기계라고 불렀다. 상징의 변환 기능은 리비도를 본래적인 곳으로 흐르게 하여 변환시키는 작용을 하는 것이다. 예를 들어서 어릴 적 상처받은 어머니 혹은 과도한 사랑으로 잡아먹힌 어머니에게서 분리되지 못한 낡은 리비도를 모성 원형 속의 건강한 어머니상으로 흐르게 하여 변환시키는 것이다. 이러한 리비도의 변환은 인간의 정신을 변환시키고 삶을 변환시키는 것이다.

우리가 시를 읽고 쓸 때 내면 무의식의 이미지가 떠오른다. 이것은 융이 말하는 눈 뜨고 꾸는 꿈과 같은 것이다. 꿈은 무의식이 의식에게 전달하는 편지라고 했는데, 우리는 눈을 뜨고서 무의식의 이미지를 접할 수 있는 것이다. 이러한 이미지는 시가 가지고 있는 상징으로 우리의 의식에 전달되고 통합되는 것이다. 즉, 상징이 가지고 있는 기능이 발휘되면서 의식과 무의식, 상상계와 실재계가 이어지는 것이다. 우리가 내면의 갈등을 시로 표현할 때 상징을 통해서 해결된다. 어린 시절 부모로부터 받은 상처가 무의식에 억압되어 있을 때 그것을 시로 형상화시키고 화해 조정을 거치는 작업을 통해서 치유를 이루는 것과 같은 이치인 것이다. 또한 시가 가지고 있는 고유한 특성 중 하나인 상징을 경험할 때 우리 내면의 리비도가 승화되면서 정신적인 에너지는 변형되고 균형을 되찾게 되는 것이다. 이러한 정신적인 작업은 우리가 온전함을 향하여 발걸음을 옮기는 것이다. 즉, 개성화로 향하는 것이다. 프로이트가 말한 치유의 개념을 융은 개성화라고 불렀다.

3 시치료와 콤플렉스

1) 시치료와 콤플렉스의 분화

상담이 언어를 매체로 하여 내담자가 제기한 문제를 해결하는 방향으로 진행된다면 융의 분석심리학은 언어뿐만 아니라 다양한 매체를 활용하여 무의식의 내용을 의식화하는 과정을 통해 이루어진다. 융 심리학을 배경으로 하는 심리치료의 원리는 정신분석학과 마찬가지로 개인사뿐만 아니라 무의식의 내용을 탐색한다. 내담자가 알고 있는 내용뿐만 아니라 아직 발견되지 않은 심리적인 내용까지 분석함으로써 고통의 근원과 배경 및 그 의미를 살핀다. 분석심리학의 최종 목표는 질병의 원인이 되는 무의식의 내용을 의식화함으로써 내담자 스스로 개성화의 길을 가도록 돕는 작업을 하는 것이다. 융에 따르면 치료의 목표는 자아의식을 강화시킴으로써 무의식의 내용을 의식에 통합시키는 것이다.

무의식의 의식화는 개인무의식뿐만 아니라 집단무의식의 내용도 의식에 통합하는 과정이다. 융은 치료자가 목표를 갖기보다는 환자 스스로 치료 목표를 갖기를 원한다. 그것은 자기 자신의 본성과 삶의 의지를 가장 잘 알기 때문이라고 말하고 있다. 다른 사람에게는 잘 맞는 신발이 나에게는 꽉 낄 수 있는 것처럼 모두에게 보편적인 처방은 없다고 말한다. 이것은 의식의 주체인 자아가 무의식에 내재된 자율적 콤플렉스를 발견하고 건강한 관계를 맺게 되면 심리적인 고통이 줄어들게 된다는 것이다.

콤플렉스와 원형은 융 심리학의 가장 중요한 개념 중 하나이다. 보통 콤플렉스를 열등감과 동일시하는데 콤플렉스는 열등감처럼 우리를 난처하게 할 수도 있는 정신요소이지만 열등감은 아니다. 사람들은 콤플렉스를 자극하는 요소들이 나오면 자아를 통제할 겨를 없이 실언이나 실수, 실책을 하게 되는 것이다. 신경증이나 정신병 증상들은 모두 콤플렉스의 통제되지 않은 자율성으로부터 나오는

것이다. 콤플렉스가 의식될 때 사람들은 불쾌하게 생각하고 이렇게 불쾌한 감정을 행동 양식으로 나타난다. 이것을 병리적이라고 할 수는 없다. 콤플렉스가 노이로제나 히스테리 같은 병리적인 특성을 가지는 이유 중 하나는 강한 노력과 억압 같은 방식으로 콤플렉스를 처리하려고 하기 때문이다.

콤플렉스 심리학의 주된 활동인 무의식적인 내용의 의식으로의 통합은 주관적인 자아의식의 독재를 제거하고 그것에 무의식적인 집단적 내용을 대립시키는 만큼 근본적인 변화를 의미한다. 융은 콤플렉스는 하나가 아니라 다양하다고 말한다. 주의 깊게 살펴보면, 어린 시절 최초의 경험에 근원을 둔 상대적으로 몇 개 되지 않는 전형적인 원형적 패턴을 찾아볼 수가 있다고 한다. 즉, 앞서 말한 바와 같이 어린 아이가 부모의 양육 과정에서 받은 상처가 정신구조에 영향을 미치고 성인이 되어서도 지속적으로 문제를 일으키는 현상이 발생되는 것이다.

이러한 콤플렉스를 의식화하기는 매우 어려운 일이다. 그러나 융은 시를 쓰면서 원형 집단무의식의 상이 떠오르고 시를 쓰는 당사자는 자신도 모르는 무의식에 다가간다고 보았다. 시치료는 주로 시를 상담의 현장에서 사용한다. 시가 가지고 있는 고유한 특성인 이미지 상징은 우리의 무의식에 접근을 용이하게 할 뿐만 아니라 그 안에 억압된 모습을 드러내어 개인이 그 무의식을 이해하고 수용하도록 도와준다. 그리하여 참여자가 그 억압을 극복하고 자아는 문학적 표현의 형상에 따라 낯선 내용을 검증하고 통합한다.

시를 읽고 쓰면서 무의식의 상이 떠오르고 콤플렉스를 이루는 무의식적인 내용이 자아에 통합될 때 우리가 말하는 치유를 경험한다는 것이다.

2) 콤플렉스 분화와 감정과 신체의 치유

융은 콤플렉스 경험에 대하여 기억의 모든 부분을 망라하는 큰 덩어리는 명확한 감정적 색조, 살아 있는 감정, 초조함, 분노, 우울, 공포, 불안 등을 가지고 있으며, 그것은 스스로 나타나거나 다른 것과 결합되어 나타나거나 간에 언제나 이 감정적 색조를 동반한다고 말한다.

여기에서 콤플렉스가 다른 사람의 말이나 행동에 자극을 받으면 그에 따라서 반응하는데, 이것은 정확히 일상적 심리 활동과 부합된다고 하였다. 우리의 의식이 콤플렉스의 징후를 이해할 수 없다면 콤플렉스는 자율적으로 제어 불가능한 강제성을 띠면서 심리 분열을 조장하고 심리 활동을 저해한다는 것이다. 즉, 무의식 속에 콤플렉스의 살아 있는 감정을 인식하지 못하면 콤플렉스는 우리의 삶과 신체에 영향을 미치는 것이다.

사람에게 무의식인 공포나 분노는 끊임없이 인간의 심장, 신장, 다른 모든 기관에 영향을 미칠 수 있다. 거짓말 탐지기는 정확히 이 원리에 근거하여 작용하면서 인간이 감추기를 원하는 기억들에 대한 신체 반응을 기록한 것이다. 의학적인 거짓말 탐지기는 화를 내거나 두려워하고 있다는 것을 알려고 하지 않는 환자들에게서 이와 같은 동일한 반응이 나타나고 있음을 알려준다. 만일 강한 분노나 공포, 두려움, 불안 등이 지속적으로 야기된다면 몸의 다른 기관들은 손상될 수밖에 없는 것이다. 몸이 끊임없이 감정의 분출구로 잘못 사용될 때 다른 기관들을 손상시키는 화학성분이 생성되고, 스트레스 등이 심장과 뇌에 돌이킬 수 없는 손상을 입히는 것이다.

의사들은 오래전부터 질병이 불안이나 그 밖의 감정적인 갈등으로부터의 도피 수단일 수 있다고 보았다. 환자에게 있어서 신체적인 질병이 심리적으로 필연적인 것처럼 보이는 많은 사례가 보고되고 있다. 그런 환자들은 심각한 병을 스스로 개발함으로써 신체적인 치유에 반응한다. 이러한 현상은 전환 반응이나 질병으로 알려져 있다. 왜냐하면 정서적인 어려움이 신체적인 병으로 전환되었기 때문이다. 한 사례에서 치료해도 나아지지 않고 심한 두통을 앓던 젊은 여인이 자신의 두통이 가족을 부양하던 오빠가 결혼하려 하는 것을 반대하는 심리적인 표현인 것을 깨닫는 순간 회복되었다. 이러한 사례는 수없이 보고되고 있다.

뿌리 깊은 부정적 감정은 인간에게 질병과 죽음을 가져다줄 수 있다. 프로이트는 정서적 상태의 신체적 결과를 보여주고 신체적 질병들을 유발시킨 신경증이 해결될 때 신체적 질병이 사라질 수 있다는 것을 보여준 최초의 사람들 중한 명이다. 플랜더스 던바(Flanders Dunbar) 박사는 프로이트학파의 학술지에 실린 사례를 소개하였다.

바세우도병(갑상선 기능 항진증, 그레이브스병)에 걸린 여자를 수술하려 할 때 환자가 심한 불안과 긴장을 보이자 정신과 의사에게 먼저 불안을 치료받게 하고 몇 개월 후에 돌아왔을 때 그녀는 불안감뿐만 아니라 바세도우병까지도 치료되었다. 심리학자들과 의사들은 환자들의 긴장, 불안, 공포, 죄책감 등이 새로운 목표로 변화되고 개인이 현실에 성숙하게 적응하였을 때 신체적 질병 상태에서 일어나는 놀라운 변화들을 목격하였다.

이처럼 현대에서 감정과 신체와 밀접한 상관관계가 있다는 것이 의학에서 속속 밝혀지고 있다. 정신과 의사이며 심리학자인 융과 프로이트는 어떠한 상관관계로 보았는지 살펴보면 프로이트는 인간의 무의식적이고 자율적인 내용이 의식적인 태도 간에 일어나는 갈등이 그 이유를 알지 못한 채 끊임없이 인간을 혼란에 빠뜨린다고 하였다. 이러한 내용들을 의식하지 못하기 때문에 신경증과 그 밖의 심한 심리적인 질병의 원인이 된다고 보았다. 무의식적인 내적 긴장의 결과로 절도, 싸움, 감정적인 격분과 극단적인 행동, 불안, 두려움, 실망 등 신체적인 반응과 행동을 일으킨다고 하였다. 이러한 환자들은 어린 시절의 억압되고 가슴 속에 간직된 관념, 감정, 정서들에 의해 조정된다는 것과 이러한 갈등은 성적인 것과 관련되어 있다고 하였다. 환자가 이러한 것을 인식하고 의식적으로 다루는 법을 알면 더 이상 파괴적인 긴장이나 신경증 및 신체적 질병에서 자동적인 보상은 하지 않는다고 하였다.

융은 신체적 상해는 상한 감정들과 마찬가지로 빈번히 내적 갈등을 반영한 것일 수 있으며, 부러진 다리는 심리적인 고통의 표시일 수 있다고 하였다. 오늘날 인간의 내적 감정, 즉 무의식적인 감정은 몸에 가장 큰 부정적인 영향을 끼친다고 보았다. 분노, 공포, 불안, 죄책감, 자기중심성, 이기주의 등의 파괴적인 반응들은 콤플렉스(complex)라고 밝히고 있다. 또한, 던바 박사는 "순수한 심리적인 질병이나 순수한 신체적 질병 같은 것은 없으며 살아 있는 유기체 안에서 정신적인 것과 신체적인 것의 하나로 결합되어 있다는 사실에 비추어 볼 때 의미 있는 생생한 사건만이 존재할 뿐이다."라고 말하였다.

융은 무의식을 통해 개인의 삶과 의식에 직접적인 영향을 미치는 심리적 실재의 방대한 체계와 접촉한다고 하였다. 무의식적인 정신이 의식적인 정신을 초월해 있고 그 내용들은 뒤쪽으로는 정신을 생리적인 상태와 연결시키고 앞쪽으로는 한편으로는 원형에 의해 다른 한편으로는 무의식 속에서 시간과 공간의 상대성에 의존해 있는 의식적인 개념들에 의해 조건화된 직관들에 의해 확산된다고 하였다. 즉, 융은 무의식을 통해 인간의 의식보다 우월한 객관적인 실재와 접촉할 수 있다는 것이다. 융도 프로이트와 마찬가지로 정신과 몸이 하나로 연결되어 있다는 관점을 고수하였다. 따라서, 많은 경우에 신체적 질병은 심리적 상태를 닮고 있는 것처럼 보인다. 그러나 융은 무엇이 원인이고 무엇이 결과인지 알기가 어렵다고 했다. 융은 신체적 질병과 심리적 장애 사이에는 분명한 관계가 존재하고 있으며 이러한 관계의 중요성은 일반적으로 과소평가되고 있다고 하였다.

융은 신경증 환자가 콤플렉스의 직접 원인이 되는 갈등과 직면하지 않으면 해결되지 않는다고 하였다. 감정적 색조를 띠고 감정적으로 살아 있는 콤플렉스의 의식화가 되면 무의식적인 갈등이 드러난다. 환자에게 두 개의 갈등이 있다면 그 하나를 피하기 위하여 둘 중 하나를 억압하고 차단해 온 것이다. 이런 방법으로 그 실제의 갈등이 주는 고통을 피하였지만 대신에 허위의 문제로 고통을 받는 것이다. 즉, 모든 정신병과 신경증의 징후로 환자는 고통을 받는 것이다. 콤플렉스 구조 안에 붙어 있는 소화되지 않고 받아들여지지 않는 갈등 요소로 신경통적 요소를 구성한다. 그러나 융은 고통은 병이 아니다. 그것은 행복의 절대조건이다. 콤플렉스는 우리가 그것을 가지고 있지 않다고 생각할 때만 병리학적 요소가 된다고 말한다.

융은 인간이 무의식을 망각하고 의식적으로 그의 삶을 외적인 것들에 지향시킴으로써 무의식과의 모든 관련성을 깨뜨리고 무의식의 상징적이고 신화적인 의미를 회피하고 살려고 할 때 그 사람은 일반적으로 병에 걸리는 것을 발견하였다. 융에 의하면 무의식 속에는 부정적인 요소들뿐만 아니라 창조적이고 치유적인 요소들이 포함되어 있다고 한다. 무의식의 다양한 원형적인 내용들은 양면적인 것이다. 즉, 개인이 어떻게 선택하느냐에 따라서 파괴적이거나 창조적인 것이 되는 것이다. 영원한 아이 원형의 긍정적인 면과 부정적인 면이 함께 하는데, 우리가 어떠한 것을 선택하느냐의 문제인 것이다. 부정적인 면이 나타나면 감정을 제어하지 못하고 충동적이며 신경증에 시달릴 것이고, 긍정적인 면을 따르면 우리는 창조적이고 미래적인 삶을 살아가는 것이다. 융은 무의식의 창조적이고 삶의 회복적인 면을 강조하였는데 환자가 무의식 속의 내용들과 관계를 맺고 이해하기 시작할 때 그의 생애에 놀라운 변화가 일어나는 것을 발견한다. 이러한 것은 치유뿐만 아니라 보다 큰 창조성과 넓은 인식의 전환을 가져오는 것이다.

프로이트와 융의 콤플렉스에 대한 개념과 주장은 일치한다. 그러나 프로이트에게는 콤플렉스가 항상 부정적인 성격을 띠고 나타난다. 프로이트는 콤플렉스가 분리될 수 없도록 개인의 사생활에 연결되어 있으며, 유아기 부정적 정서 경험에 뿌리를 내리고 있어서 무의식이 되고, 분열되고 억압된 옛날의 경험에서 자유로울 수 없으며, 의식의 습관적 상태와 서로 양립해서 있을 수가 없다고 하였다. 그러나 융은 그러한 것을 뛰어넘어서 다른 것을 덧붙인다. 융은 콤플렉스를 병보다 더 강렬한 건강의 원천으로 본다. 융은 경험적으로 볼 때 콤플렉스는 무한히 다양하다. 그러나 그것을 주의 깊게 비교해 보면 어린 시절 최초에 경험을 둔 상대적으로 몇 개 되지 않는 전형적인 원형의 패턴을 찾아볼 수 있다고 말한다. 즉, 개인무의식을 넘어선 집단무의식에 속한 콤플렉스의 긍정적이고 치유적인 측면을 이야기한다. 프로이트가 콤플렉스들을 의식화함으로써 원초적인 마음의 상태를 완전하게 극복할 수 있다고 믿은 반면, 융은 콤플렉스의 일부분만을 해결할 수 있다고 생각한다. 정신의 구조 속에서 집단무의식에서 추출되는 자질은 결코 병리학적인 것이 아니고 개인무의식에서 비롯된 것만이 병리적인 대상이 된다는 것이다. 예를 들면, 모성 콤플렉스에서 개인적인 어머니와 대면하면 자신에게 상처를 준 실재적인 어머니와 대면하는 것이지만 모성 원형과 대면하면 모성 원형의 긍정적인 면인 생산성, 인내, 포용성, 양육과 보호 본능으로 인간을 성장시키는 면을 신화나 민담이나 꿈 등을 통하여 상징적으로 경험할 수 있는 것이다. 부성 콤플렉스에서 실제 부자간의 문제가 자신의 아버지가 죽기를 바라는 마음이나 공격과 복수가 더 이상 개인적인 견지에서 인식되지 않고 아버지와 관계없는 문제, 즉 모든 사람의 신화와 민담 속에서 발견되는 늙은 아버지인 임금을 죽이고 그 아들이 왕관을 아들이 이어받는다는 식의 문제로 하나의 지배적인 의식의 원천으로 인식된다는 것이다. 이러한 내용물들이 분화될 때 콤플렉스의 해로운 영향이 창조적으로 제거된다는 것이다. 결국 콤플렉스의 내용물이 이해될 때 더 이상 그 내용물에 압도당하는 일은 일어나지 않는다는 것이다. 콤플렉스는 무의식의 내용물을 의식화하고 삶을 새롭게 하며 향상시키는 원천이 되는 것이다.

융이 말한 바와 같이 개인무의식에 속한 콤플렉스의 내용들은 무의식적인 내적 긴장을 초래하고 감정적 색조를 띠고 다른 사람의 말과 행동에 반응하는데, 그 결과로 절도, 싸움, 감정적인 격분, 극단적인 행동, 분노, 공포, 불안, 죄책감, 자기중심성, 이기주의 등의 파괴적인 반응들을 일으킨다. 우리의 신체는 정신과 연결되어 이에 심리적으로 부합되는 현상을 보이면서 신경증 등의 신체적 반응을 일으킨다. 그러나 무의식 속에 속한 콤플렉스의 내용물이 의식화되면서 분화될 때 파괴적 긴장이 사라지고 몸과 마음이 치유되고 변화하는 것이다. 집단무의식에 속한 원형들의 긍정적이고 창조적인 측면은 우리의 삶에 균형을 찾아주며, 창조적이고 미래적으로 변화하게 하는 것이다.

4 시치료와 개성화

융은 우리가 콤플렉스를 가지고 있는 것이 아니라 콤플렉스가 우리를 가지고 있다고 말한다. 콤플렉스에 사로잡혀 있으면 자신을 구별할 수 없다는 말이다.

콤플렉스를 분화한다는 것은 매우 어려운 일이다. 그것은 곧 인격 성숙의 중요한 과제이며 개성화로 이어지는 것이다.

콤플렉스와 개성화는 맞붙어 있기 때문이다. 융은 의식과 무의식을 통합하는 과정을 개성화 과정이라고 불렀다. 개성화란 우리의 인격이 더 이상 분화할 수 없게 되는 경지에 도달하는 것이다. 분석심리학에서 정신치료방법론은 인간 정신의 온전함을 이루기 위한 몇 가지 단계들로 개성화라고 부른다. 개성화란 자기를 실현하는 것이다. 개인의 의식 안에 반영된 외부 세계의 요구와 집단무의식 안의 원형적 상징들에 투사된 내부 세계의 요구가 균형을 이루면서 건강하고 성숙한 인격으로 되는 것이다. 그렇다고 해서 개성화가 성인군자를 만드는 과정이 아니다. 오히려 특별하다기보다 더 평범해지는 것을 의미한다. 개성화가 의미하는 것이 완전해지는 것이 아니라 온전해지는 것을 의미하기 때문이다. 결국 개성화는 인간 정신에 감추어진 나를 찾는 것이며, 무의식의 어떤 내용 그림자, 아니마, 아니무스, 원형, 콤플렉스 등이 의식화되는 것을 의미한다. 개성화의 과정의 과정은 다음과 같은 과정을 거치는데 순차적으로 진행되는 것은 아니다.

먼저 페르소나(persona)에서 자아를 분리하는 단계가 선행되어야 하며 그다음 무의식의 의식화 단계를 거쳐야 한다. 그동안 의식하지 못하고 있던 그림자를 인식하고 아니마 · 아니무스를 의식화하며 자기의 메시지를 듣고 자기 전체로서의 삶을 구현해 나가야 한다. 이러할 때 진정한 개성화가 이루어진다.

1) 자아와 그림자의 통합

융은 우리의 정신에 자아와 그림자가 있다고 주장하였다. 자아는 인간의 모든 정신 활동을 집행하는 주체로서 정신의 가장 중요한 요소인데 '나는 어떤 존재이다'라고 생각하는 내용이 하나의 핵으로 작용하여 그와 관계되는 요소를 불러 모아 형성한 일종의 콤플렉스이다. 즉, "나는 자아라는 말에서 의식 영역의 중심을 이루는 하나의 콤플렉스를 기대하고 있다. 자아는 내가 보기에는 자신에 대해서 높은 수준의 계속성과 정체성을 지니고 있는 것이다.” 따라서 이 세상에 나로 존재할 수 있는 것은 자아가 있기 때문이다. 자아의 중요한 작용으로는 사람들로 하여금 그들에게 주어진 환경에 적응하게 하고 인격 발달의 주체가 되며, 그의 내면에 있는 콤플렉스와 원형이 의인화되어 나타나는 무대의 역할을 하는 것이다. 그러나 자아의 활동은 어디까지나 의식의 범위를 벗어나지 못하며 의식의 대부분을 차지한다. 그래서 융은 자아를 의식과 동일시하여 자아의식이라고 불렀고, 자아(ego-consciousness)를 정신 전체의 중심이라고 생각하는 것을 경계하였다.

사람들에게 있어서 자아는 긍정적인 요소로 이루어져 있다. 자아이상 때문에 자신의 정신 내용 가운데 열등하고 부정적인 요소들을 자아에서 몰아내는 것이다. 따라서 한 사람의 정신을 이루고 있지만 자아에 포함되지 못한 내용들은 그림자라는 또 다른 구성 요소를 만들게 된다. 그림자는 사람들에게 불쾌하고 비난받을 만한 생각이나 감정을 불러일으키고 우리의 삶에서 문제를 일으킨다. 융은 이렇게 자아가 동일시하기를 거부하여 무의식으로 쫓아낸 요소들을 그림자라고 불렀는데, 그것은 자아가 정신 에너지의 밝은 빛을 받고 있는 것과 달리 그림자에는 정신 에너지가 빛을 받지 못하기 때문이다. 우리의 내면에서 일렁거리는 이기주의, 정신적 태만과 불성실, 비현실적인 공상들, 책략과 모략, 부주의와 비겁, 돈과 재산에 관한 과도한 소유욕 등 우리들이 자아의식에서 나 자신이 그렇지 않다고 동일시하지 못한 요소들이 우리 인격의 그림자를 구성하고 있다. 우리 인격의 일부인 그림자를 무시하거나 부정해 버릴 수 없다. 그러면 그림자는 아무도 보지 않는 곳에서 나의 전체를 사로잡아서 나의 인격 전체가 그 부분 인격의 실현 장소가 되거나 투사를 통해서 다른 사람들에게 부어져 우리의 삶에 많은 어려움을 가져온다. 그림자는 열등한 것만은 아니다. 우리가 배척했기 때문이다. 우리는 그림자를 미워하고 싫어하기보다는 그 존재를 인정하고 받아들여야 한다. 그때 그림자에서 부정적인 특성은 엷어지고 우리의 인격은 그만큼 폭넓어질 수가 있다. 그림자를 억압하지 않고 관심의 중심에 놓이면 그림자는 긍정적인 에너지로 변환될 수 있다. 그림자의 이미지는 우리가 가지고 있는 무의식의 내용이다. 우리가 시를 읽을 때 무의식의 내용이 떠오를 수 있다.

2) 페르소나와 아니마 · 아니무스

페르소나(persona)와 아니마 · 아니무스(anima · animus)는 우리 인격의 또 다른 쌍을 이룬다. 페르소나란 사람들이 사회적인 동물로서 행동할 때 그가 취하는 행동 양식을 말한다. 그 사람의 밖으로 드러난 인격, 사회적 인격을 말하는 것이다. 페르소나는 본래 연극을 할 때 그 역할을 맡은 배우가 썼던 가면을 의미한다. 우리가 사회생활을 할 때 어느 정도 우리의 내면의 욕구나 감정을 억제하고 사회에 적응할 필요가 있기 때문에 그렇게 불렸다. 융은 페르소나는 참다운 개성이 아니라고 말한다. 어떤 사람이 무엇으로 보여야만 하는가에 대하여 개인과 사회가 타협하여 얻은 결과이다.

페르소나는 집단정신의 가면일 뿐이라고 한다. 페르소나는 사람의 전인격의 본질적인 측면이 아니라 남들이 만들어 준 것, 즉 남에게 보이는 나일 뿐이다. 페르소나가 가상이기는 하나 인간이 집단 속에서 살아가는 데 필요한 것이며, 가정과 사회 교육을 통해 건전한 페르소나를 강화하는 것은 필요하다. 소아기와 청소년기에 이르기까지 페르소나의 형성은 인격 발달에 중요한 과제이다.

이것이 제대로 형성되지 못할 경우 타인과 사회에 대한 아무런 고려도 하지 않고, 기분에 따라 충동적으로 행동하는 사람이 되기 쉽다. 그러나 페르소나를 절대시하여 자아가 페르소나와 동일시되는 경우에도 문제가 생긴다. 이런 경우 자아는 내적인 정신세계와 관계를 상실하여 진정한 자기 자신과 멀어지게 되는 것이다. 이런 자기 소외가 극도에 이르면 인격의 해리가 생기고 각종 신경증적 장애를 나타내게 되는 것이다. 그렇다고 해도 페르소나가 버려야 할 것은 아니며 자아와 구별하는 것이 필요한 것이다.

자아는 자신만이 고유하게 느끼고 생각하고 자신만이 갈 수 있는 내면의 세계로 인도하는 주체이다. 자아가 의식적 인격의 주체라면 페르소나는 사회적 적응을 위한 외적 인격인 것이다. 자아가 어느 정도 일관성을 지닌 개인성인 반면, 페르소나는 적응 혹은 임시적이며 변화 가능한 집단적 인격이다. 페르소나는 개인적인 편의를 도모하기 위한 일종의 기능 콤플렉스이다. 현대 사회에서 급속도로 증가하는 자살 현상은 자아와 페르소나 사이의 구별이 없을 때 주로 발생한다. 사회적 지위와 체면과 자신의 전문 영역이 무시당했다고 느낄 때 존재감을 상실해 자살로 이어질 수 있다. 이처럼 사회적 인격인 페르소나가 자아를 대신할 때 자아의 기능이 상실되는 것이다. 집단의 이상을 대변하는 페르소나와 의식의 주체인 자아가 건강한 관계를 이룰 때 삶은 풍요롭게 되는 것이다.

아니마 · 아니무스 역시 집단무의식 속에 있는 원형의 일종으로 인류가 여태까지 다른 성들과 가졌던 경험의 소산이며, 특히 한 개인에게 있어서는 자신의 이성 부모에게 받은 영향이 그 내용을 주로 결정한다. 인간의 내적 인격이 다른 성으로 나타나는 것은 매우 의미심장한 일이다. 따라서 각기 내면의 성을 발달시켜 인격을 원만하게 발달시켜야 하는 것이다.

남성의 아니마는 꿈이나 환상에서 주로 여성으로 인격화되어 나타나며, 여성의 아니무스는 주로 남성으로 인격화되어 나타난다. 따라서 남성의 아니마는 대체로 여성에게 투사되며, 여성의 아니무스는 남성에게 투사되어 나타난다. 아니마가 투사된 대상은 현실적인 여성으로 인식되기 쉬우나 아니마는 실제 여성이 아니고 무의식에 내재된 남성 안의 여성인 것이다. 현실적인 여성과 분명히 다름에도 불구하고 남성의 영혼은 여성적인 성향을 여성의 영혼은 남성적 성향을 띤다는 것이다.

융은 아니마는 남성 안에서 발견되는 원형이기 때문에 그에 버금가는 원형이 여성에게 현존할 수밖에 없는 것이 당연하다. 남성은 여성적 요소에서 보상받고 여성은 남성적 요소에서 보상을 받는다. 아니마 · 아니무스를 경험적으로 포착하기 위해 길고도 다양한 경험이 요구된다고 말하고 있다. 아니마는 남성의 내적 인격, 즉 영혼의 대변자로 남성의 행동이나 사고에 다양한 영향을 끼친다. 남성에게는 아니마가 여성에게는 아니무스가 내적 인격으로 작용하여 인격의 성숙을 유도한다.

이러한 아니마 아니무스의 성향은 이성의 부모에게 영향을 받는다. 즉, 남성은 어머니에게 여성은 아버지에게 영향을 받는 것이다. 아니마는 남자아이에게 천부적으로 부여된 여성상으로 처음에는 개인적인 어머니와 동일시되거나 성장과정에서는 다른 여성, 딸, 누이, 연인, 여신 등으로부터 경험된다.

융은 아들의 경우에 아니마의 투사를 만들어 내는 요인은 어머니상과 동일시된다고 한다. 이것은 결과적으로 실제 어머니로 대치된다. 그 투사는 아들이 자신의 정신 영역에서 어머니뿐만 아니라 누이, 사랑하는 사람, 하늘의 여신, 그리고 지하의 여신 바우보(Baubo)에 대한 상이 있다는 것을 깨달을 때 비로소 해소될 수 있다고 말한다. 모든 어머니와 사랑하는 사람들은 남성의 가장 깊은 실재와 일치하는 상이 있다는 것이다. 그리고 어머니라는 이미지는 아들에게 가장 위대한 환상가, 유혹자로 나타나며, 놀랄만한 성공과 파멸, 희망과 절망 등 상호 균형적인 양가적 삶으로 인도한다는 것이다. 왜냐하면 그녀는 가장 위대한 위험요소로서 남성에게 가장 위대해지기를 요구하기 때문이라는 것이다. 융은 아들의 아니마는 어머니의 엄청난 힘 속에 붙들려 있고, 흔히 일생 동안 감상적인 유대를 남기고 남성의 운명을 심각하게 침해하거나, 반대로 대담한 행동을 하도록 부추긴다고 말하고 있다. 원형으로서 아니마는 남성의 삶 속에서 다양하고도 광범위하게 사고, 태도, 정서 등에 영향을 미친다. 원형들은 행동의 근거를 위한 체계이면서 동시에 이미지이며 감정들이기 때문이다, 이처럼 뇌 구조 속에 전수된 원형들은 뇌의 정신적 측면을 대변한다.

융은 아니마가 태고로부터 나오며 살아 있는 체계 속에 새겨진 유전물이며, 조상 대대로 여성과 가진 모든 경험의 원형이며, 여성에 대한 모든 인상의 침전이자 물려받은 심리적인 적응 체제라고 하였다. 따라서 남성 전체의 본질은 정신적으로나 육체적으로 여성을 전제로 할 수밖에 없으며, 남성의 체계는 선험적으로 여성에게 초점을 맞추게 되어 있다는 것이다. 여성은 남성이 알지 못하는 정보의 샘이며 남성에게 영감과 예감능력과 감정을 발견할 수 있게 해 주는 존재라는 것이다. 여성의 뛰어난 예감 능력은 종종 남성에게 유익한 경고를 해 줄 수도 있다는 것이다.

폰 프란츠는 아니마를 막연한 여러 가지 느낌과 기분, 즉 예전적인 육감, 비합리적인 것에 대한 감수성, 개인적인 사랑의 능력, 자연에 대한 느낌 그리고 무의식과의 관계 등과 같은 남성의 마음에 숨어 있는 여성적인 심리적 경향들이 인격화된 것이라고 하였다. 아니마는 꿈, 상상, 환상 속에서 인격화되어 나타난다. 아니마는 그 자체로 자신을 드러내지 않으며, 그 심리적인 작용은 원형적인 이미지나 동기를 통해 드러난다. 즉 신화, 전설, 민담 등을 통해 드러나는데, 시를 통한 상징으로도 드러날 수 있는 것이다. 아니마로 대변되는 신화 속의 인물과 이미지를 통해서 그 인격화된 모습을 살펴볼 수 있는 것이다.

그러나 아니마가 개별적으로 나타날 때 그 개별 아니마의 특성은 어머니에 의해서 결정된다. 융은 모성 이마고(imago)에 의해서 아니마가 결정된다고 하였다. 폰 프란츠는 어머니로부터 부정적인 영향을 받았을 때 나타나는 부정적 아니마의 현상들을 세 가지로 이야기하였다. 첫째, 쉽게 흥분하고 우울하고 변덕스럽고 불안하고 쉽게 감동한다. 둘째, 모든 것의 가치를 깎아내리기 위해 심술궂고 악의에 찬 비방을 한다. 셋째, 색정적 환상의 형태를 취한다. 이런 것은 아니마의 거칠고 원시적인 측면이다. 즉, 삶에 대한 어린아이 같은 단계에 있을 때 더욱 강박적인 것으로 나타난다는 것이다.

또한 폰 프란츠는 아니마의 긍정적인 영향에 대해서도 이야기한다. 첫째, 남자들로 하여금 올바른 결혼 상대자를 찾게 해 준다. 둘째, 남자의 논리적인 마음이 무의식 속에 숨어 있는 사실들을 분별할 수 없을 때 아니마는 그것을 찾을 수 있게 도와준다. 셋째, 남자의 마음을 올바른 내적 가치와 합치하여 보다 깊은 마음의 길을 열어주는 역할을 한다고 하였다.

융은 부정적인 아니마에 사로잡히지 않는 방법을 세 가지로 말하고 있다. 첫째, 남성 안에 있는 여성성을 개발하여야 한다는 것이다. 아니마의 긍정적인 특질인 인간관계적이고 사랑 중심적인 에로스(eros)를 발달시키는 것이다. 둘째, 모성 아니마로부터 분리하는 일이다. 융은 모성 이마고에 사로잡히면 삼켜버리는 어머니와 아들의 관계로 된다고 하였다. 아들의 에로스는 어린이처럼 수동적이고 붙잡아 주고 감싸주고 늘 양육해 주고 보호받는 것을 찾아 헤매는 것이다. 아들은 바로 그 유아적 상태에서 굴복하고 어머니는 아들에게 행복마저 강요한다는 것이다. 셋째, 아니마를 의식화하는 것이라고 말한다. 즉, 아니마의 변덕스럽고 감정적인 여성적 인격을 인정하고 그 인격과 상상하면서 그녀와 대화를 나누는 것이다.

아니마 · 아니무스 투사는 오로지 이성과의 관계 속에서 작용한다. 내면에서 아니마 · 아니무스가 나타나는 것은 페르소나와 동일시하지 말라는 신호인 것이다. 우리 안에 영혼이 존재하며 그 영혼은 항상 우리의 전체성을 지향하고 있는 것이다. 우리의 영혼의 인도자로 나타나는 것이다. 아니마 · 아니무스가 의식되어 분화되지 못할 경우 그것들은 부분 인격이기 때문에 열등감으로 나타나게 된다. 아니마 · 아니무스가 인간의 인격에 열등한 남성, 열등한 여성으로 나타나 사람을 자극한다. 그리고 이것이 의식되지 않아 외부에 투사되었을 때 사람들은 그 아니마와 아니무스 상을 자신의 속에서 찾으려 하지 않고 관심을 계속 밖으로 돌리게 되는 것이다. 우리는 우리의 성과 반대의 모습으로 나타나는 아니마 · 아니무스의 소리에 귀를 기울이고 무의식이 전하는 그들의 메시지에 반응하여 의식에 통합시킬 때 우리의 정신세계는 온전함, 즉 개성화를 향하여 나아가는 것이다.

본래 개성화란 융이 그의 환자들에게 정신치료를 할 때 궁극적으로 삼았던 통합 상태였다. 신경증 환자나 정신병 환자가 오랫동안 분석을 받은 다음 그 정신 속에 아직 분화되지 못했거나 의식화하지 못하여 그의 인격에 통합하지 못했던 요소들을 분화시키고 의식화함으로써 그의 인격을 통합시켜 전일성(wholeness)에 도달하는 것이다. 이렇게 우리의 인격이 통합을 이룰 때 우리는 불분명한 충동에 따르지 않을 수 있는 것이다. 우리의 정신 속에서 무의식의 부분적인 요소들이 끊임없이 일어나 정신에 많은 영향을 미치고 있다. 무의식은 억압되고 억제되었던 요소들이기 때문에 강력한 에너지를 가지고 있으며, 의식으로서는 여간 통제하기가 어려운 것이 아니다.

인간이라면 누구나 가지고 있는 것이 모성 콤플렉스와 부성 콤플렉스이다. 인간은 어머니 아버지에 의하여 탄생되고 양육되기 때문이다. 이러한 과정에서 어머니나 아버지가 사망하기도 하고 혹은 살아 있어도 그들에 의하여 손상을 입기도 하며 과잉된 사랑을 받기도 한다. 어릴 때 이러한 상처는 흔적을 남기고 그것은 비슷한 상황에서 끊임없이 문제를 일으키는 것이다. 개인적인 모성·부성 콤플렉스의 분화는 매우 중요하다.

우리가 무의식적으로 콤플렉스의 어머니 측면이나 아버지의 측면을 동일시하는 경향이 매우 강하기 때문에 이 콤플렉스에서 제대로 벗어나지 못할 경우 우리는 언제나 똑같은 문제 상황에 봉착할 수밖에 없는 것이다. 우리가 새롭게 태어나는 것은 모성·부성 콤플렉스에서 벗어나 새로운 나 자신이 되는 것이다. 융은 모성·부성 콤플렉스에서 실재 어머니, 아버지가 생물학적인 아버지일 필요가 없다는 것을 상기시킨다. 어머니적인 것과 아버지적인 것은 현실적으로 나를 낳아준 어머니 아버지를 가리킬 뿐만 아니라 원형적인 것을 포함하는 것이다. 상징 차원에서 어머니와 연결된 속성들 아버지와 연결된 속성을 가리키는 것이다.

우리는 분리를 통한 자아형성 과정이 단순히 어머니와 아버지와 관계되는 것만은 아니라는 것을 알아야 한다. 한 사람의 정체성에는 여러 유형의 콤플렉스가 작용하기 때문이다. 그러나 이러한 콤플렉스의 분화가 단 한 번 일어나는 것이 아니라 평생을 살면서 대면해야 하는 과정임을 알려준다. 이것은 병적인 사람에게만 필요한 것이 아니라 모든 사람이 지속적으로 수행해야 할 과정인 것이다.

개성화란 일시에 달성되는 것이 아니라 점진적인 과정을 거쳐서 수행된다. 융은 개성화 과정이란 끊임없이 어려움을 극복하는 과정이라고 하였다. 각 단계에서 어려움을 극복할 때마다 우리의 정신요소들은 통합되고 성숙한 인격으로 변화되어 가는 것이다. 개성화 과정은 밝게 드러난 길을 가는 것이 아니라 아직 알려지지 않은 어두운 길을 끊임없이 자기를 실현하며 가는 멀고 험난한 길인 것이다.

개성화 과정은 자아가 무의식 안의 원형적 이미지들과 성공적으로 대면하는 일련의 사건으로 이 원형적 이미지들은 상징 매체를 통해서 만나게 된다. 융은 상징과 그의 해석이 개성화 과정에서 본질적인 요체가 된다고 여러 번 주장한다. 상징은 인간 정신의 반대되는 요소들을 화해시키고 통합시킬 수 있는 인간 본성의 시도이기 때문이다.

우리는 시를 읽고 쓰면서 상징을 경험한다. 야코비(Friedrich Heinrich Jacobi, 1743~1819)는 "상징을 경험하는 것은 놀라운 효과를 가져온다. 그것은 사람들에게 정신적으로 복잡한 문제를 해결하게 해 주고, 지적인 것들과 정서적인 것들이 복잡하게 뒤얽힌 문제들로부터 나오게 함으로써 그들의 내면적인 인격을 해방시켜준다."고 말하였다. 상징은 이미지를 통해서 무의식적인 힘을 의식적인 힘으로 바꾸어 놓는다. 그래서 우리가 역동적인 힘을 가지고 있는 자기 원형의 이미지에 관해 각성할 때 그 속에 있는 힘을 획득하고 세상에서 가장 가치 있는 체험을 하게 하는 것이다. 시를 읽거나 쓰는 것은 단순한 체험이 아니다. 시를 읽고 쓸 때 떠오르는 이미지를 통하여 상징에 참여하게 되는 것이다. 우리는 상징이 표상하는 대상에 참여하게 하고 우리의 정신 에너지는 변형되고 균형을 찾게 되는 것이다. 시를 쓴다는 것은 우리가 멀고 먼 개성화의 험난한 길에 발걸음을 내어 딛는 것이다.

자작나무

_도종환

자작나무처럼 나도 추운 데서 자랐다
자작나무처럼 나도 맑지만 창백한 모습이었다
자작나무처럼 나도 꽃은 제대로 피우지 못하면서
꿈의 키만 높게 키웠다
내가 자라던 곳에는 어려서부터 바람이 차게 불고
나이 들어서도 눈보라 심했다
그러나 눈보라 북서풍 아니었다면
곧고 맑은 나무로 자라지 못했을 것이다
단단하면서도 유연한 몸짓 지니지 못했을 것이다
외롭고 깊은 곳에 살면서도
혼자 있을 때보다 숲이 되어 있을 때
더 아름다운 나무가 되지 못했을 것이다

담쟁이

_도종환

저것은 벽
어쩔 수 없는 벽이라고 우리가 느낄 때
그때,
담쟁이는 말없이 그 벽을 오른다.
물 한 방울 없고 씨앗 한 톨 살아남을 수 없는
저것은 절망의 벽이라고 말할 때
담쟁이는 서두르지 않고 앞으로 나간다.
한 뼘이라도 꼭 여럿이 함께 손을 잡고 올라간다.
푸르게 절망을 잡고 놓지 않는다.
저것은 넘을 수 없는 벽이라고
고개를 떨구고 있을 때
담쟁이 잎 하나는
담쟁이 잎 수천 개를 이끌고
결국 그 벽을 넘는다.

도종환의 〈자작나무〉와 〈담쟁이〉는 영원한 아이가 추위와 북풍과 벽을 넘어서 개성화로 출발하는 것을 상징적으로 보여주는 시이다. 어려서부터 바람이 차게 불고 눈보라도 심했지만 곧고 맑은 나무로 자라가는 여정 영원한 아이는 눈보라와 비바람을 통하여 맑고 곧은 나무가 성인이 되는 것이다. 절망의 벽을 작고 연한 손으로 넘어가는 것이다.

이 시들은 우리 안의 영원한 아이가 절망을 넘어서 행복의 길, 개성화의 길로 가는 것을 돕도록 하기 위하여 선정하였다.

가장 맑디맑게 물꼬를 터주던 것은

_정진규

새뱅이 모래무지 미꾸라지 구구락지 얼게미 고무활 방패연 자치기 말똥이 옥천이 기계충 율무기 쇠똥벌레 비단벌레 물방개 땅개비 구렛골 구수머리 봉우재 도구머리 읍내 회다리 쇠전거리 사거리 양조장 농업학교 향교 천주교회 명륜당 삼덕포도원 이발소 집 셋째딸 김미자 사거리 책방 허 씨네 딸들 신생보육원 영숙이 우편 집배원 최종재 탁구를 잘 치던 광성이 공부를 잘 하던 코주부 칠장사 청룡사 팔사당 바우덕이 시인 임홍재 내 고향의 말씀들

향기다
꽃이다
별빛이다
내 어머니의 자궁(子宮)이다
지금은 또 어떤 말씀들이 생겨나고 있을까
모르는 바 아니지만
나는 되도록 시치미를 떼기로 한다
이 말씀의 별빛들 별빛들이
흐려질까 때 묻을까 두려운 탓이다
가장 캄캄하고 캄캄할 때
어렵게 어렵게 나를 비춰주던 것은
장리 쌀이 아니라 그냥 그대로 내어주던 것은
오직 이들이었다
이 말씀의 별빛들뿐이었다
가장 맑디맑게 물꼬를 터주던 것은

개성화의 여정은 멀고 험난하다. 그러나 그런 여정에 우리에게 힘을 주는 것이 있다. 북풍과 눈보라 속에서 우리에게 따뜻하게 힘이 되는 것 밥이 되는 것은 무엇일까. 정진규의 따뜻한 상징은 내 안의 그 무엇을 찾게 해 준다. 각자마다 추위 속에서 따뜻한 상징은 무엇이 있을까 내게 꽃이며 별이며 향기인 것은 어떤 것이 있을까. 새뱅이 모래무지 미꾸라지 구구락지 얼게미 고무활 방패연 잣

치기 말똥이 옥천이 기계충 내 고향의 말씀들 무의식에는 어둡고 아픈 것만 있는 것은 아니다. 우리가 잊고 있었던 따듯하고 빛이 되고 향기가 되는 별들이 숨어 있다. 상징은 현실과 무의식을 연결시킨다. 무식에 잠재되어 있는 맑디맑게 물꼬를 터주는 별들을 정진규의 시를 통해 찾아낼 수 있는 것이다.

별까지는 가야 한다

_이기철

우리 삶이 먼 여정일지라도
걷고 걸어 마침내 하늘까지는 가야 한다
닳은 신발 끝에 노래를 달고
걷고 걸어 마침내 별까지는 가야 한다
우리가 깃들인 마을엔 잎새들 푸르고
꽃은 칭찬하지 않아도 향기로 핀다
숲과 나무에 깃든 삶들은 아무리 노래해도
목쉬지 않는다.
사람의 이름이 가슴으로 들어와 마침내
꽃이 되는 걸 아는데
나는 쉰 해를 보냈다
미움도 보듬으면 노래가 되는 걸 아는데
나는 반생을 보냈다
나는 너무 오래 햇볕을 만졌다
이제 햇볕을 뒤로하고 어둠 속으로 걸어가
별을 만져야 한다.
나뭇잎이 짜 늘인 그늘이 넓어
마침내 그것이 천국이 되는 것을
나는 이제 배워야 한다
먼지의 세간들이 일어서는 골목을 지나
성사(聖事)가 치러지는 교회를 지나
빛이 쌓이는 사원을 지나
마침내 어둠을 밝히는 별까지는
나는 걸어서 걸어서 가야 한다.

이제 별을 찾았으면 마침내 별까지는 가야 한다고 시인은 말한다. 어둠 속으로 걸어가 별을 만져야 한다고 그늘이 마침내 천국이 되는 것을 배워야 한다고 멀고 험난한 길을 걸어 마침내 드디어 우리는 어둠을 밝히는 별까지 걸어서 걸어서 가야 한다고 시인은 말한다. 개성화의 여정이 시작되는 것이다. 영원한 아이는 이제 영웅 어린이가 되기 위하여 새로운 출발을 해야 하는 것이다.

Chapter 10

푸드아트테라피

1 푸드아트테라피의 개념

현대 사회에서는 육체적 건강뿐만 아니라 정신적 건강에 대해서도 많은 관심을 가지고 있다. 육체적 건강도 중요하지만, 특히 정신건강은 인간의 삶의 질을 좌우하는 중요한 지표가 된다. 이러한 정신건강을 위하여 많은 분야에서 다양한 프로그램이 개발되고 있다. 명상, 요가, 테라피 등이 그중 하나라고 할 수 있다.

미국예술치료학회(2008)의 정의에 의하면 예술치료는 전 연령대에 속하는 개인의 신체적, 정신적, 그리고 정서적 삶의 질을 개선하고 향상시키기 위하여 창의적 예술활동을 이용하는 정신건강의 전문영역이다. 그리고 예술치료는 자기표현에 내포된 예술적이고 창의적인 과정이 사람들로 하여금 갈등과 문제해결, 대인관계 기술의 발달, 행동과 감정의 조절, 스트레스 감소, 자존감의 향상, 그리고 스스로를 들여다보는 통찰의 습득을 돕는다는 믿음에 기초한다. 또한 창의적 활동의 몰입을 통해 즐거움과 동시에 스스로를 치유하는 자기치유적인 효과를 가져온다는 것이 많은 연구에서 검증되고 있다. 특히 자기주도적으로 이루어지는 놀이, 학습, 예술활동 등은 본래의 기능 외에도 자기효능감과 자아존중감을 증진시키고, 손상된 자아를 건강한 자아로 회복시켜주는 역할을 한다(김혜진, 2009).

푸드아트테라피(food, art, therapy)는 동양적 사유를 철학적 배경으로 하여 놀이, 교육, 문화, 예술, 상담과 치유를 통합한 접근이다. 푸드아트테라피는 식품을 매개로 하여 창의적 놀이와 예술활동을 통해 자신의 내면세계를 표현하고, 긍정적 사고의 전환, 확장함으로써 자아찾기와 자아초월 그리고 긍정에 이르도록 하는 것이다. 음식이 지닌 욕구충족, 심리적 위로의 기능과 한국인의 음식문화에 나타난 생명존중과 살림공동체 의식으로부터 영감을 얻는 것으로 먹거리를 새로운 시각으로 접근해 사람에게 가장 친숙한 음식 재료를 통해 자신의 모습을 돌아보는 자기성찰과 존중감을 회복시켜 심리적 문제를 치유하는 자연주의적 심리치료이다.

음식 만들기는 남녀노소 모두 참여하는 취미나 여가활동의 경향을 보인다. 식품은 단순히 요기의 수단이나 영양분 제공을 넘어 심리적 위안을 주는 도구가 되기 때문에 음식을 활용한 심리치료의 효과는 극대화될 수 있다. 푸드아트테라피는 푸드표현예술치료라고도 하며, 푸드아트에 테라피를 접목한 통합예술치료를 말한다. 푸드로 예술 놀이하면서 내담자는 자신만이 가질 수 있는 이야기를 만들어 가고, 이를 통해 상담자와 내담자 모두는 서로 함께 공유하며 그들만의 대화를 만들어 가게 되므로 푸드는 상담자와 내담자, 상황 모두를 원활하게 돕는 보편적이며 창의적인 매체이다. 예술 매체의 치료성과 학문성이 결합된 한국적인 치료기법이다.

푸드아트테라피의 세계관은 생명 중심의 철학적 기초를 갖는다. 인간상호 간, 그리고 자연 생태계와의 관계성 회복을 전제로 '생명존중', '생명사랑', '생명살림', '생명지킴'이라는 핵심 가치를 가진다. 생명존중은 모든 생명체를 있는 그대로 수용하고, 생명사랑은 온정적 관심을, 생명살림은 생명을 살려내는 데 우선하며, 생명체의 에너지가 원활하도록 기 살리기를 말한다. 생명지킴은 생태계 파괴방지와 보호, 그리고 일상생활에서의 보살핌과 나눔, 그리고 책임을 의미한다. 이는 인간의 보편성에 기초하여 상호이해와 공감을 체득하고, 인간의 욕구를 긍정적으로 보며 인간관계를 증진하고자 하는 상담원리이며, 상생과 조화의 생명공동체 살림운동에 중점을 둔다는 것이다.

푸드아트테라피는 행복이란 외부적 조건에 의해 결정되는 것이 아니라 주관적인 내적 충만감에 의해 도달된다고 보는 유심론(唯心論)에 근거한다. 병의 근원도 신체 그 자체보다 마음에 있다고 보며, 긍정적인 인식이 신체의 면역능력도 길러준다는 대체 의학적 근거에 바탕을 두기에 마음을 조절하는 것을 우선으로 한다. 구체적으로 불이(不二), 무위(無爲), 부쟁(不爭), 조화(調化), 상생(相生) 등을 기초로 하는 동양철학적 개념들을 보더라도, 우리가 가지고 인식, 여건이나 한계에 대한 생각도 다른 듯 다르지 않고 인식하기 나름의 차이에 불과할 수도 있으며, 생각하기에 따라 더 유익해질 수 있다. 그리고 부정적인 면에서도 긍정적인 면을 찾을 수 있기에 부정적인 면의 비중을 줄이는 방법 등을 적용할 수 있다. 자아찾기는 자신이 우주적 존재임을 인식하고 현재 자신의 주관이 빚어낸 모순과 대립을 극복하고 한 단계 더 나아가 긍정을 자각하는 통찰의 단계로 나아간다.

푸드아트테라피에서 추구하는 상담목표는 생명체가 본래 지닌 생명력을 서로 찾아주며 생기와 활기를 회복하여 자기조절능력을 균형 있게 다루어 일상생활에서 자기효능감을 증진하는 데 있다. 개인의 문제해결을 위한 심리치료의 차원을 넘어서 자신과 다른 사람, 그리고 전체 체계를 살리는 데 초점을 두고 있다. 푸드아트테라피는 생명중심 상담모델로 구체적 치료목표는 개인의 생명력과 자기효능감의 회복, 문제에 대한 새로운 인식, 인지, 정서 행동상의 긍정적 변화, 자아성장과 자연치유능력의 강화이다. 이를 통한 궁극적 치료 목표는 체계에서의 상생적 조화를 이루는 것으로 작품 활동을 통해 드러난 문제를 새로운 관점에서 재구성하여 인지, 정서, 행동상의 통합적 변화를 가져오는 것이다.

내담자는 식품을 매체로 창작해가는 과정에 쉽게 집중하고 몰입할 수 있어 만족감이 크고 작품을 표현함에 있어서 단시간에 작품을 완성할 수 있다. 또한 작품을 표현할 때 특별한 예술적 감각이나 능력이 필요한 것이 아니므로 성공경험과 더불어 자신의 힘을 확인할 수 있다. 푸드는 그 자체가 갖는 탁월성으로 인하여 본능적으로 흥미를 유발하고 매우 큰 위로효과가 있으며, 푸드를 활용하여 직접 창작하고 해체하는 경험은 문화적인 욕구충족 이상의 가치를 지닌다. 또한 스트레스 해소, 긴장이완, 자아성장, 문제치유의 효과까지 있다. 즉, 내담자가 창작활동을 통하여 감정을 분출함으로써 상당한 카타르시스와 치유로 이어진다(조주영, 2015).

푸드아트테라피 프로그램은 2006년 이정연이 처음으로 국내에 프로그램을 개발하고 소개하였다. 푸드아트테라피는 예술치료의 하나로서 식품을 매체로 하여 창의적인 놀이와 예술활동을 통해 자신의 내면세계를 표현하고 긍정적인 사고를 전환하고 확장해감으로써 자아찾기와 자아초월, 그리고 대긍정에 이르도록 하는 심리치료이다. '자아찾기' 단계는 생명체로서의 자기이해와 자기사랑을 다루고, '자아초월' 단계는 인간과 환경 간의 하나 됨을 다루며, '대긍정' 단계는 우주적 영성을 주된 주제로 다루게 된다. 또한 푸드아트테라피 프로그램을 통해서 창의성을 계발시킬 수 있다.

창의성의 계발에서 가장 중요한 요소는 오감을 자극하는 것이다. 식재료를 만져보고 잘라보고, 냄새를 맡고, 맛을 보는 등 하나의 활동으로 우리의 감각을 활발하게 깨어나게 한다. 또한 푸드아트테라피는 이런 오감의 작용을 통해 자신의 내면 생각을 꺼내는 활동이며, 푸드아트테라피 활동의 주재료인 식품은 인간과 매우 친화력이 있는 재료라서 접근하기 쉽고 방어기제 없이 다가갈 수 있다는 장점이 있다. 음식 재료로 작품을 만들어 가는 과정은 즉흥적이고 다양하며 다른 예술활동에 비해 부담이 적고 놀이에 가까워 남녀노소 누구나 자신을 표현하고자 하는 동기가 쉽게 생긴다. 그리고 내담자는 편안하고 안전하게 상담치료과정에 임할 수 있다(이정연, 2008).

푸드아트테라피 프로그램은 식품 매체를 이용한 창의적 활동을 통해 자신의 내면세계를 표현함으로써 자기성찰을 통한 긍정적 자아상을 형성하는 데 도움을 주는 프로그램이다.

2 푸드아트테라피의 특징

푸드아트테라피의 특징은 다음과 같다(이정연, 2006).

첫째, 푸드아트테라피는 전일적인 접근이다. 푸드아트테라피는 우주의 모든 요소가 하나의 체계로 상호 연결되어 있다는 전일성(holism)에 바탕을 둔다. 전일성은 동양 사상의 핵심 사상으로 생태학, 일반체계이론, 주역의 음양오행설, 불교의 연기설, 레빈(Lewin)의 장이론, 현사상, 게슈탈트 이론, 한의학, 심신요법 등과도 일맥상통한다. 인간과 함께 살아가는 모든 생태계는 개방형 체계로 상호의존적으로 서로 균형을 유지하며 변화해 간다. 따라서 우리의 신체화 증상도 마음의 갈등상태가 신체를 통해 나타나는 것으로 몸과 마음이 연결되어 있다는 증거로 볼 수 있다. 그러므로 푸드아트테라피는 개인을 세부적으로 분석하기보다는 전체를 바라보는 전일적인 접근을 통해 내담자가 갇혀 있는 문제 속에서 보다 전체적인 그림(the whole picture)을 보도록 함으로써 긍정적인 인식에 이르도록 한다.

둘째, 푸드아트테라피는 통합적인 접근이다. 일반적으로 많은 학문이 세분화되어 발전되어 왔으나 최근 들어 통합적인 관점을 채택하면서 상담영역에서도 이론과 기법의 차원에서 절충과 통합이 이루어지고 있다. 이와 같이 푸드아트테라피도 놀이와 교육, 문화와 예술, 상담과 치유 과정이 별개의 독자적 영역이 아니라 서로 연결되어 있음을 강조한다. 일반적으로 심리치료의 목표는 크게 문제해결과 자아성장의 두 가지 초점으로 분류된다.

푸드아트테라피의 경우에는 문제의 특성이 어떠하든지 상관없이 자아성장에 초점을 두며, 온전한 자아회복을 통해 자신의 문제를 극복할 수 있도록 도와준다는 점에서 상담목표에 있어서도 통합적인 접근방식을 취한다. 또한 푸드아트테라피는 언어적 · 비언어적 기법을 모두 사용한다는 점에서도 통합적이라 할 수 있다. 일반적으로 언어 위주의 상담기법에 거부감을 느끼는 상담자는 원래 언어적 표현이 불가능한 것이 아니라 정서적으로 위축되어 있는 상태라고 볼 수 있기 때문에 언어적 기법의 상담이 제대로 이루어질 수 없다. 그러나 푸드아트테라피를 통한 상담기법은 작품을 제작하는 과정에서 비언어적인 상징과 비유를 주로 사용하는 예술치료이면서 동시에 내담자와 상담자 사이에 관계를 형성하고 스토리텔링과 작품의 의미, 새로운 통찰과 이해 등 전 과정을 언어적인 기법을 통해 이루어진다.

따라서 푸드아트테라피의 특징은 자연친화적인 식재료를 통하여 창의적인 활동을 하면서 학생들은 편안하고 자연스럽게 스스로의 이야기를 전개한다. 이러한 활동이 교사와 학생과의 관계를 원활하게 할 수 있다. 또한 치유의 목적 외에도 다양한 심신수련활동에 적용할 수 있다. 즉, 단기 체험활동에서부터 정규 프로그램이나 교육과정으로 구성해 볼 수 있다. 또한 주위에서 쉽게 접할 수 있는 친근한 재료를 이용하여 학생들이 거부감 없이 수업활동에 접근할 수 있어서 학생들의 정서적 안정에 더욱 유용할 수 있다.

3 푸드아트테라피 상담과정

한국형 상담모델을 정립하는 필요성에 대한 공감도 점차 확산되고 있으나, 상담기술 면에서 서구적인 기존의 기법을 사용하는 경향이 많이 있다. 한국인의 생활양식과 정성에 배어 있는 푸드아트테라피 상담과정을 구성하여 현실에 부합하는 이론적 모형을 정교화하고자 하며, 그에 따른 효율적인 상담기술을 소개하여 상담현장에서 유용하게 활용하고자 한다. 푸드아트테라피의 상담과정은 편의상 네 단계로 구성된다. 맞이하기, 받아들이기, 찾아들어 가기, 그리고 받아내기 등이다. 대부분 상담기술은 내담자의 주관적인 세계를 이해하고 집단의 특성이나 분위기를 고려하여 내용과 순서를 선정하고 진행하게 된다.

첫째, 맞이하기(애정 어린 시선) 단계이다. 문제와 만나기도 하고, 상담자와 내담자 간의 만남이기도 하고, 자기 자신과의 만남이기도 하다. 우선 자신과의 참 만남 상태에서 내담자를 맞아야 한다. 맞이하기 단계에서 효율적 상담기술은 상담자가 편안한 자세와 태도로 인위적으로 유도하지 않아도 심정을 털어놓고 싶은 대화의 장을 가질 수 있도록 자연주의 테이블 세팅, 생태학적 감수성, 안전한 분위기 등을 조성한다.

둘째, 받아들이기(정감 어린 교류) 단계는 무조건적인 포용을 실행하는데, 포용은 수용이나 공감보다도 감싸주거나 받아들이는 정도가 크다. 받아들이기 단계에서 가장 효율적인 상담기술은 포용이며, 알아가기, 반응하기, 신체적 언어 사용하기, 깊은 이해, 받아 주기, 받쳐주기 등의 공감과 경청기술이 포함된다. 이 단계에서 정감 어린 교류는 단순반응 수준에서 감응 수준까지 전개가 진행될수록, 내담자는 자신의 존재가치를 인정받으며 자기사랑과 자기이해를 하게 된다.

셋째, 찾아들어 가기(진심 어린 관심) 단계는 작품의 부분과 전체를 동시에 관찰하면서 드러난 내면의 세계와 내담자의 언어와 행동에서 얻은 수많은 정보를 통해 내담자 자신이 인식하지 못한 부분까지 감지해 줌으로써 내담자가 자신에 대한 통찰을 경험하도록 돕는다. 상담자는 우선 작품이 지닌 의미가 무엇인지 질문하면서 탐색을 시작한다. 상담자와 내담자와의 협력적인 관계를 형성하면서, 현재까지 내담자를 힘들게 해온 막힘이나 걸림, 맺힘, 닫힘 등 마음의 상자 안에 있는 장애물이 무엇인지 찾아내고, 그 부분적인 의미에서 빠져나와 전체적으로 바라보게 함으로써 유연하게 작품도 재구성하도록 제안하면서 보다 나은 관점을 가지도록 지원한다. 찾아들어 가기 단계는 재구성이라는 대표적 상담기술이다. 전체를 바라보기, 명료화, 3不과 3有, 마음 탐색하기, 초점 두기, 대안 찾기 등 다양한 기술이 적용된다. 이 단계에서 자신과 타인, 세상에 대하여 내담자는 새로운 통찰의 경험을 하게 되며, '마음의 감옥'으로부터 나오게 된다. 이미 존재하고 있었지만 가려져 있던 내면의 세계를 새롭게 다시 발견하게 된다. 그 과정에서 긴장, 갈등도 경험하지만, 그 깨달음의 순간에는 상담자와 내담자의 관계는 일체감을 경험하게 된다.

넷째, 받아내기(생기 어린 한 마당) 단계는 내담자의 참된 요구를 해결할 수 있는 내면의 능력을 발견하고, 이미 해내고 있는 증거들을 확인하며, 현실 가능한 희망을 가지게 되면서 일상생활에서의 구속과 제한으로부터 더 자유롭게 자신이 살아날 수 있는 대안을 찾아내는 생명력을 통합하는 단계이다. 상담자와 내담자는 곤경과 시련 속에서 오히려 성장점이 가까이 있음을 확인하게 된다. 성장의 경험은 일반화되도록 일상생활에서도 잘 할 수 있는지 연습을 하거나 확인 질문하며 다지기를 한다. 상호 반영하는 과정도 포함된다. 특히 상담자 자신이 자기 개방을 하며 자신도 성장하였음을 표현하는 점이 중요하다. 받아내기 단계의 대표적 상담기술은 '해냄을 확인하기'이다. 이는 새롭게 탄생한 세계를 굳히기 위한 전략으로 성장점 확인하기, 다지기, 축하하기, 상호반영하기, 살피기, 보살피기 등의 기술을 적용한다. 이 단계에서 내담자는 마음이 열리고 트이게 되며, 장의 분위기도 훈훈하고 화기애애하게 진행된다.

Chapter 11

영화와 영화치료

1 영화의 이해

1) 호모 로퀜스와 호모 나랜스

20세기를 '이야기의 시대'이고 '이야기가 우리 시대의 화두'가 되었다. 그러면서 스토리가 영화, 애니메이션, 컴퓨터 게임 등 같은 문화콘텐츠의 주요 기술로 강조되면서 문화산업이 중요하게 되어 컴퓨터, TV, 영화, 스마트폰과 같은 전기전자매체를 통한 내러티브(narrative) 활용으로 새로운 문화산업 시대가 도래한 것이다. 특히 온라인 게임, 디지털 영화, 광고, 토크 등 디지털 시대를 맞이하여 tell 하기 위한 도구는 무궁무진하게 변화하고 있다(안진경 외, 2019).

인간은 호모 로퀜스(homo loquence, 말하는 사람)이고, 호모 나랜스(homo narrans, 이야기하는 사람)이기 때문에 동물과 달리 말하는 존재이고, 그 말 속에 인물과 사건 등으로 표현하는 줄거리가 있는 이야기를 하면서 사는 존재라는 것이다. 우리는 이야기를 통해 서로의 생각과 느낌을 나누고 세상과 소통하며, 이야기를 통해 세계를 이해하고 해석한다.

이처럼 듣는 사람에게 전달하고자 하는 바를 재미있고 실감 나는 이야기로 설득력 있게 전달하는 행위를 스토리텔링(storytelling)이라고 한다(한국문학평론가협회, 1992). 스토리텔링은 동화, 소설, 경력, 일화, 소문, 기사, 역사, 설화 등 매우 다양한 소재가 있지만 보통 '이야기'로 통용된다(이진희, 2009). 그래서 영화는 스토리텔링에 매우 적합한 매체이다. 영화는 시각과 청각 등 다양한 방법으로 이야기를 전달하는 방식의 종합적 결합물이기 때문이다(Lewis, 2008). 영화는 세상을 이해하고 배우는 기본적 요소인 동시에 이야기가 갖고 있는 창의성과 감성을 바탕으로 꿈과 가치를 보다 호소력 있게 전달해 주는 커뮤니케이션의 형태이다(이유미, 2014).

영화는 스토리를 관객에게 이야기하는 방식을 말하는 내러티브이며, 서사구조

(敍事構造)이다. 내러티브란 영화의 시공간에서 발생하는 연속되는 사건들인데, 이때 이 사건들은 인과관계를 토대로 한다. 이 경우 관객은 영화와 현실, 또는 영화의 주인공과 자신을 동일시하게 된다. 내러티브상에서 사건들이 인과관계를 토대로 하고 있다는 것은 관객들이 영화를 볼 때 이전의 일을 바탕으로 미래의 사건을 예측한다는 것을 의미하는데, 이는 누군가의 이야기를 듣고 그 내용을 토대로 앞으로 무슨 이야기가 진행될 것인지를 자연스럽게 예측하는 것이 바로 우리의 일상생활이기 때문이다. 따라서 내러티브란 사건들의 인과관계, 시간, 그리고 공간에 의해서 연결된 어떤 것으로 정의 내릴 수 있다. 영화 서사구조에 대한 연구자인 데이비드 보드웰(David Bordwell)은 내러티브를 "시간과 공간적으로 인과관계를 맺으며 벌어지는 일련의 사건"이라고 정의 내렸다. 영화가 보여주는 이야기는 대부분 시간과 공간 속에서 인과관계로 연결되어 있다. 따라서 우리가 영화를 볼 때 사건을 인과관계와 시간과 공간의 관점에서 이해하게 된다(정미숙, 2021).

최근의 문화예술 환경은 개방 · 참여, 공유의 환경에서 1인 미디어, UCC 등 개인의 창조적 활동이 급증하고 있으며, 프로슈머 등장 등 특정인이 아닌 일반인 모두가 문화의 생산자이자 소비자로서 문화를 스스로 구성하는 시대에 살고 있다. 이를 가장 잘 수용하며 친근하게 느끼는 세대는 10대와 20대의 젊은 세대들이다(서곡숙, 2010). 따라서 최근 10대와 20대의 젊은 세대들에게 대중적이며 친근한 영화를 활용한다는 것은 이들에게 편안하고 친근하게 접근하는 것이 가능하게 할 수 있다(윤정진 외, 2017).

2) 영화의 개념

영화의 탄생 배경은 19세기 말의 사회적 · 문화적 · 시대적 요인들이 복합적으로 작용하였다. 근대 과학기술의 발전과 시각문화의 확장으로 영화는 탄생할 수 있었던 과학적 산물이다. 카메라, 필름, 렌즈의 발명이 없었다면 영화는 탄생할 수 없었을 것이다. 카메라는 필름과 렌즈를 결합하는 기계적 과정이고, 필름은 염화 물질 위에 빛을 새겨 넣는 화학적 감광 물질이다. 렌즈는 빛의 양과 굴절을 조절하는 광학 장치이다. 촬영된 이미지는 영사기의 기계 장치를 통해 스크린 위에 펼쳐지는 기계적 실증주의의 사실적 표현이다(정미숙, 2021). 이처럼 영화는 인류의 오랜 꿈이었던 역동적인 움직임의 기록으로부터 시작해서 동물과 인간의 생명체가 살아 있는 움직임 곧 운동을 기록하고 재생시키고자 하는 과학적 의지로 이루어졌다(정미숙, 2021).

영화(映畫, motion picture)란 영어 단어가 의미하듯, 본래 연결된 일련의 필름을 연속적으로 영사해 재현시킨 움직이는 영상 및 기술을 말한다(윤정진 외, 2017). 영화는 1895년 프랑스의 뤼미에르 형제(Louis Lumiène)가 시네마토그래프(cinematographe)를 공개 상영한 것을 시초로 본다.

그림 11-1 뤼미에르 형제(Louis Lumiène)

출처: 위키백과(2022). https://ko.wikipedia.org/뤼미에르 형제

영화는 사실을 동적으로 기록하는 원시적인 활동사진 시대를 거쳐, 실험영화를 만들고, 다시 그것을 무성영화 시대가 지나가고 음성 더빙이 시작된 이후 유성영화 시대로, 또한 유성영화 시대를 색채영화 시대로 그리고 대형영화 시대로 발전해 왔다. 지금에 이르러서는 영상과 음향이 함께 어우러진 뜻으로도 이해되

고 있다(강충열 외, 2017).

과거에는 상업성이 강하고 과학과 기술의 영향을 크게 받는 영화를 순수예술과는 구별하여 보려는 경향이 있었으나, 오늘날 영화는 또 다른 형태의, 그리고 가장 주목받는 종합예술의 하나로 인지되고 있다. 빛과 소리의 결합에 의해 새롭게 만들어지는 화면 속의 세계는 보는 이들에게 하여금 상상의 세계, 불가능의 세계를 실제인 것처럼 보여주기도 하고, 도저히 믿기지 않는 자연의 신비를 보여주기도 하며, 불가능의 꿈과 환상을 심어준다. 또한 영화는 다양한 폭의 표현 범위를 갖고 있다. 즉, 조형미술같이 이차원의 평면 위에 투사된 시각구도를 가지며 무용처럼 동작의 배열을 다룬다(이용석, 2001). 연극에서처럼 사건의 극적 박진성을 창출할 수도 있고, 음악에서처럼 시간 속에서 리듬과 악구를 구성하며 더 나아가 영화는 노래와 악기소리를 담을 수 있다(이계영, 2001). 영화는 이미지를 병치시킬 수 있는 시와 같은 기능을 할 수 있으며, 문학에서 언어에 의해서만 가능한 추상성을 사운드 트랙 위에 포함시킬 수 있다(Giannetti, 1987).

이러한 영화는 두 가지 측면을 갖는데 하나는 산업적인 측면이며, 다른 하나는 예술적 측면이다. 하지만 영화는 먼저 예술적 기능보다는 먼저 오락적인 기능을 담당하며 산업화되었다(강충열 외, 2017). 영화란 시청각이미지를 통한 현실의 재구성이며, 현실을 다시 보도록 하는 상업예술이다(최성수, 2007). 영화는 산업, 과학기술의 진보와 불가분의 밀착된 관계를 가지고 있어서 영화예술도 이러한 특수성에서 벗어날 수 없다. 그러나 영화가 어떤 기능을 담당하든 간에, 후에 발명되고 발전된 새로운 대중 영상매체인 텔레비전 발달과 보급이나 디지털 시대의 개막과 더불어 시작된 통신기기와 의사소통 방법의 다양한 발전에도 불구하고 영화가 여전히 상업적으로나 예술적으로 현대에서 가장 사랑받는 장르라고 말하는 데는 이의가 없을 것이다. 어쨌든 영화는 과학기술의 진보에 의해 이루어지며, 그 흥행도 기업가에 의해 행해지므로 영화는 산업이기도 하고 예술이기도 하다. 그러므로서 영화는 예술로서든 오락 산업으로서든 기록 문화로서든 매우 복잡한 형태를 지니고 있다. 이것이 영화만이 지니고 있는 새롭고 독특한 특징이며, 영화의 촬영 및 저장 그리고 보급 방법의 변화에도 불구하고 또 유사한 기능을 담당하고 있고, 더 복잡한 기능을 담당하고 있는 텔레비전이나 동영상의 생산, 송출, 수신 기능은 물론 정보의 이용과 교환에서 획기적인 변천을 보여주고 있는 스마트폰(smart phone)의 놀라운 발전 속에서도 영화가 여전히 존속하고 사랑받는 이유라고 말할 수 있을 것이다(강충열 외, 2017).

3) 영화의 방향: 사실주의와 표현주의

19세기 말 영화는 두 가지 주요 방향으로 발전하기 시작했는데 그것은 바로 사실주의(realism)와 표현주의(expressionism)이다(이완규, 2003). 영화평론가들과 학자들은 다양한 기준에 의거하여 영화를 분류하지만 결정적인 기준은 없다. 두 가지 가장 흔한 분류방법은 방식(style)과 종류(type)에 의한 것이다. 세 가지 주된 방식, 즉 사실주의 · 고전주의 · 표현주의는 절대적인 범주라기보다는 그 가능성에 있어서 연속되어 있는 일종의 스펙트럼으로 취급될 수 있겠다. 이와 유사하게 영화의 세 종류, 즉 기록영화 · 극영화 · 전위영화 역시 종종 겹치는 예가 있으므로 편의상의 용어인 것이다.

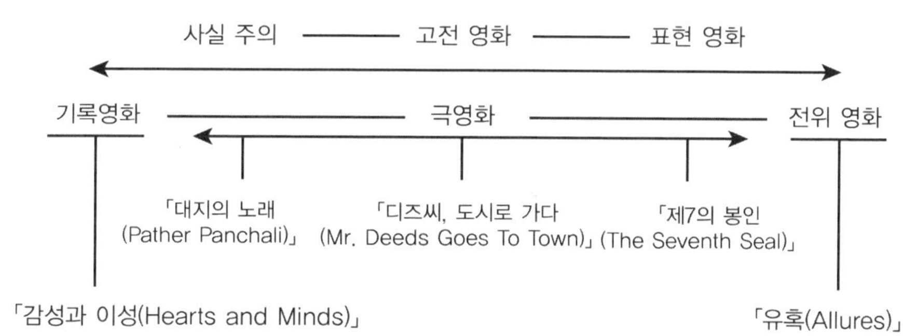

그림 11-2 영화 분류 방식과 종류

출처: Giannetti, Louis D.(1987). 영화의 이해: 이론과 실제 (김진해 역). Understanding Movies (4th ed.). 서울: 현암사.

1895년 뤼미에르 형제가 일상생활을 소재로 한 단편영화를 제작, 관객들의 호응을 받았다. 〈열차의 도착(The Arrival of a Train)〉과 같은 영화는 관객들이 실제생활에서 보아 온 것과 같은 사건이 영화 속에서 그대로 재현되었다는 바로 그 이유 때문에 관객들을 사로잡았다(이완규, 2003).

그림 11-3 열차의 도착(The Arrival of a Train), 프랑스, 1895.

출처: 호주 크리스천라이프 & 에듀라이프(2022). http://chedulife.com.au. 한 편의 영화-열차의 도착: Arrival of a Train at La Ciotat.

거의 비슷한 시기에 조르주 멜리에스(Georges Méliès)는 완전한 상상의 사건에 중점을 둔 환상적 영화를 다수 제작하였다. 〈달나라 여행(A Trip to the Moon)〉과 같은 영화는 기발한 이야기와 트릭 촬영의 전형적인 혼합물이었다(이완규, 2003).

그림 11-4 조르주 멜리에스와 〈달나라 여행(A Trip to the Moon)〉, 프랑스, 1902.

출처: 이뉴스투데이(2019.5.18.). www.enewstoday.co.kr. [씨네마 사이언스] 우주를 향한 최초의 상상, 조르쥬 멜리어스.

여러 측면에서 뤼미에르 형제는 영화의 사실주의적 전통의 창시자로, 멜리에스는 표현주의적 전통의 창시자로 간주될 수 있다. 그러나 사실주의와 표현주의는 절대적 용어라기보다는 단지 일반적인 의미의 용어에 불과하다.

일반적으로 사실주의 영화는 구체적인 현실 세계의 겉모습을 재현함에 있어 왜곡의 한계를 극소화시키려고 한다(이완규, 2003). 사실주의 영화의 최대 장점은 단순성, 자발성 그리고 직접성이다. 그러나 이런 점들이 사실주의 영화가 예술성이 결여하고 있음을 의미하지 않는다.

표현주의 영화는 방식상 자유분방하다. 표현주의 감독들은 대중들이 현실 세계를 보듯이 그것을 묘사하는 것이 아니라, 현실 세계에 대한 순전히 자신의 주관적 체험을 표현하는 데 더 관심이 있다. 표현주의 감독들은 종종 물질세계의 겉모습을 왜곡시킴으로써 그들의 영적이며 심리적인 진실이 더욱더 잘 전달될 수 있다고 믿는다. 카메라는 자기표현의 도구로써 선택된 소재의 객관적인 면보다는 그 본질적인 면을 강조하고 논평하는 수단으로 이용된다(이승주, 2002). 표현주의 영화에서는 현실 세계에 대한 고도의 조작과 재구성이 행해진다. 그러나 표현주의 영화가 놀라운 예술적 충격을 줄 수 있는 것은 바로 이같이 교묘하게 변형된 영상에 있는 것이다(이완규, 2003).

영화는 이야기를 가지면서 대중적인 매체로 성장하였다. 또한 이야기를 심리적이고 극적으로 구성하기 시작하면서 영화적 서술방식을 발전시켰다. 그래서 또 다른 형태의 예술로서 영화는 인간의 무의식에 주목하였다. 프로이트의 정신분석학 영향을 받아서 무의식의 흐름을 자유로운 영화형식으로 표현하려 했으며, 불안과 소외라는 정신 상태를 기이한 세트, 과장된 연기, 어두운 내면세계 등을 불안한 사선 구도와 기이한 세트 환경, 흑백의 대비 등을 표현하였다(정미숙, 2021).

4) 영화의 특성

영화는 종합예술이다. 무용, 음악, 회화, 건축, 문학 등의 모든 예술 장르 요소들로 구성된다. 영상과 소리로 보여주는 스토리의 매력은 대중적 영향력과 파급력은 가장 큰 매체이다(정미숙, 2021). 그리고 강력한 정서적 매체임은 분명하다. 특히 영화는 논리와 이성을 끌어내기 전에 우리를 감정과 정서의 차원으로 끌어들인다고 하였다(Clive, 2007). 볼츠(Wolz, 2006)는 정서를 자극하고 감정적 정화를 일으키는 일은 정서적인 해방감과 동시에 개인의 통찰과 자아발견의 풍부한 원천이 된다고 주장했다(고선옥, 2020). 이것은 영화가 대리학습 기계(vicarious learning machines)의 역할을 하는 것으로 이해될 수 있다. 즉, 영화는 우리의 삶의 고통과 공명(共鳴)하며 무엇을 우리의 삶에 넣어야 하고 무엇을 버려야 하는지를 영화에 주의를 기울이는 사람들에게 전할 수 있다(고선옥, 2020). 존스턴(Johnston, 2003)은 영화는 비록 허구의 이미지들을 생산해 내고 있지만, 근본적으로 현실에 기반을 두고 의미 있는 이야기를 전하는 문학처럼 체계적인 이야기 형식이라 할 수 있는 내러티브 구조를 갖고 있기 때문에 가능한 일이라고 보았다. 이처럼 영화의 가치는 음악과 미술, 문학 등과 마찬가지로 여전히 영향력이 있지만, 이미지 시대에 사는 사람들에게는 종합예술로서 평가받고 있는 영상예술은 가장 호소력을 갖는 매체로 인식되고 있다(최성수, 2007). 이와 같이 영화에 대한 다양한 특성을 정미숙(2021)은 다음과 같이 제시하였다.

첫째, 영화는 스토리이다. 영화는 스토리로 시작하고, 스토리로 전개되고, 스토리로 마무리한다. 관객은 영상과 소리로 보여주는 스토리에 주목하고 완성된다. 영화의 시나리오에는 스토리, 공간, 시점, 내적 독백 등의 특성이 포함되어 있다(장진석, 2002). 그러므로 영화의 가장 강력한 경쟁력은 스토리, 곧 이야기이다. 영화언어는 진지한 접근을 위하여 스토리를 보다 극적으로 전개하고, 관객을 영화 속 인물의 감정과 정서로 몰입할 수 있는 이야기를 통해 미학적 가치를 구성한다. '이야기'는 인간의 가장 오래된 문화적 욕망 중 하나이다. 이야기는 인간과 신(神), 나와 나의 주변을 둘러싸고 있는 세계, 삶과 죽음 등의 근원적 질문과 사랑, 질투, 고통, 증오, 성공, 복수, 화해 등 다양한 삶의 현상과 역사, 문화, 예술 등에 대한 끊임없는 길 찾기이며 욕망의 매개체이다. 영화가 생산하는 이야기는 삶의 다양한 현상과 진리에 대한 관념적 접근으로 현시대의 사회적 상황을 가장 사실적으로 묘사하는 특성을 가지고 있다(장진석, 2002). 감독은 영화 속 이야기로 관객에게 자신이 보는 관념에 대한 말걸기를 시도한다. 관객은 영화 속 이야기로 유희와 정보 또는 삶의 현상들을 사유의 대상으로 즐기고자 한다.

둘째, 영화는 종합예술이다. 영화예술은 다른 예술장르의 종합뿐만 아니라 편집과 미장센 등 영화언어를 구성하는 모든 요소가 종합적이고 유기적으로 작용하고 영상의 연쇄로 의미를 만드는 영화언어 구문법을 가지고 있다. 영화감독은 작가, 배우, 카메라 감독, 미술 감독, 조명 감독 등 다양한 예술인들과 함께 작업하는 지휘자의 역할을 한다(강충열 외, 2017). 감독은 실제 영화 제작 과정에서 창조적인 부분을 책임지고 총지휘하며 작품을 최종적으로 완성한다(박주숙, 2000).

셋째, 영화는 과학기술의 산물이다. 영화는 탄생 이후부터 지금까지 과학기술의 발전과 항상 함께하고 있다(강충열 외, 2017). 무성영화에서 유성으로, 흑백에서 컬러로, 아날로그에서 디지털로, 2D에서 3D, 4D 홀로그램에 이르기까지 영화는 과학기술을 바탕으로 탄생, 발전 및 진보하고 있다. 영화는 과학기술과 예술의 통합을 실천한 가장 대중적인 예술이다.

넷째, 영화는 산업예술이다. 영화는 상업적, 대중적 목적을 가지고 산업적 목표를 달성하면서 유지된다. 특히 21세기 영화산업은 제작뿐만 아니라 디지털 배급과 상영으로 영화시장을 확장하고 있다. 또한 영화가 가지는 가장 큰 특징 중 하나가 원 소스 멀티 유스(One Source Multi Use)다. 영화가 완성되면 다양한 윈도를 통해 부가 산업을 활성화시켜 이익을 창출하기 때문이다(강충열 외, 2017).

다섯째, 영화는 소통이다. 영화는 상영하는 동안 스크린을 통해 대중과 끊임없이 소통을 시도한다. 단, 관객에게 주어진 각 개인의 상황에 따라 조금씩 다르게 해석될 뿐이다. 영화를 본다는 것은 영화를 만든 사람이 전달하고자 하는 의미를 관객이 이해하는 것을 목표로 한다. 의미 전달과 수용이 이루어진다는 점에서 영화 관람은 의사소통 행위와 다르지 않다. 영화는 그 역사 속에서 관객이 영화를 이해할 수 있는, 영화만의 독자적인 언어체계로 발전하였다.

여섯째, 영화는 힐링(healing)이다. 영화는 그 속에서 인간의 '희로애락(喜怒哀樂)'을 담고 있다. 우리는 영화가 보여주는 스토리로 다양한 문화와 삶과 사람들을 만날 수 있다. 영화를 이해한다는 것은 사람들의 삶과 문화를 이해하는 것이다. 그것과 함께 영화가 추구하는 최고의 궁극적 목적은 어떤 형태로든 사람들을 '즐겁게'하는 것이다. 영화를 감상하는 것으로 마음의 위안을 얻고, 다른 문화를 경험하고, 갈등을 이해하고, 현상을 다른 관점으로 접근할 수 있고, 다양한 지식정보를 전달받을 수 있으며, 영화를 시청하는 동안 오감을 활용하는 기회가 많아서 학습의 효과가 높아진다(강충열 외, 2017; 최유미 외, 2010). 영화는 타 장르와 달리 언제 어디서나 원하는 내용을 같이 보며 공감을 나눌 수 있는 장점이 있다. 영화 감상으로 개인과 사회, 인간과 동물, 인간관계와 삶, 가족 등 다양한 주제들을 공감하거나 논의하며 대화를 나눌 수 있다(박주숙, 2000).

2 영화치료의 이해

1) 예술치료와 영화치료

영화는 가장 이성적인 작업을 통해 가장 감성적으로 표현되어야 한다. 이는 영화예술의 본질이나 특성을 단적으로 드러내는 말이다. 한 편의 영화를 통해 받는 느낌, 충격, 감동은 다분히 심정적인 것으로 우리 마음에 다가온다. 그러나 그 영화를 좀 더 깊고 폭넓게 이해하고자 할 때, 우리는 반드시 분석이 필요하다. 영화의 특성에 관한 철저한 분석과 철학적 · 심리학적 · 사회학적 · 미학적 이해가 있어야만 감동적인 영화의 창조, 진정한 영화의 감상, 의미 있는 영화 비평

이 가능한 것이다(Giannetti, 1987).

영화는 변화된 정신 상태나 마음속의 심리적 상태를 묘사하는 데 적합하다. 영상, 음악, 대화, 조명, 카메라 앵글, 특수효과 등의 시너지로 영화는 보는 사람들은 하여금 정서적 · 물리적 · 인지적으로 반응을 일으킨다(Tyson, Foster, & Jones, 2000). 영화는 다루지 않은 주제를 찾기 힘들 정도로 국경을 떠나서 다양한 언어, 장르, 그리고 철학으로 사람들이 상상할 수 있는 것들을 보여준다(Kidron, 2012). 영화는 무엇보다도 직접 경험할 수 없는 것을 대리 경험하게 만들어주며 때로는 감정이입을 통한 깊은 공감과 이해를 바탕으로 경험 세계를 확장시킬 수 있다(Affron, 2001). 좋은 영화가 사람의 마음을 맑게 하고, 특정 방식으로 행동할 힘을 주며, 삶의 오래된 질문에 해답을 줄 수 있다는 것과 특정한 행동방식과 모델에 관한 모방을 용이하게 함으로써 자신을 표현하는 새로운 방법을 영화를 통해서 배울 수 있다는 것을 부정할 수 없다(Prince, 1997). 근래에 이르러 상담이나 정신의학에서 다양한 예술 장르를 심리치료에 적용하고 있다. 가장 보편적으로 활용되고 있는 예술 장르는 음악, 미술, 문학, 무용, 드라마, 연극 등이 있는데, 각각 음악치료, 미술치료, 독서치료(문학치료), 무용동작치료, 드라마치료, 연극치료 등으로 독자적인 전문영역을 구축하고 있다(방미나, 2021).

예술치료는 다양한 연령대의 내담자들에게 정신과 신체 건강을 사전에 예방하고 복원, 유지시키는 데 도움이 되는 표현예술활동으로 내담자의 방어를 최소화하고, 치료과정에서 내담자에게 즐거움을 제공하는 가운데 이루어지는 치료 영역이다(방미나, 2021). 특히 예술치료는 인체의 자기치료 능력을 활성화시킴으로써 치료의 효과성을 높이고, 예술활동 그 자체로 심리치료에서 요구되는 공감대의 장을 제공할 뿐만 아니라 치료를 촉진하는 환경이 되어 아동, 청소년, 성인, 노인들의 다양한 문제들을 다룰 수 있는 치료기법이다(Espenak, 1985). 영화치료는 상담과 심리치료에 영화 및 영상매체를 활용하는 모든 방법을 지칭하는 것으로 1990년대 들어 시작된 새로운 치료법 중의 하나이다. 영화의 시나리오는 실제 삶의 변화를 반영하기 때문에 영화를 본다는 것은 정신의 성장과 변화를 돕는다(Wolz, 2005). 영화치료는 상담과정에서 특정 영화를 선정하여 감상하거나, 치료자와 내담자가 영화라는 텍스트를 사이에 두고 서로 의사소통하고, 영화를 내담자의 삶에 통합시키는 상호작용을 말한다(김수지, 2005).

솔로몬(Solomon, 1995)은 영화치료를 치유적 과정을 위해 내담자에게 영화를 처방하는 과정이라고 정의하였으며, 헤슬리와 헤슬리(Hesley & Hesley, 2001)는 행동계획의 대안을 제시하거나 자기이해를 촉진시키고 향후 치료적 개입의 토대가 되도록 영화를 활용하는 것이라고 정의하였다.

영화치료의 기원은 독서치료에서 찾아볼 수 있다. 책과 영화 모두는 생각을 확장하고 재구성하며, 교육이나 상담환경에 적용할 수 있는 창의적 개입이라는 생각이 정신보건 종사자들 사이에 대두되었다(Dermer & Hutchings, 2000). 독서치료와 영화치료는 공통적으로 스토리, 플롯, 메타포를 포함하고 있으며, 텍스트로부터 심리적 거리를 유지하는 가운데 자신을 바라보게 한다(방미나, 2021). 영화가 치료적 수단으로 활용되기 시작한 것은 1990년대 초반 미국에서 사회복지, 간호, 임상심리학 전문가들이 집단상담이나 부부 상담 등에 영화를 활용하는 방법을 모색하면서부터다(강경란, 2013). 2000년대 들어 국내외에서 영화치료에 대한 논문이 출간되면서 본격적으로 영화치료를 검증하는 작업이 활발해졌으며, 그 결과 다양한 대상에서 영화치료의 효과가 입증되고 있다(김수지, 2013).

2) 영화치료의 개념 및 특성

영화치료(cinematherapy)는 영화 감상을 심리치료에 활용하는 것으로 치료적 수단으로 개인 혹은 집단에 보여주기 위해 상업영화를 선택하는 것을 포함하는 특별한 기법을 뜻한다(Berg-Cross, Jennings, & Baruch, 1990). 또한 자기이해 촉진, 행동계획의 대안 제시 및 향후 치료적 개입의 밑바탕이 되도록 영화를 이용하는 것이다(Hesley & Hesley, 2001).

영화에는 인간의 삶과 정서, 환상 그리고 무의식이 복잡하게 얽혀 있으며, 관객은 영화를 통하여 다양한 삶의 방식과 공존하는 가치 체계를 접하게 되며, 등장인물의 행동을 모델링(modeling)할 수 있다(이영일, 1997; Collins, 2008). 이는 영화가 현재 강력한 호소력을 가진 대중문화로 많은 사람에게 특별한 사랑을 받는 있는 이유는 바로 여기에 있다(배상준, 2009). 영화를 통해 자신의 생각과 감정 그리고 행동을 조절하고 세상에 대한 지각의 틀을 바꾸는 새로운 방법을 배울 수 있다(고선옥 외, 2020). 특히 상호작용적 영화치료(interactive cinema therapy)의 경우 영화라는 텍스트를 사이에 두고 교수자와 학습자 또는 상담자와 내담자의 삶을 통합하는 데 도움을 줄 수 있다. 왜냐하면 내담자가 부인하는 감정과 인지, 정서, 행동 사이에 연관을 맺어 주기 때문이다(Heston & Kottman, 1997; Schulenberg, 2003). 게다가 내담자가 영상 텍스트가 형성하는 맥락 내에서 자신의 역할에 대해 객관적으로 볼 수 있도록 자신의 문제에서 충분히 떨어져 있을 수 있게 하는 점은 영화가 치료에 적극적으로 개입하게 만드는 기능이기도 하다(고선옥, 2020). 이것은 영화치료가 좁은 의미로는 영화 감상을 통하여 심리적인 치료를 돕는 것을 가리키고, 넓은 의미로는 치료 및 심리치료의 수단으로 영화를 활용하는 방법 모두를 가리키고 있음을 뜻하는 일이기도 하다(심영섭, 2013).

영화치료는 인간의 삶과 문화에 많은 영향을 미치는 영화 및 영상매체를 상담과 심리치료에 활용하는 모든 방법을 지칭하는 것이다(김수지, 2005). 영화치료는 Movie Therapy, Film Therapy, Reel Therapy, Video Therapy 등의 유사한 용어로도 사용되고 있다(최명선, 2004). 영화치료는 마음의 성장과 치료를 증진시키고(Suraez, 2003), 의식의 변형(Wolz, 2005)에 도움을 줄 수 있는 촉진제로서 특정 영화를 선정하여 영화를 감상하며, 영화라는 텍스트를 사이에 두고 서로 의사소통하고 영화를 내담자 또는 교육자의 삶에 통합시키는 상호작용을 하는 것으로 정의하고 있다(김수지, 2005).

심리치료과정에 영화를 사용하는 것과 관련된 연구자들의 개념 정의는 다양하며 상담을 하는 과정에서 감상할 영화를 제안하거나 내담자와 라포형성 및 대화 촉진을 위한 수단으로 영화를 활용하는 것 등 방법도 다양하게 제시된다(김준형 외, 2006).

영화치료라는 용어는 1990년에 처음으로 사용되었고(Berg-Cross, Jennings, &

Barunch, 1990), 앤더슨(Anderson, 1992)은 영화가 가진 무한한 가능성의 하나인 꿈, 기억, 환상 등을 통하여 인간 내면의 특수한 마음 상태를 발견하고 숨겨진 자아를 찾아 재현해내는 능력을 영화치료가 갖고 있다고 보았다(김준형, 2010). 영화치료는 내담자들에게 직접적 치료 효과를 위해 영화를 사용하거나 촉진제 역할로 영화를 선택하는 치료기법이다(방미나, 2021). 사람들은 영화를 보고 공감함으로써 웃고 눈물을 흘리며 그러한 감정을 다른 사람들과 함께 나누는 등의 활동을 통해 생각을 확장하고 구성하며 상식화하고 교육하는 데 이용될 수 있다(Dermer & Hutchings, 2000).

영화를 상담에 최초로 사용한 카츠(Katz)는 영화가 전쟁 후 외상 후 스트레스를 겪는 환자들의 치료뿐만 아니라 정신과 의사, 심리학자, 사회복지사의 교육에서도 유용하다고 설명했다(Powell & Newgent, 2010). 영화치료의 선두주자인 미국 Northridge Hospital의 Walter E. Jacobson 박사는 영화치료를 통해 환자들이 영화 속 인물과 자신을 동일시하면서 자신이 처한 상황을 이해하고 극복하는 데 도움을 받았다고 주장했다(김준형 외, 2006). 영화는 다른 형태의 예술보다 핍진성(verisimilitude)과 편재성(ubiquity)의 힘을 갖고 있고(Wolz, 2003), 청각과 시각, 문자언어 등을 모두 동원하는 다감각 매체로서 다른 어떤 매체보다도 우리가 '인간의 조건'이라고 부르는 보편적인 욕망, 아이디어, 고통, 자긍심과 웃음, 상징, 이미지를 풍부하게 표현한다. 이러한 보편성의 힘으로 영화는 사람들의 마음을 움직여, 그들이 세계를 보는 방식과 자신을 보는 방식을 변화시킨다(방미나, 2021). 영화가 상담의 도구가 되는 이유는 문화, 계층, 성별, 권력, 성적지향과 같은 주제 들을 탐색하는 이러한 보편적 호소력과 다양성에 있다(Dermer & Hutchings, 2000).

헤슬리(Hesley, 2000)는 영화치료의 목적은 내담자가 자신의 문제를 영화 속 등장인물이 겪는 문제와 연결시켜 궁극적으로는 자신의 문제를 해결하는 방법을 획득하는 데 있다고 보았다. 영화를 보면서 자신의 느낌, 생각과 믿음을 투사하고, 등장인물의 대안적인 행동 등을 관찰하고, 자기 자신의 사고나 감정, 행동들에 대해 자각하고 적용할 수 있다(김수지 외, 2005). 또한 집단영화치료에서 참여자들은 서로의 감정을 공유하고 상호작용을 통해 새로운 견해를 갖게 된다(Marsick,

2010). 참여자들은 그들의 지각에 도전하고 확인하는 방법을 통해 그들이 갖고 있는 비슷한 문제를 다른 사람들이 해결하는 것을 경험하게 된다(Solomon, 1995). 내담자들은 자신과 비슷한 문제를 지닌 등장인물에 대해 토론하면서 저항이 감소되고 깨닫기 어려운 자신의 문제를 받아들이는 과정을 경험한다(Powell & Newgent, 2010). 이처럼 영화치료는 단순히 영화를 감상하는 것을 넘어(Sharp, Smith, & Cole, 2002) 자기자각을 촉진하고 심리적 문제를 치유하는 상담의 원리와 기제가 적용된다고 할 수 있다.

3) 영화치료의 치료적 기제

영화와 상담은 인간행동을 분석하고 재구조화하는 치료적 효과를 이끌어낸다는 점에서는 공통점을 갖고 있다(Hass, 1995). 정신분석학자들은 영화를 보고 내담자들이 치유 경험을 하는 것에는 어떤 정신역동적 심리기제가 들어가 있기 때문이라고 주장하는데(김은하 외, 2017) 영화치료에서 활용할 수 있는 심리적 기제에는 동일시, 투사, 관찰학습이 있으며 영화 자체에서 유래하는 치료적 기제에는 놀이적 속성, 안전한 거리, 상징과 은유가 있다(김준형, 2010).

(1) 영화의 정신역동적 심리기제

정신분석학자들은 영화를 보고 내담자들이 치유경험을 하는 것에는 어떤 정신역동적 심리기제가 들어가 있기 때문이라고 주장하는데, 거기에는 내담자가 주인공을 동일시하는 기제, 자신의 금기 욕망과 정서를 주인공에게 투사하는 기제, 영화 속 주인공의 행동을 모방하는 기제, 영화 속 주인공을 롤모델로 이상화하는 기제가 포함되어 있기 때문이다(심영섭, 2011). 여기서는 동일시, 투사, 관찰학습 등의 개념을 기술하고자 한다(김은하 외, 2017).

첫째, 동일시(identification)는 영화를 보는 동안 참여자들이 일시적으로 영화의 주체로 재구성되고 영화의 등장인물과 동일시되는 과정을 통하여 자신의 내면적 욕구의 해소가 일어나도록 돕는 심리적 기제이며, 참여자의 관념이나 생각을 바꾸는 데 있어서 가장 적극적인 기제가 될 수 있다(김준형, 2010). 영화 속 주인공의 불행과 고통, 기쁨과 환희를 자신의 것으로 느끼고, 울고 웃고 조바심을 내고 자신이 직면한 상황과 영화 속의 현실을 동일시함으로써 해결방안을 강구하게 된다(이경남, 2013).

둘째, 투사(projection)는 스크린으로 이미지를 비추어 영화를 상영하는 것을 의미하기도 하며, 자신의 무의식적이거나 바람직하지 않은 특성을 다른 사람이나 사물에 돌리는 것을 뜻하는 방어기제를 뜻하기도 한다(방미나, 2021). 영화는 이미지의 투사를 통해 안전한 심리적 투사 도구로서 기능한다. 참여자들은 영화를 보면서 영상, 텍스트, 맥락에서 심리적으로 안전한 거리를 유지하면서 영화의 등장인물들에게 다양한 자신의 감정과 생각을 투사한다(방미나, 2021). 이를 통해 방어기제가 완화되고 자신에게 일어나는 신체적 느낌, 감정 변화, 통찰 등을 알아차리면서 자신과 이야기할 수 있는 기회를 가질 수 있다(김은하 외, 2017). 이는 참여자들이 다양한 금지된 생각과 충돌이 자신이 아닌 타인의 탓이라 여기며, 불안을 막는 기제로써 영화 속의 어떤 등장인물이나 그 행동을 통해 알아차릴 수 있다(Wedding & Boyd, 1997).

셋째, 관찰학습(observational learning)은 다른 사람의 행동을 관찰해두었다가 유사한 행동을 나타내는 학습과정이다(Bandura et al., 1977). 영화는 내담자에게 다른 태도와 행동을 선택하는 것을 관찰하고 배울 수 있는 강력한 수단을 제공한다. 영화는 사람들에게 구체적 이거나 상징적인 행동 모델과 개인적인 의견에 관한 표현을 할 수 있게 하며, 사람들은 영화를 통해 자신을 표현하는 새로운 방법을 배우거나 모방하게 된다(방미나, 2021). 이렇게 영화의 등장인물은 성장을 위한 씨를 뿌리고, 문제를 재구조화하고, 건강한 문제해결방법을 제시하며(Newton, 1999), 내담자들은 영화를 통해서 자신을 표현하는 새로운 방법을 배울 수 있다. 관찰학습에는 **그림 11-5**와 같이 네 가지 인지과정이 개입된다고 본다(Bandura et al., 1977).

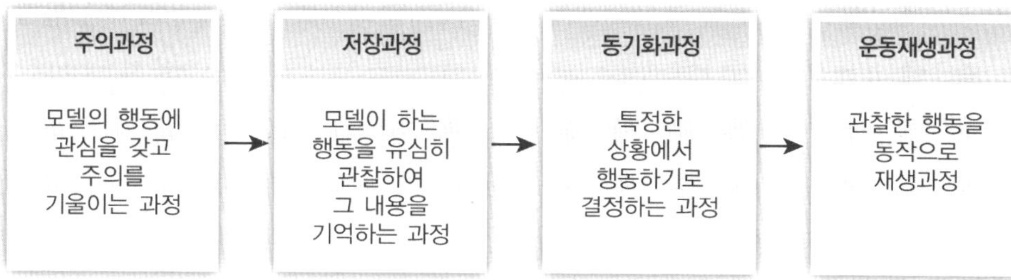

그림 11-5 관찰학습의 네 가지 인지과정

출처: 김은하 외(2017). 영화치료의 기초: 이해와 활용. 서울: 박영스토리.

(2) 영화의 자체적 치료기제

영화를 상담과 교육의 매개로 사용하므로, 매체가 가진 특성이 심리적 치유기제와 결합하여 인간의 인지 · 정서 · 행동의 변화에 어떻게 작용하는지에 대한 자체적 치료기제에 대한 이해가 필요하다.

첫째, 놀이적 속성(playfulness)은 위니캇(Winnicott, 1971)의 잠정공간에서 유래한 개념이다(김수지, 2005). 이 개념에 의하면 영화가 참여자들로 하여금 퇴행할 수 있는 용기를 주기 때문에(Metz, 1982) 참여자들은 영화를 보거나 만들면서 중요한 어린 시절의 관계를 반복하거나 자신의 성 정체감, 결핍, 욕망, 판타지를 대리경험하는 만족을 얻을 수 있으며, 숨겨진 정서를 직면하고 정화하며 현실을 회피할 수도 있다. 더 나아가 영화 관람은 놀이의 재미를 주는 동시에 고통을 치유 받는 승화의 과정을 통해 현실을 초월하는 상태로 관객을 데려다 놓기 때문에(Knill, 1999) 놀이를 통한 치료가 이루어진다고 볼 수 있다.

둘째, 영화치료는 다른 예술치료와 달리 안전한 거리가 형성된다는 장점이 있다(방미나, 2021). 안전한 거리(safe distance)란 내담자가 영상 텍스트에 의해 형성되는 맥락 내에서 자신의 역할에 대해 객관적으로 볼 수 있도록 자신의 문제로부터 충분히 떨어져 있다는 개념이다(김수지, 2005). 영화는 내담자의 문제와 안전하게 떨어져 있으면서도 등장인물과의 공감적 이해가 가능한 상태에 놓이게 만든다(Nichols & Schawartz, 1998).

셋째, 영화의 상징과 은유(symbol & metaphor)는 이야기, 신화, 조크, 우화처럼 치료에 활용될 수 있다(Hesley & Hesley, 2001). 여러 이야기의 형태에서 상징은 강력한 의사소통의 단위로써 복잡한 개념, 태도, 느낌 등을 암시하거나 대표하는 어떤 것, 예를 들어 특정한 대상물, 인물, 영상, 음향, 사건, 장소 등을 가리키며 의미의 창고와 같은 역할을 담당한다(김준형, 2010). 영화의 시청각적 이미지는 은유적 의미를 함축하기도 한다. 은유는 참여자의 시각 또는 치료자의 시각에서 치료적 의미를 지니는 주제로써 독특하고 중요하게 사용되는 기술이다(Bertolino, 1999). 은유는 변화를 원하는 마음의 부분과 변화를 원치 않는 또 다른 부분 사이의 안전한 다리 역할을 하고, 그들이 통찰과 새로운 방향을 성취할 때까지 잠재적인 해결책을 연습하는 것을 가능하게 한다(이윤주 외, 2007). 영화 속 상징과 은유는 내담자가 경험한 사건들로부터 심리적 거리를 두는 기회를 제공함으로써 안전하게 자신을 만날 수 있도록 돕는다. 영화는 고통스러운 감정들을 보게도 하고 풀어내게도 해 주는 비위협적이고 은유적인 측면의 치료적 도구이다(방미나, 2021). 영화 속의 은유는 자신의 두려움과 실망, 외로움, 지침, 열등감 등과 같은 어두운 그림자를 보게도 하고 받아들이게도 하며 상처 입은 아이의 말에 귀를 기울이게도 한다(Mill, 2004). 또한 시각적 은유는 활자화되는 은유와는 달리 내담자들에게 어떻게 하라고 말하는 것이 아니라 시각적으로 보여줌으로써 통찰을 주는 것이다. 인간의 감각 경험 중 시각적 경험만큼 정보를 분명하게 전달하고 감정을 잘 불러일으키는 것은 없다(방미나, 2021). 따라서 영화의 은유적 측면을 활용한다는 것은 내담자의 감정을 가시화하고 재구조화할 수 있도록 돕는 요소이다(Moore, 1998; Wedding et al., 2010).

4) 영화치료의 유형과 기법

(1) 영화치료의 유형

영화치료는 영화를 어떤 방식으로 사용하는지와 내담자가 어떤 형태로 영화를 관람하게 되는지에 따라 크게 세 가지 유형으로 구분할 수 있다(방미나, 2021).

첫째, 자기조력적 영화치료(self-help cinematherapy)로 영화감상치료의 일환이다. 솔로몬(Solomon, 1995)은 우리의 삶에서 스스로를 돕기 위해 이미 영화를 활용하고 있으며, 영화치료는 일상에서 자연스레 이루어지고 있는 자가요법이라고 주장하였다. 이론적으로 자기조력적 영화치료는 영화텍스트와 관람자의 자발적 상호작용으로 치료가 일어나는 것으로 가정한다. 영화치료라는 개념이 제시되기 전부터 사람들은 혼자서 영화를 보면서 카타르시스를 경험하거나 대안적 사고를 획득하는 등 영화를 자신의 삶에 통합하는 작업을 시도해왔다(방미나, 2021). 특히 최근 들어 급속히 성장한 영화 관련 콘텐츠는 독자가 영화를 선택하는 데 있어 일련의 가이드로 기능한다. 볼츠(Wolz, 2005)는 치유적 변화를 목적으로 영화를 선택할 때 참고할 만한 목록과 영화 관람 시 유지해야 할 태도, 심리적 변화를 촉진하는 구체적 방법을 제시하였고, 곽현주(2019)는 영화를 본 후 독자가 스스로 답하면서 치유와 통찰에 이르도록 연관된 질문과 음악을 제시하였다. 이러한 자기조력적 영화치료를 다시 두 가지 유형으로 구분하였는데 혼자서 영화를 보고 스스로 치유적 경험을 하는 자기조력적 개별 영화치료와 둘 이상의 사람들이 영화를 보고 영화에 대한 이야기를 나누는 자기조력적 집단 영화치료(self-help group cinematherapy)로 상정하였다.

둘째, 상호작용적 영화치료(interactive cinema therapy) 유형이다. 상호작용이라는 개념은 영화라는 텍스트를 사이에 두고 영화치료자와 참여자가 영화를 삶에 통합시키도록 하는 상호작용을 의미하는 것으로 영화를 보고 내담자의 치료 작용이 활발하게 일어날 수 있도록 개입하는 치료자의 역할을 강조한다(김수지, 2005; Hesley & Schanzer, 1997; Wolz, 2005). 현재까지 국내외에 보고된 영화치료 연구는 개인상담보다 집단상담 형태가 더 많이 시행되었고, 국내의 경우 김수지와 안창일(2005)의 연구에서 상호작용적 영화치료 개념이 언급된 이후 다수의 연구를 통해 실험적으로 적용되고 검증되었다(김하강, 2010; 심정신 외: 2011).

셋째, 표현 영화치료(video work cinema therapy) 유형이다. '영화 만들기 치료'로도 일컬어지는 이 유형은 영화를 감상하는 수동적인 태도에서 벗어나 내담자가 주체적으로 영화란 매체를 활용하여 창작 및 자신의 감정과 일상을 표현하는 데 중점을 두며, 이를 통해 자신을 드러내고 스스로를 이해하며 변화하는 적극적인 방법이다(공호진, 2019). 표현 영화치료의 유형 중 하나인 '비디오 다이어리'는 자신이 피사체가 되어 카메라로 자신을 기록하는 것이다. 자신을 기록한 화면은 자신의 이미지를 반사하는 '거울'과 같은 역할을 하게 된다고 가정하며, 자신의 감정과 역사, 생각과 생활의 표현을 강조한다(방미나, 2021). 마비스(Mavis, 1982)는 어릴 때 성적으로 학대받은 여성들을 대상으로 개인치료, 집단치료와 함께 비디오치료를 실시하였는데, 참여자 모두가 죄의식과 분노점수는 감소되고 자아존중감은 유의미하게 향상되었다고 보고하였다. 국내에서는 영화전공자들 사이에서 치유적 개념을 도입한 창작치료(방유리나, 2006)가 보고되었고, 우울한 성인 여성(박준형, 2011), 청소년(한현주, 2012), 대학생(김은하, 2015)을 대상으로 표현영화치료를 실시하여 심리적 우울, 집단 적응 유연성, 자기개념 인식 등에 미치는 영향을 밝히고자 하였다. 또한 성인 뇌병변장애인을 대상으로 영화와 사진을 감상하는 감상예술치료활동과 영상과 사진을 직접 촬영하는 표현예술치료접근을 혼합 적용하여 프로그램 실시 후 참여자들은 자신과 타인에 대한 이해, 자기 수용에서 유의미한 효과를 나타냈다고 보고했다. 이는 통합예술치료 관점에서 표현영화치료가 효과적으로 적용되었음을 시사한다.

(2) 영화치료의 기법

볼츠(Wolz, 2005)의 영화치료 이론의 상호작용적 접근방법인 곧 지시적 접근, 연상적 접근, 정화적 접근방법이 있으며, 이 세 가지 유형의 영화치료는 상담 및 심리치료의 여러 단계에서 활용된다(심영섭, 2011; Wolz, 2005, 2006).

첫째, 지시적 방법(prescriptive way)이란 영화를 교육적·지시적 목적으로 사용하는 것을 의미한다(심영섭, 2011). 즉 일종의 교훈적인 이야기, 문제해결을 위한 모델, 또는 잠재능력에 접근하거나 계발하기 위해 특정한 영화를 이용하는 것이다(Wolz, 2005). 상담자가 미리 목적에 맞는 특정한 영화를 준비하여 내담자에게 영화를 보도록 하는 접근법으로 처방적 접근이라고도 한다(김은하 외, 2017). 지시적 방법에서 영화 관람은 서로 다른 태도와 행동을 선택하고 문제해결 과정을 학습하는 관찰학습 및 대리학습의 강력한 도구가 될 수 있다. 내담자들은 자신과 유사한 문제가 있는 등장인물들을 통해 더 객관적으로 자신의 문제를 볼 수 있고 실제 상황에 적용할 수 있는 여러 가지 문제해결책을 배운다. 영화를 본다는 것 자체가 하나의 강화가 되고 내담자에게 흥미를 불러일으킴으로써 재미와 동시에 문제해결 방식을 학습할 수 있다(강경란, 2013). 지시적 방법은 영화 속 모델들을 활용하여 내담자의 자기이해를 돕고, 생각을 가르치거나 재구조화하고 확장하는 역할을 한다(심영섭, 2011). 지시적 방법은 연령층을 뛰어넘어 누구에게나 적용할 수 있다는 특징으로 상담 분야뿐만 아니라 영화를 활용한 교육, 연수, 재활, 정신간호, 복지 등에서 폭넓게 응용된다. 특히 청소년을 대상으로 심리사회적 발달과업과 연관된 지시적 방법의 영화치료 연구가 활발히 진행되었다(강은주, 2011; 공호진, 2019; 권순영, 2011; 김미선, 2010; 송종욱, 2013; 정인주, 2009).

표 11-1 지시적 접근을 위한 영화선택 체크리스트

1. 목적에 맞는 교육적인 요소를 담고 있는가?
2. 내담자와 유사한 인물이 등장하는가?
3. 내담자가 재미있게 보고 즐길 만한 영화인가?
4. 문제해결을 위해 매력적인 역할 모델이 등장하는가?
   - 등장인물은 긍정적 모델인가, 부정적 모델인가?
   - 부정적 모델이라면 활용 시 주의점을 확인하였는가?
5. 영화에 대한 내담자의 반응은 어느 정도 예측 가능한가?
6. 영화를 통해 보여주고자 하는 심리적 통찰과 관련 있는 심리학적 지식을 갖고 있는가?

출처: 김은하 외(2017). 영화치료의 기초: 이해와 활용. 서울: 박영스토리.

둘째, 연상적 방법(evocative way)은 영화를 하나의 꿈이나 투사를 위한 도구로 가정하고 꿈의 기억을 활용하여 상담을 받듯 영화 관람 후 자유연상되는 어린 시절의 기억과 중요한 타인에게 갖는 감정을 상담에 활용하는 것이다(심영섭, 2011). 어린 시절의 감정이나 행동의 일부로 퇴행하는 것은 방어를 해제하고 의식의 수준을 확장하여 보다 자연적인 자기와의 만남으로 이어지도록 돕는다(최혜림, 2013). 연상적 방법은 영화 관람 도중 일어나는 모든 자극을 무의식이 주는 단서로 이해하려는 것이다. 여기서 '자극'이란, 영화 관람 도중 특정한 신체 · 정서적 반응이 일어나는 장면이나 영화가 끝난 후 잔상으로 남는 감각반응이다(방미나, 2021). 스크린에 투사된 개인의 무의식적 기억과 경험을 의식 수준에서 대면하는 것은 다양한 심리적 증상을 비롯하여 일상적인 실수나 망각으로 위장된 무의식적 소망과 갈등을 이해하는 길이 된다. 자신의 무의식으로부터 건네받은 메시지를 의식의 수준에서 다양한 방식으로 표현하는 것은 삶의 건강한 측면으로 전환하는 계기가 될 수 있다(Rosen, 1982). 볼츠(Wolz)는 그의 저서 『시네마테라피(E-motion picture magic)』에서 "영화는 이 시대의 집단적인 꿈과 같다."라며 영화치료의 연상적 방법은 '꿈을 이해하듯 영화를 이해하는 것'이라고 했다(김은하 외, 2017). 연상적 방법에서 상담자는 내담자가 보고하는 자극에 주목하고 그것이 주는 메시지를 치료적 과정에 반영한다. 조상호(2017)는 영화의 모호한 이미지를 활용하여 연상적 방법과 스토리텔링을 결합한 영화치료를 실시하였고, 프로그램

표 11-2 연상적 접근을 위한 영화선택 가이드라인

1. 연상적 접근에서는 특정 영화가 적절하다고 제시하기 어렵다. 어떤 영화가 내담자에게 의미 있게(혹은 임팩트 있게) 다가갔는지가 연상적 접근의 출발이다.
2. 내담자가 반복해서 관람한 영화라든가, 오랫동안 각인되어 잊지 못하는 영화가 무엇인지 질문할 수 있다.
3. 그 영화가 주는 전체적인 의미도 좋겠지만 특정 장면, 특정 대사, 특정 등장인물에서 무엇을 경험했는지를 상담의 시작으로 여길 수 있다.
4. 다음과 같은 질문으로 이끌어낼 수 있다.
   • 특별하게 기억나는 영화가 있습니까?
   • 그 영화는 당신에게 생애 최초의 영화입니까?
   • 혹은, 중요한 시기와 관련된 영화입니까?
   • 혹은, 의미 있는 사람과의 관계가 묻어나는 영화입니까?
   • 그 영화는 당신에게 정화, 위로, 격려, 변화의 모델 중 어떤 것으로 기억됩니까?

출처: 김은하 외(2017). 영화치료의 기초: 이해와 활용. 서울: 박영스토리.

실시 후 내담자의 우울, 공격성, 대인관계, 존중감에서 유의미한 효과를 보고하였다. 내담자에게 연상을 일으키는 자극은 스토리, 인물, 음악, 미술적 요소 등 무엇도 될 수 있으며, 상담자는 미술치료, 음악치료, 이야기치료 등 다른 장르의 예술치료와 통합할 수 있다(방미나, 2021).

셋째, 정화적 방법(cathartic way)이란 영화 관람을 통해 웃음과 울음, 분노, 두려움 등 다양한 감정을 경험하고 억압된 감정을 방출함으로써 감정적인 정화와 정서적 고양 상태를 경험하도록 하는 것을 말한다(김은하 외, 2017). 내담자가 카타르시스를 많이 경험할수록 치유의 과정에 보다 빠르게 도달한다는 가정을 근거로 한다. 치료자는 영화를 통해 내담자가 몸과 마음에 저장해둔 방출하지 못한 정서에 접근하고 이를 방출하도록 도와준다. 많은 영화는 사고보다 정서를 통해 이야기를 전해 주기 때문에, 영화는 감정을 억압하려는 본능을 중화시키고 정서적 방출을 촉진할 수 있는 것이다(Wolz, 2005). 정화적 방법은 마음이 후련해지는 정서적 환기를 통해 정신이 고양되고 고갈된 에너지가 재생되는 느낌을 받는다. 이는 긴장과 스트레스, 고통을 완화하는 신체적 작용을 하며 불안을 완화하기도 한다. 이 방법의 장점은 언어적 상담보다 단기간 내에 다양한 정서를 경험하게 할 수 있다는 것이다. 이는 영화 자체가 스토리, 캐릭터, 음악 등 다양한 장치를 배열하기 때문이며, 이때 방출된 정서가 상담자와 내담자의 친밀감을 높여주고 라포를 형성하는 데 이바지한다. 또한 의사소통 기능으로도 작용하며 상담자와 내담자는 그 정서를 정확히 공감하고 그것의 근원과 이유를 함께 논의함으로써 내담자가 어떤 상황과 문제에 처해 있고, 어떻게 해결해야 할지 등에서 도움을 줄 수 있다. 특히 내담자는 자신의 정서를 이해하고 또 이해받는 과정에서 상대방의 감정을 이해할 수 있게 되고, 좀 더 상대방의 정서를 배려하는 법을 배울 수 있다(심영섭, 2011). 영화치료는 세 가지 유형과 방법이 독립적으로 혹은 통합적으로 사용된다. 영화는 영화 그 자체로도 심리치유적 가치를 지니지만, 이후 상담에서 치유적 반성과 논의가 이어질 때 그 진가를 발휘할 수 있다(Portadin, 2006).

표 11-3 정화적 접근을 위한 영화선택 체크리스트

1. 풍부한 감정과 정서가 배어 있는 내용의 영화인가?
2. 삶의 실존적인 고통과 의미, 깊은 감동과 정서적 승화를 주는 영화인가?
3. 보고 나면 정서적 고양감을 일으킬 수 있는 영화인가?
   • 용기, 지혜, 호기심, 휴머니즘 같은 긍정심리학의 가치를 주제로 담고 있는가?
   • 분노, 시기, 기쁨, 슬픔, 수치심, 질투, 두려움, 사랑 중 어느 감정이 타깃인가?
   • 결핍, 동기, 욕망 같은 무의식을 건드리는 영화인가?
4. 자아의 변형과 초월을 다룸으로써 더욱 정서적 성찰을 하게 만드는 영화인가?

출처: 김은하 외(2017). 영화치료의 기초: 이해와 활용. 서울: 박영스토리.

3 영화치료의 과정

1) 영화치료단계

영화치료는 일반적으로 다음과 같은 순서로 이루어진다(김은하 외, 2017).

첫째, 영화를 치료나 교육에 어떻게 활용할지에 관심을 두고 영화를 관람하는 것이 필요하다. 영화치료를 위해 등장인물의 내면 심리, 등장인물 간의 갈등, 갈등을 해결하는 방법 등에 초점을 두는 이러한 치유적 관람이 우선적으로 전제되어야 한다.

둘째, 치유적 관람과 함께 영화치료에 활용할 영화들을 범주별로 유목화하여 정리해 두는 것이 좋다. 영화목록집에 포함될 영화에 대한 정보를 기록할 때는 제목, 상영시간, 등급, 줄거리와 같은 영화의 기본 정보 외에 영화치료에 활용하고 싶은 장면이나 주요 대사, 좋아하는 인물 및 싫어하는 인물과 이유, 적용 대상과 논의할 질문 등을 포함하면 좋다.

표 11-4 영화목록양식 예시

구분	분류	기본정보	줄거리
1	직업	영화 제목: 세 얼간이 제작연도: 2011 상영시간: 171분 등급: 12세	천재들만 간다는 일류 명문대 ICE, 성적과 취업만을 강요하는 학교를 발칵 뒤집어 놓은 대단한 녀석 란초! 아버지가 정해 준 꿈, '공학자'가 되기 위해 정작 본인이 좋아하는 일은 포기하고 공부만 하는 파파보이 파르한! 찢어지게 가난한 집, 병든 아버지와 식구들을 책임지기 위해 무조건 대기업에 취직해야만 하는 라주! 친구라는 이름으로 뭉친 '세 얼간이'! 삐딱한 천재들의 진정한 꿈을 찾기 위한 세상 뒤집기 한판이 시작된다!

셋째, 내담자를 잘 이해하고 상담목표에 부합한 영상을 확인해야 한다. 헤슬리와 헤슬리(Hesly & Hesly, 2001)는 치료목적으로 영화를 사용할 때 다음 평가를 하도록 제안하였다(심영섭, 2011 재인용).

- 치료의 목적과 문제 파악하기
- 내담자의 취미, 관심, 활동, 직업 등에서 강점 평가하기
- 영화의 내용을 이해하는 내담자의 능력, 캐릭터와 내담자 간의 유사점과 차이점 결정하기
- 문화, 민족, 사회경제적 지위, 성적 지향, 성별 등에서의 다양성 고려하기
- 평가에 기초하여 영화와 내담자 연결시키기

넷째, 영화치료에 활용할 영화를 선정할 때 기본적으로 고려해야 할 다음 사항을 염두에 두고 내담자에게 적용할 영화를 선정해 보자.

- 무엇보다도 내담자의 선호를 고려하여 내담자가 좋아할 만한 영화를 선택한다. 또한 선호하는 장르의 영화지만 본 적이 없어 호기심이 가는 영화 등을 선택하는 것이 내담자의 몰입도 수준을 높일 수 있다.

- 진행 중인 상담관계나 상담의 분위기에 맞는 영화를 선택한다. 진행 중인 상담이 초기 단계인지 아니면 작업단계인지 상담의 국면에 따라 영화의 선택이 달라질 수 있다.
- 효과적인 역할 모델(role model)이 나오는 영화를 선택한다.
- 질문을 던지고 영감을 주는 영화를 선택한다. 영화 전체가 치유적 경험을 제공하는 영화를 선택할 수 있다. 인생의 어떤 문제에 대해 실존적인 물음과 여운을 남기는 영화를 선택하는 것은 영화치료에 가장 적합한 영화가 될 수 있다.

다섯째, 영화를 보고 나서 상담자와 내담자가 함께 치유적 논의를 하는 것이 중요하다. 내담자의 생각과 정서가 어떻게 흘러갔는지, 내담자의 이슈와 연관지어 함께 확인하고 논의해야 한다. 치유적 논의에서 일반적으로 할 수 있는 질문들은 다음과 같다.

- 영화에 대한 전반적인 인상은 어땠나요?
- 자신과 관련된 부분이 있었나요? 어떤 부분이 그렇게 생각되었나요?
- 자신과 가장 유사한 인물을 선택한다면?
- 선택한 캐릭터는 자신의 문제를 무엇으로 보고 있나요?
- 자신의 문제를 어떻게 해결했나요?
- 만약 스크린 속으로 들어가 문제를 해결한다면 어떻게 하고 싶은가요?
- 주인공과 다른 등장인물 간의 관계는 어떠한 것 같나요?
- 그들은 왜 그런 관계가 되었다고 생각하나요?
- 영화를 보고 나서 떠오르는 기억이 있나요?

2) 영화 활용 설계

영화를 활용하여 치료 또는 교육에 적용할 때는 좀 더 세밀한 전략이 필요하다. 수업의 설계에서 감상 후 단계를 좀 더 세분화하였다(강충열 외, 2017).

표 11-5 영화를 활용한 치료 및 교육의 단계

<table>
<tr><th>단계</th><th>형태</th><th>활용</th><th>활동</th><th>의미</th></tr>
<tr><td>도입</td><td>전체 학습</td><td>감상 전 단계</td><td>〈상담사 및 교사의 설명〉
• 주제 선정 및 관람의 관점 제시
• 학습목표의 제시</td><td>• 학습자의 배경지식 활성화
• 학습자의 흥미 유발</td></tr>
<tr><td rowspan="3">전개</td><td>개별 학습</td><td>감상 단계</td><td>〈영화 텍스트 감상〉</td><td>• 영화 '읽기'
(보고, 듣고, 느끼고, 이해하기)</td></tr>
<tr><td>개별 학습</td><td rowspan="3">감상 후 단계</td><td>〈개인적 의미 구성〉
• 글쓰기를 통한 영화의 의미 구성</td><td>• 영화 '쓰기'
[자신의 언어를 통한 재구성, 의미의 체화 내면화) 과정]</td></tr>
<tr><td>모둠 학습</td><td>〈공동체적 의미 구성〉
• 영화의 의미에 대한 학습자 상호 간의 대화와 토론</td><td rowspan="2">• 공동체의 '의미 나누기'
(타자와 자신의 비교를 통한 의미 내면화의 심화과정)</td></tr>
<tr><td>정리</td><td>전체 학습</td><td>〈교사와 학습자의 토론 및 교사의 정리〉</td></tr>
</table>

출처: 강충열 외(2017). 창의·인성 교육의 이론과 실제. 서울: 학지사. 재구성.

첫째, 감상 후 단계를 좀 더 세분화하면 먼저 학습자 개개인의 자발적 의미 구성을 유도하기 위하여 학습자로 하여금 교사가 제시한 주제 및 학습목표와 연계하여 개인적인 글쓰기 과정을 거치도록 한다. 영화라는 텍스트 '읽기'와 그 경험에 대한 개별적인 '쓰기'를 통해 학습자들은 좀 더 세밀하게 의미를 구성할 수 있을 것이다.

둘째, 의미 구성 과정을 내면화한 학습자들이 동료들과의 대화를 통해 공동체적인 '의미 나누기' 과정을 갖도록 한다. 이렇게 영화 감상 후에 영화를 보기 전과 보고 난 후의 달라진 시각에 대해 자유롭게 이야기하고, 함께 토론하며 의견을 나눔으로써 영화를 통해 얻은 가치를 좀 더 깊이 내면화할 수 있을 것이다.

같은 영화를 보더라도 그 영화에서 느껴지는 감동은 저마다 모두 다를 수 있기 때문에 이 영화를 통해 느낀 점, 생각하게 된 점들을 서로 나누게 되면 학습자들은 영화의 의미를 더 확실히 그리고 더 깊이 체화할 수 있을 것이다. 이 단계에서 학습자들은 토론이나 토의의 결과에 대해 자신의 입장을 다시 한번 정리하고 확인할 수 있을 것이다.

셋째, 교사가 최종 정리를 할 때 주의해야 할 점은, 영화 텍스트와 학생들의 글쓰기 및 토론의 범위를 벗어난 당위성을 일방적으로 강요해서는 안 된다는 것이다. 그것은 또 하나의 강요의 윤리가 될 것이고, 방법만 달리한 주입식 교육이라는 결과를 얻게 될 것이기 때문이다. 이 경우, 교사도 영화 텍스트에서 자신이 느낀 점이나 왜 그 영화를 선택했는지를 다시 한번 분명히 학습자들에게 이야기함으로써 학생들의 관심과 이해를 높이는 방법은 나쁘지 않을 것이다.

3) 영화치료 시 주의할 점

영화치료 시 다음과 같은 상황에 주의해야 한다(김은하 외, 2017).

첫째, 다음과 같은 내담자는 영화치료가 효과적이지 않을 수 있다.

- 영화를 좋아하지 않는 내담자: 영화치료에 대해 부담을 갖거나 부정적인 시각을 가짐
- 특정 망상이 있거나 심한 정신적 장애가 있는 내담자: 영화가 망상을 자극하거나 취약한 부분을 촉발시켜 상태를 악화시킬 위험이 있음
- 외상 후 스트레스 장애를 지닌 내담자: 외상을 재경험할 가능성이 있음

둘째, 첫 번째 영화 배정은 내담자가 이미 본 영화부터, 영화의 선택권을 내담자에게 주거나 내담자가 본 영화들과 유사한 영화를 제안하는 것이 좋다.

셋째, 영화를 보다가 감정반응이 격렬하게 일어나거나 보고 싶지 않다면 언제든지 관람을 그만둘 수 있음을 알린다.

Chapter 12

놀이와 놀이치료

1 놀이의 이해

놀이가 언제부터 시작되었는지 알려진 바는 없다. 대체로 고대인들에게 향유되었던 놀이문화의 최고 형태라고 알려져 있다. 특히 풍요 신원(祈願)이라는 제의적(祭儀的)인 성향이 강한 민속놀이였다고 보인다. 그러나 시대적 변천을 거듭해오면서 제의적인 성향이 약화되고, 오락적인 성향이 강화되었을 것으로 추정된다. 이러한 성향의 변화는 당연히 놀이구성에도 영향을 끼치게 되었을 것으로 보이나 그 구체적인 놀이형태들이 보고된 사례는 없다.

'강강술래'의 역사 중에서 가장 주목해야 할 것은 임진왜란 기원설이라고 할 수 있다. 국가의 위난에 민속놀이가 전략과 전술로 사용된 중요한 사례이기 때문이다. 이러한 활용은 강강술래에 대한 자긍심을 바탕으로 전승의 양과 질을 확대 재생산하게 되었을 것으로 추정할 수 있다. 이렇게 임진왜란을 거친 강강술래는 전래 민속놀이들과 연결되면서 새로운 형태의 놀이로 재구성된다.

즉, 고대의 강강술래는 원무를 중심으로 하고 있으며, 임진왜란 시의 강강술래는 대립형 구조를 수용했을 것으로 추정할 수 있고, 이후 소수의 민속놀이가 가미되어 전승되다가 종합적인 놀이구조로 재생산되었다고 볼 수 있다. 여기서 놀이구성의 전제는 원무형식이지만, 차차 나선형이나 용트림형 등 원무파생 형태에서 대립형의 구조까지 확대되어 나왔음을 확인해 볼 수 있다.

1) 놀이의 개념

놀이는 아동이 태어나서 성장하는 동안 아동의 생활에서 놀이가 전부라고 해도 과언이 아닐 정도로 아동에게 있어서 놀이는 생활 그 자체라고 할 수 있다. 아동은 놀이를 통해서 성장 · 발달한다고 할 만큼 아동의 발달 전반에 있어서 놀이는 매우 중요한 부분을 차지하는 중요한 활동이다.

놀이의 사전적 정의는 즐거움을 얻기 위해 자발적으로 행하는 모든 활동, 인간의 모든 신체적 · 정신적 활동 가운데 생존과 관련된 활동을 제외한 것으로 보통 '일'과 대립되는 개념으로 쓰인다. 놀이와 일은 자기실현의 기회가 주어지는 인간의 의식적인 활동이라는 점에서는 같으나, 놀이는 '재미' 또는 '즐거움'을 전제로 하지만 일은 그렇지 않다는 차이점이 있다. 일 또한 '즐거움'을 주기도 하지만 그것이 필수적인 것은 아니며, 놀이와는 달리 강제성을 지니고 때때로 고통을 수반하기도 한다. 반면 놀이는 강제성이 없는 자발적 참여를 특징으로 하고 '보상'을 전제로 하지 않으며, '재미'나 '만족' 그 자체를 목적으로 한다. 놀이와 일을 적절하게 조화를 이룰 때, 놀이의 건강한 기능이 온전하게 발휘되고 일의 능률도 올라가게 되며 삶의 보람을 느끼게 된다.

유년기의 놀이활동은 아이들의 지능발달과 사회화 훈련에 중요할 뿐만 아니라 놀이의 구체적인 신체활동을 통해 신체발달에도 중요한 역할을 한다. 학생의 세계를 재창조하고 그것을 이해하게 되는 것은 바로 놀이를 통해서이다. 즉, 학생의 놀이는 학생의 경험에 그 기초를 두고 있다. 놀이에 대한 개념 정의는 학자들마다 매우 달라서 한마디로 규정하기가 매우 어려운 실정이다. 여러 학자의 견해를 살펴보면 다음과 같다.

노이만(Neumann, 1971)은 놀이는 외형적인 것에 영향을 받지 않으며 내면 만족이 중요한 내적 동기에서 우러나오는 것이라고 하였다.

브루너(Brunner, 1975)에 의하면 놀이는 아동시절의 본질이라고 보았다. 유아기에 아무렇게나 노는 놀이는 유아들이 최초로 당면하는 과제일 뿐만 아니라 성인이 된 다음에 능력을 좌우하는 필수적 요소이며, 놀이는 뒷날 직면하게 될 문제해결 및 창의력을 위한 경험을 준다고 하였다. 놀이는 단지 생존에 적절한 본능적 행위의 연습을 제공하는 데 그치는 것이 아니라 오히려 놀이는 축적되어서 뒷날 문제해결의 유용한 수단이 될 수 있으며 과도한 행동을 감소시켜 주고, 학생으로 하여금 그들이 자라서 필요로 하게 될 기술을 보다 쉽게 습득할 수 있도

록 해 준다.

가비(Garvey, 1977)는 놀이는 즐거운 것이라고 정의하였다. 즉 놀이의 동기는 내면적이고 무의식적이며, 자발적이고, 유아의 능동적 참여를 수용하므로 창의성, 문제해결, 언어습득, 사회화 및 인지적 현상에 관계된다고 하였다.

코메니우스(Comenius, 1964)는 놀이는 아동생활에 필연적인 것으로 인정해 건전한 놀이를 장려하고 중요시했으며 놀이가 어린이가 지닌 가능성과 잠재력을 발전시키는 유일한 수단이라고 보았다(강선보 역, 1987).

피아제(Piaget, 1962)는 놀이는 새롭고 복잡한 사물들과의 사건들에 대하여 배우는 방법과 개념, 기술들을 통합하고 확대하는 방법, 특히 사고와 행동을 통합하는 중요한 방법으로 아동은 놀이를 통해서 세계를 경험하고 가장 순수하게 동화와 조절을 이루어 나간다고 하여 놀이의 교육적 기능을 강조하였다.

바이닝거(Weininger)는 놀이는 무목적이거나 무방향적인 활동이 아니고 무엇인가를 성취하고 안락감을 느끼기 위한 행동의 시도이기 때문에 아동은 그의 세계를 혁신하고 변화시켜 나갈 수 있다고 하였다(놀이연구회, 2000). 또한 아동의 놀이는 바로 그들의 축소된 세계이며 전체적으로 조화로운 인간으로 성장할 수 있는 가장 중요한 활동 중의 하나이다(김인혜, 1996).

프로이트(Freud, 1961)는 아동은 그가 실생활에서 인상 깊게 경험한 모든 일을 놀이를 통해서 충동적으로 반복함으로써 억압된 감정을 해소시키고 상황의 주인공이 되고자 한다고 했다.

헐록(Hurlock, 1978)은 놀이와 일을 명확히 구분하려 하나 서로 배타적으로 분류할 수 없으며 오직 그 활동에 대한 행위자의 태도 여하에 따라 좌우된다고 하였다. 놀이는 아동의 타고난 자신의 표현방식이고 모든 아동의 공통언어라고 했다.

하위징아(Huizinga, 1955)는 일반적으로 놀이의 의미와 본질을 규정한 것들은 공통적으로 놀이는 놀이 자체가 아닌 어떤 다른 것을 목적으로 행해진다는 점이다. 그러나 놀이는 어떤 목적을 추구하는 수단으로서의 활동이 아니라 놀이 자체에 의미가 있고 놀이하는 그 자체에서 기쁨을 얻는 활동이다. 그러므로 놀이는 삶의 한 기능이지만 정의를 내릴 수 없고 인간을 호모 사피엔스(homo sapiens, 생각하는 인간), 호모 파베르(homo faber, 도구를 만드는 인간)와 같은 범주로 호모 루덴스(homo ludens, 놀이하는 인간)를 인간의 속성에 넣어야 한다. 그리하여 인간은 놀이를 통하여 그들의 인생관과 세계관을 표현한다고 주장하였다(권영빈 역, 1994).

초등학생에게 있어서 놀이는 정서의 발달과 성장에 가장 중요한 활동이며, 학습 또는 생활 자체임을 뜻하는 것으로 총체적인 발달의 기반으로 강조되었다. 그 이유로 로빈슨(Robinson, 1977)은 인지발달, 사회적 발달을 촉진하고 아동의 자발적인 행동욕구를 충족시키고 환상, 긴장해소, 기타 심리적 욕구를 충족시키는 놀이의 역할 때문이라고 강조했다. 시펠트(Seefeldt, 1974)는 아동들이 상당한 시간을 놀이에 소비하고 있으며, 이 놀이 과정을 통하여 그의 주위 환경을 탐색하고 실제 세계에 적응하여 나가고 있다는 것을 밝히고 있다. 프뢰벨(Fröbel, 1837)은 놀이를 어린이의 자발적 활동을 위한 또는 어린이의 내적 잠재력을 발현시키는 완벽한 수단으로 보았다. 놀이는 아동들의 가장 좋은 학습방법이다. 놀이는 중요한 교육과정으로써 학습활동이며 성장발달에 본질적인 의의를 갖고 있다.

이와 같이 놀이에 대한 다양한 견해들을 통합해 보면 어린 학생의 놀이활동은 학생의 총체적 발달을 의미한다고 볼 수 있다. 이러한 놀이활동은 자발적인 것이며 전혀 강제적이거나 구속에 의한 것이 아니다. 그저 즐겁게 무엇인가 하면서 시간을 보내는 것이다. 이는 어른들이 일에 지친 심신의 피로를 풀기 위해 노는 것과는 달리 학생들에게 있어서는 놀이 그 자체이다. 그것은 놀이의 목적이 활동 그 자체에 있고 활동의 즐거움이라는 것을 입증하여 준다. 놀이는 학생의 세계를 특정 짓는 그들의 삶의 중요한 한 영역이며, 놀이를 통하여 학생들은 자아를 발견하고 사회를 경험하며 현실을 재구성하여 학생들 나름대로 세계를 창조한다.

2) 성장단계별 놀이특성

아이들은 놀이에서의 동화와 적응을 통해 스스로 점진적으로, 단계적으로 발전시켜 나가게 된다. 그 각 단계는 특징적으로 일어나는데 Richard Dattner는 그의 저서에서 출생에서부터 15~16세까지를 5단계로 나누어 살펴보았다. 본 내용은 놀이영역 특성에 따른 아파트 외부 놀이공간 계획에 관한 자료 일부를 살펴보면 다음과 같다.

(1) 출생 후 18~24개월(감각기관 단계)

유아는 본능적인 반사신경을 가지고 태어난다. 단순히 바라보는 소극적 상태에서 적극적으로 더듬거려 물건을 찾는 것으로 변한다. 유아의 분리된 행동들이 이 시기에 통합되면 공간과 깊이를 자각하기 시작하며 공간 내에서 거동하는 것을 배운다. 자기의 환경 내에서 자기 행위가 변화를 일으키는 것을 알고 우연성을 배운다. 다른 사람들의 행위를 관찰하기 시작하고, 그들의 행동을 흉내 내려고 하며, 동시에 수단과 목적이 있음을 배우게 됨에 따라 원하는 결과를 얻기 위해서 일련의 간단한 단계를 밟을 줄 알게 된다.

또한 이 단계는 피아제(Piaget)가 '연습놀이'라고 부른 말로 표시할 수 있다. 연습놀이의 특징은 반복적이며 외적 사건의 원인 속에 있다는 즐거움이다. 예를 들어 어떤 물건을 움직이게 했더니 바닥에 떨어진다는 것을 알게 되면, 그것을 확신하고 만족할 때까지 즐거워하며 계속 반복하게 된다. 그리고 일단 만족하게 되면 다른 과제로 바꾸게 된다. 사건의 원인 속에 있다는 즐거움은 자기 자신과 환경을 어느 정도 조종할 수 있는 능력과 자신에 대해 어린이가 만족감을 표현하는 것이다.

(2) 18~24개월에서 4년(예비개념 단계)

이 단계에서 어린이는 상징을 창조하고 다른 사람들의 행동을 모방하며 말을 배우는 능력을 발달시킨다. 피아제는 상징의 창조-내적으로 창조된 상징에 의해서 행위나 사물을 외적으로 표현하는 것과 어린이에게 있어서 언어를 발달시키는 것에 선행하며 사실상 언어 발달 조건의 필요조건이라 밝혔다. 어린이는 자기가 직면하고 있는 환경만이 자기의 세계 범위가 아니며 상상 속에서 상징을 사용하여 새로운 상황을 창조할 수 있다.

이 시기에는 '상징놀이'가 어린이 활동의 필수적인 부분이다. 연습놀이가 새로 배운 신체기술에 동화하는 수단을 제공하는 것처럼 상징놀이는 사물을 표현하는 새로 나타난 기술에 동화하는 방법을 갖게 해 준다. 아이들은 흔히 어떤 물건을 동일시하며 놀이를 하는 데 소꿉장난은 무엇을 상징하는 가장 대표적인 놀이이다. 상징놀이의 내용은 어린이의 경험에서 이끌어지며 가장 깊은 곳에서 나온 욕구를 구체화한 것이다. 상징놀이는 대부분의 어른이 가져보는 공상과 같은 기능을 어린이에게 주는 것이다. 공상이란 우리의 욕구가 성취되고 불쾌한 현실도 바뀌는 기분 좋은 상황 속에 우리를 집어넣는 것이다.

상징놀이는 일종의 성취이다. 4세까지의 어린이는 자신의 일에 몰두하기 때문에 다른 아이의 활동에 거의 신경을 쓰지 않는다. 그들은 함께 놀기는 하지만 그 아이들의 존재를 즐기면서 각자 자기가 창조한 환상 세계에 빠져들며 가끔 상대 행위도 일어난다. 이렇게 다른 아이들에게 노출시키는 일은 보다 높은 수준의 사회활동이 일어날 장래에 대비해서 중요한 과정이다.

(3) 4년에서 6년(직관단계)

이 단계의 어린이는 자신의 경험을 늘어나는 논리적 개념으로 조직하는 개념화의 능력이 성장한다. 진정한 논리는 부족하나 부모에게 질문을 해 가면서 장래의 논리적 기능을 위한 기초를 마련한다. 어린이의 사회적 세계가 이 시기에 역시 자라나기 시작하고 다른 아이들을 의식하기 시작하면서 그들의 행위도 모방하려고 한다. 이는 순수한 개인과 완전한 사회적인 활동을 중개하는 하나의 사회적인 행동방식이다. 그러므로 이 시기는 하나의 전이단계이다. 환상 세계와 현실 세계 사이에 있으며 직관의 세계와 논리적 사고의 세계 사이에 있고, 고독한 놀이의 세계와 사회적 협동 및 상호이해의 세계 사이에 있는 전이단계이다.

(4) 7, 8년에서 11, 12년(구체적 기능단계)

사고가 지각이나 행동으로부터 점차 분리되며 경험을 분류하고 그 관계와 수효를 조직하기 시작한다. 그리고 사물을 보존(흙덩어리같이 형태가 변해도 사물의 양을 증감시키지는 않는다는 사실)과 역전(앞으로 향하던 걸음을 뒤로하면 다시 원위치로 돌아가게 된다는 사실) 같은 개념도 알게 된다. 이 단계는 규칙에 맞추어 놀이하는 것이 강한 관심을 보이며 다른 사람의 관점도 이해하게 되어 여러 사람의 협동심을 요구하는 작업이 가능해지고, 또한 그것이 중요한 역할을 하게 되는 단계이다. 이 시기는 어린이가 구체적인 사물의 세계에 관심을 갖기 시작하는 단계이기도 하다. 호기심은 그 어느 때보다도 구체적이며 또 그것을 직접 경험에 의해서 해결하려고 한다.

(5) 11, 12년에서 15, 16년(형식 기능단계)

소년기에는 발달하는 개인으로서 성인의 사고과정이 두드러지게 나타난다. 논리적 체계에 관심이 있으며 형이상학에도 관심을 보인다. 지각과 사고를 분리시켜 이론과 가설을 구체화할 수도 있다. 놀이에 관해서는 사고와 사건에 대한 관심이 놀이 규칙에 전념하는 것에서 나타난다. 이전과는 다르게 놀이의 규칙에만 몰두하지 않으며 놀이에서 일어나는 모든 가능한 상황을 예상하게 되고 스스로의 논리체계를 창조하면서 어른이 접한 상황의 복잡성과 경쟁적인 상황을 창조하는 데서 기쁨을 얻는다.

3) 놀이의 특성

놀이는 다른 활동과 어떻게 다른지, 즉 '놀이'라 부르는 활동의 준거가 되는 특성은 다음과 같다.

첫째, 놀이는 다른 활동과는 달리 그 활동 자체가 목적이 되며 전체 과정을 진행함에 있어 일정한 유형이나 특별한 행동 양식을 정할 수 없다. 물론 때로는 놀이에도 목적과 규칙과 결과가 있을 수 있으며, 다소간 성공을 전제로 하는데, 이는 마치 예술에서 어떤 작품이 성과를 거두는 것과도 같은 것이라고 할 수 있다.

둘째, 놀이는 그 동기에 있어서 자발적이다. 다른 활동은 그 활동의 동기가 타의나 외부로부터 비롯될 수 있으나, 놀이는 항상 내부로부터 자발적인 욕구나 동기가 있어서 하게 된다.

셋째, 놀이는 즐거움에 그 목적을 두고 있다. 다른 활동은 목적에 따라서 그 과정이나 결과가 즐거움을 수반하지 않을 수도 있으나, 놀이는 항상 즐거움의 원칙에 근거하여 진행된다. 즉, 놀이하는 사람은 놀이를 함으로써 어떠한 의미로든지 정신적인 즐거움을 얻게 된다.

넷째, 놀이는 비조직적 · 비지시적인 활동이다. 다른 활동은 미리 계획하고 구성하여 그에 따라 조직적인 활동을 펴나가는데, 놀이는 정해진 유형이 없으므로 놀이의 형태가 비조직적이고 비지시적으로 나타나게 된다. 흔히 놀이하는 과정에서 놀이하는 학생들의 신분, 지위, 역할 등이 뒤바뀌는 경우를 볼 수 있으며, 따라서 때로는 질서가 없는 혼돈의 상태에 이르게 되는 경우도 생기게 된다.

다섯째, 놀이는 동기 유발을 요구한다. 다른 활동은 동기 수준에 있어서 변화가 있으나, 놀이는 항상 높은 동기가 유발되고 그에 따라 높은 성취감을 맛보게 되는 활동이라 할 수 있다. 예를 들어, 우리가 청소할 때 비질을 하면 힘들고 별로 하고 싶지 않으며 동기 수준은 낮아진다. 그러나 비질을 하는 놀이를 하면 상황은 달라진다. 놀이는 공부나 일과 반대되는 것이 아니라 상호보완적인 역할을 하는데, 놀이가 학생의 발달에 미치는 효과는 다음과 같다.

첫째, 놀이는 몸을 골고루 잘 자라게 한다. 학생들은 활동을 하며 서로, 밀고, 당기고, 치고, 도망가고, 심지어 다투면서 몸의 각 부분이 골고루 발달된다. 얼굴이 검게 그을려 뛰노는 학생과 툭하면 감기며 소화 불량에 시달리는 학생을 비교해 볼 수 있다.

둘째, 놀이는 사회성을 길러준다. 잠시라도 틈이 있으면 같이 놀려고 하는 것이 학생들이다. 그들은 함께 노는 동안에 친구가 되며 사람 사귀는 기술을 절로 익히게 된다. 상대방을 받아주고 양보하고 차례를 지키며 서로의 입장을 생각해주고 약속을 지키는 등의 사회생활이 바로 놀이를 통하여 습득되는 것이다. 또한 어린이들이 다른 사람들과 성공적으로 어울려 놀기 위해서는 다른 사람들의 생각을 이해하고 그 이해를 바탕으로 자신의 생각을 전달하는 방법을 배워야 할 필요가 있다. 이런 제반 요구가 곧 사회생활의 기초를 습득하게 한다. 그렇기 때문에 놀이는 언어발달, 대인관계의 원활함 등을 촉진하여 사회성을 기르는 데 가장 중요한 요소이다. 놀이 규칙은 놀이를 성립하게 하는 중요한 요소로 놀이 규칙이 바로 작은 사회의 도덕적 기준을 자연스레 배우게 한다. 학생들은 놀이하는 과정에서 친구들과 협동하여 친하게 노는 경험뿐만 아니라 경쟁하고 싸워도 보면서 그야말로 사회적인 동물인 인간으로 성장하게 되는 것이다.

셋째, 놀이는 수용적인 자아를 갖게 하고 심리적인 안정을 가져다준다. 소극적이던 학생에게 놀이는 내면적 욕구를 자발적으로 표현하고 도전하여 참여할 수 있도록 용기와 기회를 주었다.

넷째, 놀이는 학생의 창의성을 키운다. 놀이를 단순하게 확장하는 것에서 나아가 상상력을 발휘하여 기존의 놀이보다 새롭고 독특한 놀이로 변모시키고 놀잇감을 변형하여 주제와 관련된 보다 새로운 개념의 다양한 놀이를 창안하여 재탄생시켰다.

다섯째, 놀이는 그 사회의 문화를 계승하고 발전시키는데 기여한다. 세계 어느 나라에서나 놀이가 있고 그 놀이는 그 민족이나 문화를 가장 함축적으로 대변한다. 이 속에서 자연과 사회 문화를 터득한 것이다. 이와 같이 교육과 놀이는 대립되는 것이 아니라, 놀이를 통하여 서로 조화를 이루며 건강한 인간으로 성장하게 한다.

2 놀이치료의 이해

유아와 유아놀이에 대한 이해를 통해 놀이는 유아들로 하여금 놀이를 매개로 하여 다양한 의사소통을 하게 할 뿐만 아니라 무의식적으로 억압된 정서를 표출하게 하면서 카타르시스의 정화작용, 불안과 공포, 질투, 시기심 등을 발산하게 하므로 어린이를 치료할 때 놀이를 사용하는 것은 바람직하다고 본다. 그러므로 이 절에서는 놀이치료의 개념과 의의, 놀이치료 접근방법, 놀이치료과정을 살펴봄으로써 놀이치료에 대해 이해하려고 한다.

1) 놀이치료의 개념

놀이치료란 놀이를 통해 행해지는 심리치료를 말한다. 놀이치료는 보통 아동(2~12세)을 대상으로 하며, 대개 주 1회 약 40~50분의 시간에 걸쳐 이루어진다. 아동은 현실생활에서 분리된 공간에서 치료자와 일대일의 깊은 관계를 형성하고, 그 관계 속에서 수용과 같은 다양한 경험을 하면서 문제행동을 해결할 방법을 찾게 된다.

놀이치료란 놀이활동을 통해 아동들이 가진 심리적인 문제를 스스로 극복하고 발달시기에 적합하게 발달하도록 돕는 치료 상담의 한 형태이다. 대부분의 성인은 자신이 경험하는 감정, 좌절, 걱정, 개인적인 문제를 언어로 표현할 수 있지만, 아동들은 언어능력과 표현이 미숙하여 놀이를 통해 자신의 감정이나 관계를 탐색한다. 다시 말해, 놀이치료는 아동의 놀이행동에 내재해 있는 심리치료 요소를 최대한 활용하여 아동 스스로가 자신의 문제를 극복할 수 있도록 돕고 그들에게 잠재된 가능성을 극대화하는 과정을 말한다.

2) 정신분석적 놀이치료

정신분석적 놀이치료의 기본 가정은 아동이 현재 보이는 사고, 감정, 행동이 과거에 경험했던 감정이나 사고에 의해 영향을 받는다는 것이다. 따라서 정신분석적 놀이치료는 아동 무의식세계의 갈등을 놀이를 통해 표현하게 만들고, 이에 대한 치료자의 해석을 통해 아동이 자신에 대해 통찰을 얻고 갈등을 해결해 나가도록 돕는다.

정신분석적 치료의 궁극적인 목적은 내담 아동의 발달을 저해하는 장애물을 제거하는 것이다. 그러나 행동 또는 증상만을 변화시키려고 하는 것이 아니라 아동이 가진 전반적이고 깊고 본질적인 측면을 변화시키고자 한다. 즉, 내담 아동의 정신적 에너지의 중요한 자원들을 묶어 놓는 고착, 퇴행, 충동, 억압된 감정, 방어기제, 초자아 상태 등 다양한 병리적 원인을 찾아내 아동의 무의식적 갈등의 본질과 기원을 인식하게 하여 자기인식과 문제해결 능력을 증가시키고 궁극적으로는 더 높은 수준의 정신적 능력을 가질 수 있도록 돕고자 하는 것이다.

정신분석적 놀이치료자는 안전하고 수용적인 분위기를 만들어야 한다. 즉, 아동을 진솔하게 대하고 긍정적으로 존중하는 분위기를 만들려고 노력해야 한다. 치료자는 아동 안에 잠재해 있는 능력을 하나씩 끄집어내고, 무의식 속에 억압했던 부정적 정서들을 자유롭게 표현할 수 있도록 돕는다. 이때 치료자는 내담자의 어린 나이를 고려하여 해석을 전달하는 시점과 해석을 전달하는 방식을 신중하게 결정해야 한다.

정신분석적 놀이치료에서는 놀이에서 나타나는 아동의 내적 상태를 해석하는 것이 가장 중요하다. 무엇을 어떻게 해석하고, 그 의미를 어느 시점에 어떤 용어로 전달하느냐에 따라 아동의 자각과 통찰이 촉진되는 정도가 다를 수 있다. 아동놀이의 해석은 주의 진술, 환언적 진술, 상황적 진술, 전이 해석, 원인적 진술의 다섯 가지 차원으로 실시한다. 구조화된 정신분석적 기법에는 내담 아동들과 은유를 통해 의사소통을 하는 스퀴글 게임, 아동에게 이야기를 만들어 보도록 하여 아동의 이야기에 담긴 장면, 인물, 언어 등에 대해 아동이 어떤 생각과 느낌을 갖고 있는지 치료자와 논의하는 방식으로 진행하는 상호 이야기 꾸미기 기법 등이 있다.

3) 분석학적 놀이치료

분석학적 놀이치료는 무의식의 세계를 인정하고 중요시한다는 점에서 정신분석학적 놀이치료와 비슷하지만, 정신분석적 놀이치료가 무의식세계의 갈등과 방어에 초점을 두는 것과 달리 무의식의 치료적 기능을 촉진하는 데 중점을 둔다.

분석학적 놀이치료의 목표는 가족, 학교, 사회에 적응하도록 도우며, 자신의 독특한 정체성 발달, 손실이나 외상을 극복하는 것과 같이 개성화 과정을 활성화하는 것이다. 분석학적 치료의 세부 목표는 아동의 내부에 잠재한 자기치유력의 활성화, 자아-자기축의 강화, 창조성과 상상력을 자극·발달시키는 것, 자신의 상처를 치유·초월하도록 하는 것, 내면적인 삶을 발달시키는 것, 미래의 문제에 대처하는 기술을 발달시키는 것, 삶의 복잡성을 이해하고 변화를 쉽게 수용하도록 하는 것 등이다.

이때 치료자는 아동을 주도하거나 이끌지 않으면서 아동의 놀이를 촉진해야 한다. 다시 말해 아동에 대한 촉진자, 상호작용자로서는 적극적으로 역할을 하되, 지도자로서의 역할은 하지 않는다. 분석학적 놀이치료는 아동 스스로가 치유할 수 있는 가능성이 있다고 보기 때문에 치료자는 아동의 정신을 따라가는 것이다. 치료자는 안전, 환영 및 신뢰의 분위기를 형성하고, 내담 아동의 변화의 동반자로 함께한다.

분석학적 놀이치료는 모래, 진흙, 그림, 음악, 춤 등 다양한 매체를 통해 이루어진다. 대표적인 치료기법에는 모래놀이치료와 미술치료가 있다. 내담 아동은 온몸을 움직이고, 소리 내고, 손으로 느끼고, 눈으로 보면서 자신을 자유롭고 온전하게 표현할 수 있다. 이런 과정을 통해 내담 아동은 다양한 매체를 창조적으로 사용하며 자신의 상징을 자유롭게 표현할 수 있다.

4) 아동중심 놀이치료

아동중심 놀이치료는 치료자가 아동에게 치료의 책임과 방향을 맡김으로써 아동이 자신의 적극적인 성장을 촉진할 수 있도록 돕는다. 아동 중심 놀이치료의 목표는 아동이 자기실현을 위한 성장을 촉진하도록 아동과 아동이 속해 있는 환경의 부조화를 해결하는 것이다.

아동중심 놀이치료에서는 아동과 치료자의 인간적인 관계가 중요하다. 치료자는 호의적인 치료적 환경 안에서 아동의 결핍된 욕구를 이해 · 수용하고, 아동의 방식과 속도대로 놀이에 몰입할 수 있게 지켜보며, 아동 스스로 손상된 정서와 소망을 자연스럽게 놀이로 표현하도록 돕는다. 아동 중심 놀이치료에서는 어떤 종류의 평가도 하지 않는다. 아동은 격려를 받을 뿐 칭찬은 받지 않는데, 왜냐하면 칭찬 역시 평가적인 의미를 나타내기 때문이다. 평가적 진술은 아동을 성인이 속한 지점으로 이끌기 때문에 아동의 내적 동기를 빼앗는다. 치료자는 아동이 주도하여 놀이치료가 이루어지도록 돕는다.

아동은 치료자와 상호작용을 하는 과정에서 비평가적이고 무비판적인 경험을 하고, 자신이 가치 있는 존재로 받아들여지는 경험을 한다. 이러한 과정에서 아동은 자신의 어려움을 극복할 수 있는 힘을 가지게 된다. 아동 중심 놀이치료의 주요 기법에는 격려, 반영, 명료화, 개방식 질문, 침묵이 있다.

5) 인지행동 놀이치료

인지행동 놀이치료는 인지치료와 행동치료를 발달적으로 적합하게 적용한 것이다. 인지행동 놀이치료에서는 아동이 인지적으로 얼마나 이해했느냐에 따라 치료의 효율성이 달라진다고 본다. 인지치료가 인지 능력이 아직 미성숙한 아동에게도 적용될 수 있는지에 대해 넬(Knell)은 인지행동 놀이치료는 아동의 부적응 행동을 비교적 단기간 내에 효과적으로 해결할 수 있고 취학 전 아동의 문제에도 적용할 수 있다고 설명했다.

인지행동 놀이치료에서도 놀이는 아동의 어려움을 해결하는 데 결정적인 역할을 한다. 그러나 인지행동 놀이치료에서 두드러진 점은 놀이를 교육적인 측면에서 본다는 것이다. 놀이는 기술을 가르치고 대안적인 행동을 배우는 데 활용된다. 치료자는 조절 · 숙달 · 행동 변화에 대한 책임이 아동 자신에게 있음을 알려준다. 이와 더불어 치료자는 아동이 배워야 할 바람직한 모습을 언어나 놀이를 통해 표현하며 아동이 이를 모방하도록 돕는다. 인지행동 놀이치료는 다른 지향의 놀이치료보다 치료자의 적극적인 개입을 강조한다. 또한, 다른 놀이치료에 비해 목표를 확실하게 설정하고, 지시적이며, 칭찬이나 강화를 적절히 사용하면서 특정기술을 가르친다.

이 과정에서 아동은 비합리적인 신념을 수정하고 정체감을 형성하도록 도움받으면서 자신에 대한 이해를 발달시킨다. 아동은 치료에 적극적으로 참여하고 왜곡된 사고들을 변화시킨다.

인지행동 놀이치료의 행동적 기법에는 고전적 조건 형성에 기초한 행동적 개입기법인 체계적 둔감화, 조작적 조건 형성에 기초한 행동적 개입기법인 긍정적 강화, 행동 형성, 소거, 타임아웃, 반응 예방, 자극 감퇴가 있다. 또한, 사회학습이론에 기초한 행동적 기법에는 모델링, 행동 시연이 있다. 인지적 치료기법에는 행동적 방법인 자기점검, 활동 계획 수립이 있으며, 인지적 방법인 역기능적 사고의 파악, 놀이의 활용과 인지 변화, 긍정적 자아 진술, 보조적 치료수단으로서의 독서치료가 있다. 이 밖에도 구조화된 인지행동 놀이치료법에는 게임 놀이치료가 있다.

6) 부모 놀이치료

부모 놀이치료에서 부모들은 치료자의 지도 아래 놀이 회기에 대한 훈련을 받고 부모들이 직접 놀이 회기를 진행하면서 치료과정의 파트너로 참여한다. 이는 아동치료에서 부모들의 조망이 중요하기 때문에 부모들의 조망 속에서 자녀들에게 혜택을 주고, 부모-자녀 관계의 향상을 돕기 위해서이다.

부모 놀이치료의 목표는 아동과 가장 가까운 부모를 치료 대행자로 삼아, 자녀들의 문제행동을 감소시키고, 자녀에 대한 부모의 민감성을 강화하고, 부모-자녀 관계를 개선하며, 부모가 아동을 무비판적으로 대하고 이해 · 수용하는 환경을 만들 수 있게 돕고 이를 일반화하는 것이다.

부모 놀이치료자는 부모들이 자녀들과 상호작용하는 과정에서 겪는 어려움이나 관심사를 다룰 수 있도록 도와야 한다. 부모 놀이치료에서는 아동을 아동 자체로 수용하고, 아동이 방식을 이끌도록 돕는다. 또한, 놀이장소 소개, 화장실 가는 시간, 놀이실 떠나기에 대한 규칙을 알려 주는 것과 같은 한계를 설정하여 아동들이 자신에게 해코지하거나 놀이치료실의 기구들을 부수지 않게 하여 아동과 치료자의 안전을 보호한다.

3 놀이치료의 과정

1) 놀이치료 단계

놀이치료 단계는 치료자와 아동 간에 형성된 신뢰관계를 바탕으로 눈에 보이지 않는 내적 과정으로 이루어지므로 간단히 요약하여 설명하기 어려운 특성을 갖고 있으나 일반적으로 초기, 중기, 종결로 구분하고 있다(김광웅 · 유미숙 · 유재령, 2004).

초기 단계는 건강한 놀이실의 분위기와 치료자의 수용과 따뜻함을 아동이 정기적이고 지속적으로 경험하도록 구조화시킨다. 치료 초기 가장 중요한 목표는 치료자와 아동이 서로 신뢰하는 관계를 맺는 것이다. 이는 아기가 생애 초기에 엄마와 기본적인 신뢰감을 형성하는 것과 유사하다. 편안하고 신뢰 있는 관계 속에서 아동은 내면의 어려움을 표현하고 해결할 수 있는 힘을 갖는다. 겉으로 보기에는 치료자가 가만히 있는 것처럼 보이지만 치료자의 관심과 심리적인 에너지는 아동에게 집중되어 있다. 이 시기는 서로를 탐색하는 시기이다. 치료자는 아동의 행동을 관찰함으로써 아동의 전반적인 능력, 기능수준, 대인관계 패턴, 심리적 갈등에 대해 평가할 수 있다. 반면 아동도 치료자를 탐색한다. 일반적으로 아동은 초기에 치료자에게 잘 보이려는 행동들을 많이 보인다. 아동이 치료자에게 잘 보이려 하다 보면 자칫 치료자 중심으로 흐를 수도 있으므로 치료자는 이를 유의해야 한다. 시간이 지나면서 아동의 자발성이 증가되고 공격적이거나 과격한 놀이가 많아진다.

중기 단계에서 목표는 아동이 과거 자신의 양육자와의 관계에서 결핍되었던 욕구를 충족시키고 과거의 외상적 경험을 재경험하도록 돕는다. 그리하여 지금까지 갖고 있던 부적절하고 부정적인 감정을 녹여 버리고 아동 자신의 긍정적인 성장의 힘을 현재 생활에서 잘 활용하도록 돕는다. 치료실에서 과거의 부적절한 경험을 다시 경험하는 것을 '교정적인 경험'이라고 한다. 이는 아동이 과거에 경험했던 상처와 결핍을 극복하고 현재의 생활에 맞게 활동할 수 있는 새로운 경험으로 재창조한다.

종결 단계는 일상생활에서 아동의 행동이 안정을 찾고 자기 연령에 맞게 잘 기능하게 된다. 또래들과 보다 원만한 관계를 이루고, 놀이치료실이나 가정에서 보다 성숙하고 자신감 있고 자발적인 태도를 보인다(신숙재 · 이영미 · 한정원, 2000). 놀이 주제도 통합 및 확장되고 안정된 형태로 나타난다. 최초의 주호소들의 해결, 일상생활에서의 긍정적 변화들이 여러 상황에서 몇 주 동안 지속적이고 안정적으로 유지될 때 종결을 준비한다. 아동은 종결로 인해 일시적으로 저항하거나 퇴행하기도 한다.

정신분석적 놀이치료는 치료자의 해석을 통해 아동이 자신의 무의식의 갈등을 의식화시키는 것이므로 초기 단계는 아동의 무의식적 내적 갈등을 아동으로 하여금 알게 하는 것이 중요하다. 아동은 놀이와 언어를 통해 무의식적 갈등의 의미를 분명하게 통찰하고, 그것을 해결하고자 하는 치료적 동맹을 치료자와 형성한다. 중기 단계에서 아동은 치료자에 대해 부정적 전이 반응을 나타내게 되고, 치료자는 지속적인 해석을 통한 훈습과정, 다양한 해석적 시도를 하게 된다. 종결 단계에서는 여러 가지 맥락과 상황에서 충분한 훈습이 이루어지면서 전이가 해결되고 일상생활 적응이 향상된다(김광웅 · 유미숙 · 유재령, 2004).

융학파의 놀이치료과정은 시도, 투쟁, 훈습 단계를 거친다. 시도 단계에서 치료자는 자유롭고 보호된 공간을 만들어 줌으로써 아동이 치료자와 치료적 동맹을 맺고 자유롭고 신뢰를 가지고 놀이를 할 수 있도록 한다. 투쟁 단계에서는 부정적인 반응들이 나타난다. 치료자는 내담 아동이 파괴적이고 이질적인 요인들을 자유롭게 표현하고 자아가 이를 이용할 수 있는 방식으로 표현하도록 격려한다. 훈습 단계는 적응과정이다. 아동은 내적 · 외적 삶의 경험을 훈습하고, 놀이하는 동안 자아는 새로운 견해와 방향을 출현시킨다.

요약하면, 각 이론적 입장에 따라 놀이치료과정에 대한 인식에 차이가 존재하지만, 초기에는 치료적 동맹 · 관계 형성과 탐색활동, 중기에는 다양한 놀이나 해석을 통한 갈등 해소, 종결에는 조화롭고 통합된 놀이와 일상생활에서의 적응력 향상이 강조되고 있다(이정숙 · 이유경 · 문보경, 2006). 한편, 치료가 진행되는 회기에 대해 학자마다 다른 견해를 갖고 있다.

헨드릭스(Hendricks, 1971)는 놀이치료과정을 다음과 같이 6단계로 나누어 24회기의 놀이치료 모델을 제안하였다.

- 1~4회: 호기심을 표현하고 창조적인 놀이를 하는 단계이다. 이때는 간단하고 단순하게 표현하며 행복감과 불안을 모두 나타내게 된다.
- 5~8회: 놀이의 확장이 계속되고 비평가적이고 창조적인 놀이가 나타나며 일반적으로 공격적인 놀이가 증가되고 행복감과 불안이 계속되며 질적인 행동이 증가된다.
- 9~12회: 공격적인 놀이는 감소하고 상호작용 놀이가 증가한다. 창조적인 놀

이가 증가되고 행복감을 더 많이 느끼며 치료자와의 비언어적인 탐색이 증가하고 가족이나 자신에 관한 내용을 더 많이 다루게 된다.

- 13~16회: 창조적인 상호작용을 하는 놀이가 대부분이며 특정한 공격적인 놀이가 증가된다. 아울러 행복감, 당황감, 혐오감, 불신감 등이 표현되는 단계이다.
- 17~20회: 극놀이나 역할놀이가 주로 나타나고 특정의 공격적인 상태는 계속되지만 치료자와의 진정한 관계가 이루어지고, 감정표현에서의 행복감이 주로 나타나며 자신이나 가족에 대한 이야기를 계속 다루게 된다.
- 21~24회: 상호작용놀이, 극놀이, 역할놀이 등이 놀이의 대부분을 차지하며, 흔히 일어나는 일상적인 놀이행동이 나타난다.

한편 거니(Guerney, 1983)는 놀이치료과정의 아동의 변화를 4단계로 다음과 같이 기술하였다.

- 1단계: 아동은 자신들을 놀이방과 놀이치료자에게 적응시킨다.
- 2단계: 아동은 한계를 시험하고, 분노를 표현하며, 자유를 경험한다.
- 3단계: 아동은 독립과 의존관계를 다룬다.
- 4단계: 아동은 그들 자신과 세계에 대해 긍정적인 감정을 표현한다. 또한 아동은 자신의 세계를 다루는 방법에 대해 의사결정을 하기 시작한다.

2) 놀이치료자의 역할

놀이치료는 아동에게 가장 자연스러운 언어인 놀이를 통하여 감정 해소를 경험하게 하고, 치료자와 상호작용하면서 신뢰감을 갖고 대인관계를 맺음으로 현재 자신이 가지고 있는 어려움을 해결해가는 아동상담의 한 분야이다(유미숙 외, 2003).

놀이치료는 놀이가 모든 사람의 기본적인 욕구라는 점에서 치료적 기능, 진단의 기능, 관계 형성의 기능, 방어수단의 이용기능, 언어 촉진의 기능, 긴장해소의 기능을 가지고 있다는 점에서 아동상담의 유용한 방법이라 할 수 있다.

놀이치료의 시작은 100년 전 프로이트(Freud)의 한스(Hans)에 대한 치료사례이다. 이 사례에서 프로이트는 한스 아버지의 기록을 근거로 아동의 놀이와 행동을 관찰함으로써 어떻게 마음속에 쌓인 좌절이나 갈등을 이해하고, 심리치료적 방법으로 도와줄 수 있는지 보여주었다. 그 후, 헬무트(Hug-Hellmuth, 1921)가 처음으로 놀이상황을 아동의 정신치료에 도입했고, 안나 프로이트(Anna Freud, 1965)도 아동과 관계를 형성하고 격려하는 도구로 놀이를 사용하였으며, 멜라니 클라인(Melanie Klein, 1932)은 놀이의 의미를 확장시켜 정신치료의 중요한 수단으로 보았다.

오늘날 가장 널리 인식되고, 활용되는 놀이치료는 버지니아 액슬린(Virginia Axline, 1947)이 체계화한 것으로, 그녀는 로저스(Rogers)의 비지시적 상담이론을 놀이치료에 적용하여 '비지시적 놀이치료 · 아동 중심 놀이치료'를 창안하였다. '아동 중심 놀이치료'는 아동이 놀이치료의 전 과정을 주도해나가고, 치료자는 환경을 준비하고 아동의 행동을 관찰, 반응, 분석하는 심리치료로 아동은 이 과정을 통해 자발적으로 자신을 변화시키려고 노력하게 된다.

액슬린의 뒤를 이어 많은 연구자가 아동 중심 놀이치료를 연구하고, 활용하는 가운데 놀이치료의 중심이 되었다. 그 중 랜드리스(Landreth, 1991)는 놀이치료를 아동과 전문적인 훈련을 받은 치료자 사이의 역동적 관계로 정의하면서, 놀이치료의 과정을 아동과 치료자가 상호작용을 나누는 과정으로 보았다.

앞서 언급하였듯이 놀이치료에서 치료자는 영향력 있는 요인임을 알 수 있다. 액슬린(Axline, 1947)은 놀이치료자와 관련하여 좋은 치료사란 아동에 대해 친절, 인내, 이해, 성실, 진실, 일관성을 중시하는 태도를 가져야 하며, 아동에게 책임과 신뢰를 부여하는 자세가 겸비되어 있는 사람이어야 한다고 하였다. 랜드리스(Landreth, 1991)와 유미숙(1997) 역시 치료자는 인간을 이해하고 수용하는 태도와 상담자 자신의 자아를 끊임없이 성장시키려는 능력과 태도를 갖추기 위해서 인간으로서의 자질이 무엇보다 중요하다고 하였다. 결과적으로 영향력 있는 놀이치료자가 되기 위해서는 놀이치료에 대한 지식 및 기술뿐만 아니라 많은 임상적 경험과 인격적 성숙, 놀이치료적 태도를 갖추어야 한다.

3) 놀이치료자의 자질

놀이치료도 상담의 한 분야로, 일반적으로 상담자가 갖추어야 할 자질은 인성적 자질과 전문적 자질로 구분할 수 있다(김충기 · 이재창, 1985). 인성적 자질은 상담자로서 갖추어야 할 기본적인 품성과 태도는 같은 인간성이라고 할 수 있으며, 전문적 자질은 상담이라는 전문적인 활동을 수행하는 데 필요한 기술과 지식을 의미한다.

심흥섭(1998)은 상담자의 발달수준 평가에 관한 연구에서 전문적인 지식습득을 위한 이론교육, 상담과정에서 필요한 상담기법을 익히기 위한 경험, 상담자의 자질 향상을 위한 슈퍼비전 경험들이 상담자 발달과 유의한 상관이 있음을 밝혀냈고, 이 세 가지 요소가 고루 겸비되어야 전문적인 상담자로 성장할 수 있다고 하였다. 이를 구체적으로 살펴보면 다음과 같다.

첫째, 이론수업에서는 인간을 이해하기 위한 성격심리 및 발달심리, 인간의 문제를 평가하고 판단하는 데 필요한 이상심리, 상담을 진행하는 기본적인 틀이 되는 각종 상담이론 등이 다루어져야 한다.

둘째, 실습에서는 수업에서 배운 각종 지식과 기술을 적용하여 실제 내담자를 상담할 수 있도록 여러 기법에 익숙해져야 한다. 그러기 위해서는 상담을 할 수 있는 곳과 연계를 맺고 있을 필요가 있다.

셋째, 상담자는 인간적으로 성숙한 만큼, 자기문제를 벗어나 내담자를 도와줄 수 있다(심흥섭, 1991). 상담자가 성숙하지 못하면 내담자에게 도움을 주는 데 한계가 있다. 상담자의 자질 향상을 위한 교육에는 훈련 중에 있는 상담자가 내담자가 되어 집단상담에 참여해 보는 것과 교류분석 받는 것을 들 수 있다.

여러 놀이치료 이론가들도 치료자로서 갖추어야 할 자질들을 제시하고 있는데, 지식과 기술을 기본적으로 갖추고 보다 효과적인 치료관계를 만들고 유지하기 위해서는 많은 경험과 인격적 성숙, 놀이치료 태도, 지식, 기술을 갖추어야 한다고 제안하였다. 이를 구체적으로 살펴보면 놀이치료자의 자격은 인간에 대한 전문적 이해능력, 즉 인간심리의 역동적 관계, 진단과 그 밖에 인간을 이해하고 도울 수 있는 심리학적 배경을 요구하며, 이에 관련된 학력 및 충분한 임상경험을 요구한다. 또한 아동을 발달단계 선상에 놓여 있으므로 아동치료자는 아동발달 및 발달병리에 대해 전문적인 지식을 갖추고 있어야 하는 것은 기본이다. 또한 놀이치료자의 자격을 갖추었더라 하더라고 인간을 이해하고 수용하는 태도 못지않게 상담자 자신의 자아를 끊임없이 성장시키려는 능력과 태도를 요구하므로 상담자로서의 인격적 성숙도 중요한 자질로 꼽고 있다(유미숙, 1997).

(1) 인성적 자질

놀이치료자가 놀이치료에 임하는 태도 및 자세에 있어서 액슬린(Axline, 1947)은 좋은 치료자란 아동에게 스스로 신뢰와 책임감을 가질 수 있도록 도와주며, 태도는 치료자의 아동을 향한 일관성 있는 존중과 수용의 자세를 가져야 한다. 치료자는 아동에 대한 기본적인 태도로써, 친절, 인내, 이해, 성실, 진실, 일관성 있는 자세와 태도가 겸비되어 있는 사람이라고 강조하였다. 이러한 태도를 취하는 치료자는 아동을 향한 자세는 언제나 존중과 수용의 자세를 가지고 있다. 즉, 치료에 있어서 치료자는 아동을 향한 기본적인 태도와 마음이 중요한 요소라고 보았다. 또, 놀이치료자의 개인적인 철학, 가치, 문화적 배경들은 아동상담에 영향을 미치는데, 이러한 영향을 아동이 치료자에게 반응하는 방법들에도 영향을 미친다. 그러므로 놀이치료도 치료가 어떻게 진행되느냐에 따라 아동에게 미치는 영향이 각기 다르기 때문에 치료자가 놀이치료에 대해 갖고 있는 기본적인 원칙이 중요한데, 액슬린(Axline)은 이를 다음과 같은 여덟 가지로 제시하였다.

첫째, 치료자는 어린이와 따뜻하고 친근한 관계를 가능한 한 빨리 형성하도록 한다.

둘째, 치료자는 어린이를 있는 그대로 수용한다.

셋째, 치료자는 어린이가 자신의 감정을 완전히 자유롭게 표현할 수 있도록 하기 위해 허용적인 분위기를 조성한다.

넷째, 치료자는 어린이가 표현하는 감정을 민감하게 느끼고 인정하며 어린이가 자신의 행동에 대한 통찰력을 갖도록 느낌이나 생각을 반영해 준다.

다섯째, 치료자는 어린이가 기회만 주어지면 자신의 문제를 해결할 능력을 갖고 있음을 존중하고 선택의 책임과 변화를 시도할 자유가 어린이에게 있다고 인정한다.

여섯째, 치료자는 어떤 방법으로도 어린이의 행동과 대화를 지시하지 않는다.

일곱째, 치료자는 치료를 서두르지 않는다. 치료는 점진적 과정임을 치료자가 인식한다.

여덟째, 치료자는 어린이가 다른 사람과 관계 맺는 것은 자신의 책임이라는 것을 알도록 하기 위해서만 제한을 가한다.

또한, 오코너(O'Connor, 1991)에 의하면 치료자는 상담자로서의 성격특성을 발달시켜야 한다고 하였는데, 그 내용은 다음과 같다.

첫째, 치료자는 아동의 개인적 세상을 마치 자신의 것처럼 받아들이는 공감능력을 발달시켜야 한다.

둘째, 치료자는 비평, 평가절하, 제한 없는 비평가적이고 비판단적인 태도로 무조건적인 존중을 할 수 있어야 한다.

셋째, 치료자는 솔직해야 한다.

넷째, 치료자는 특별한 감정과 경험을 유창하고 직접적이고 완전하게 현하는 구체화된 능력을 발달시켜나가야 한다.

놀이치료자가 놀이치료에 임하는 태도 및 자세에 있어서 액슬린(Axline, 1947)은 좋은 치료자란 아동에 대한 기본적인 태도, 친절, 인내, 이해, 성실, 진실, 일관성을 중시하는 태도와 아동에게 책임과 신뢰를 부여하는 자세가 겸비되어 있는 사람이라고 강조하면서 이러한 태도는 치료자의 인격의 한 부분으로 아동을 향한 자세는 언제나 존중과 수용의 자세를 가져야 한다고 하였다. 즉, 치료에 있어서 아동을 향한 근본적인 태도와 치료자의 마음이 중요한 요소라고 보았다.

유미숙(1997)은 효과적인 놀이치료자는 아동이 놀이의 세계로 들어가도록 격려하고 아동이 주도하도록 도우며 아동에게 선택권과 책임을 돌려주는 사람이라고 하였다. 치료자는 객관적이면서도 폐쇄된 마음이 아니라 개방된 마음을 갖고 있어야 하며, 바람직한 놀이치료자란 실수를 인정할 수 있어야 한다. 자신의 실수를 인정함으로써 사람의 지각은 부정확할 수 있다는 것을 인정하고 있는 그대로의 자신을 받아들여야 한다. 자기개방에 어려움을 갖는 치료자는 그만큼 자신을 방어하기 위해 에너지를 과도하게 사용하며 심리적으로 불편해하고 그런 상황에 놓이게 된 원인을 아동의 탓으로 돌리기 때문에 치료적 관계를 그르칠 수도 있다. 유능한 놀이치료자란 개인적으로 심리적 안정감을 갖고 자신의 한계를 인식하고 수용할 수 있는 치료자가 유능한 놀이치료자이다. 그리고 모든 치료자는 연령에 상관없이 자신 안에서 일어나는 욕구, 동기, 편견, 개인적 갈등, 개인적 문제, 정서적 갈등에 대한 통찰력을 가져야 한다. 때문에 놀이치료자가 인간을 수용하고 이해하는 태도와 자신의 자아성찰을 통해 끊임없이 성장시키려는 노력하는 태도를 갖추기 위해서는 인간으로서의 자질이 무엇보다 중요하다.

4) 놀이치료의 효과

레이(Rey), 브래튼(Bratton), 린(Rhine), 존슨(Jones, 2001)은 놀이치료가 실행 가능한 치료기법으로서 효고가 있는지를 밝히는 데 초점을 둔 94개의 연구에 대한 메타분석을 실시하고, 아동들의 처리 결과로부터 매우 긍정적인 효과가 있다는 것을 별견하였다. 그들은 놀이치료가 양식, 나이, 성별, 치료를 받았거나 받지 않은 사람을 막론하고 효과가 있다고 보고하였다.

놀이치료는 다음의 영역을 포함하여 아동의 다양한 문제를 위한 효과적인 치료접근으로 인식되어왔다.

- 머리카락 잡아당기기의 완화
- 선택적 함구증의 개선
- 공격적인 표출행동의 감소
- 이혼가족 아동의 정서적 적응의 개선
- 학대받고 방임된 아동이 정서적 적응의 개선
- 성폭력 피해아동과 가정폭력을 목격한 아동의 정서적 적응의 개선
- 입원한 아동의 스트레스와 불안의 감소
- 빈약한 읽기 능력의 향상
- 학습장애아의 학업수행 능력 증진
- 학교에서의 부적응 행동 감소
- 언어문제의 교정
- 정서지체아동의 정서적 · 인지적 문제의 감소
- 보다 나은 사회적 · 정서적 적응
- 말더듬의 개선
- 천식, 궤양성 결장염, 알레르기와 같은 정신신체적 장애의 완화
- 아동 우울증세의 감소
- 자아개념의 증진
- 분리불안의 경감

놀이치료란 놀이를 통해 이루어지는 심리치료를 말한다. 놀이치료에서는 아동들의 자연스러운 활동인 놀이를 그들의 심리적 문제를 해결하는 데 사용한다. 자신의 감정이나 상태를 비교적 잘 표현하는 성인들과 달리 아동들은 자신의 감정이나 상태를 잘 표현하지 못하기 때문에 놀이를 통해 표현하도록 돕는다.

놀이치료과정에 대한 연구들에 따르면, 아동들은 놀이치료 첫 단계에는 대개

주저하며 어물쩍거리는 창조적인 놀이를 하지만, 단계가 점점 진행되면서 자신의 불안이나 좌절, 분노를 표현하는 것으로 나타났다. 놀이치료에서 치료자의 역할은 매우 중요하다. 아동은 치료자와 접촉하고 관계를 형성하기 위해 여러 질문을 하는데, 이때 놀이치료자는 아동의 질문에 대답하려고 하기보다는 질문 뒤에 숨어 있는 동기를 이해하려고 노력해야 한다. 놀이치료는 애착이론, 대상관계이론, 자아심리이론 등을 근거로 치료자와 아동사이의 관계를 이용해 부모-자녀 애착관계를 재형성하고자 하는 접근방법으로, 긍정적인 신체접촉으로 아동에게 접근하여 문제를 해결하는 방법이다.

Chapter 13

미술과 미술치료

1 미술치료의 이해

미술은 개인의 심리적 상황과 실존적 물음에 답하며 카타르시스를 표현하고 심리적 에너지를 상승시켜 정서적 안정과 풍요로움을 전한다. 시각적 언어로서의 미술은 개인이 표현한 작품을 통해 의식적 방어 없이 생생하게 자신의 내면을 드러내면서 스스로를 이해하고 받아들이며 이후의 삶을 용기 있게 살아갈 동기를 만나게 한다.

미술이 개인의 심리적 내용을 투사하는 데 매우 유용하다는 것은 진단도구로서의 활용 가능성을 높이는 것으로 대부분의 많은 사람은 누군가가 그린 그림을 통해 그의 문제가 무엇인지를 찾고자 한다. 그러나 그림은 내담자가 가진 문제를 X-선처럼 찍어낸 것이 아니다. 작품에 표현된 상징적 의미와 내용을 분석하고 문제를 찾는 작업을 거치며 치료를 위한 매개가 되는 것이다.

내담자와 상담을 할 때 내담자의 심리적인 상태에 따라 여러 가지 미술을 통한 창작활동을 통하여 내담자의 마음이 진정되는 것을 돕고, 상담자는 내담자의 진솔한 마음을 읽을 수 있게 되며, 내담자는 자신의 마음을 알고 스스로 문제를 찾을 수 있도록 도와주는 것이라 할 수 있다.

미술심리치료의 장점은 심상의 표현으로 방어가 감소 된 그림은 우리에게 새로운 인식을 만들어 통찰과 학습, 성장을 유도할 수 있다. 또한 비언어적 의사소통방식은 말을 제대로 하지 못하는 어린아이, 장애인 등과 같은 유형의 내담자에게 편안한 마음을 가질 수 있는 효과적인 방식이며, 무의식 속에 내재 된 기억을 쉽게 활성화시킬 수 있게 한다. 그 외에도 내담자가 만든 작품을 오랜 기간 보관할 수 있기에 필요할 때 꺼내어 재검토할 수 있고, 치료과정을 한눈에 파악하고 이해할 수 있는 장점이 있다.

미술치료의 구성은 가장 기본적인 진행방법으로 그룹에 소속되기 어려워 정신적 · 신체적 불안정한 정도가 심한 아동을 대상으로 하는 개인 미술치료가 있으며, 2명 이상의 구성원으로 이루어지며 치료목표에 따라 구성원의 수를 조절할 수 있는 집단 미술치료가 있다. 집단치료에서 주의할 점은 구성원이 너무 다르거나 비슷한 경우는 가급적 피하는 것이 좋다.

미술치료는 치료적인 힘에 대한 확신과 모든 인간이 미술매체로 창작할 수 있다는 확신을 가지고 이끌어야 한다.

즉, 미술치료는 미술과 치료의 합성어로 '미술적 활동'을 매개로 하여 내담자를 치료하는 일련의 행위를 말한다. 미술치료는 두 영역에서 통합된 관점을 갖게 되므로 이론적 관점과 임상적 관점에서 각자의 서로 다른 정의가 반영될 수 있으며, '미술치료'가 가장 일반적으로 통용되는 용어이지만 관점에 따라 '예술치료', '표현예술치료', '창의성 치료', '미술심리치료' 등으로 다양하게 사용된다.

미술치료는 내담자가 미술작품을 만들고, 상담자는 치료 목표에 따라 내담자의 미술 과정에 개입하면서 미술을 매개로 내담자의 심리적 문제를 해결해 나가는 심리치료의 한 유형으로 언어로 자신을 표현하는 것에 어려움을 가진 대상에게 매우 유용하다.

2 미술치료의 목표

미술치료는 다양하고 급격한 변화에 적극적으로 부응하는 창조적인 활동으로 이루어져야 한다. 미술치료 임상에서의 치료적인 과정은 미술치료사 각자의 이론적 접근과 임상 경험에 따라 창의적일 수 있으며, 이를 통해 내담자의 잠재적 가능성을 끌어 올릴 수 있을 것이다.

1949년 페신(J. Pessin)과 프리드만(I. Friedman)은 내담자의 심리치료를 위한 긍정적 자아 강화를 중요시하였으며, 치료사의 중재 행위를 통해 사회적 통합에 도움을 주어야 함을 강조하였다. 또한 이 시기 무의식의 혼돈은 의식적 수준에서 자연스러운 언어표현이 어려울 수 있기에 자신이 열망하고 관심을 갖는 것이 무엇인지 알아차릴 수 있도록 도와야 한다고 말한다. 따라서 다양한 심리치료활동을 통해 그동안 모르고 있던 자신의 새로운 능력을 발견함으로써 긍정적 미래를 기대하며 건설적인 삶을 설계하도록 하는 것이다.

성인을 대상으로 하는 미술치료의 목표는 치료사의 일방적 기대가 아닌 내담자 스스로가 원하는 방향으로 설정되어야 하며, 이를 위해 미술치료사는 내담자가 보이는 행동과 태도에 민감하게 반응하고 진솔한 태도로 상호작용하며 공감과 지지를 반영해야 한다. 내담자를 위한 구체적인 미술치료의 목표는 다음과 같다.

1) 자아정체감 확립과 긍정적 자아개념의 형성

자신의 자아정체감을 확립하지 못한 체 여러 위기에 봉착하게 되면 혼란과 갈등을 경험한다. 이와 같은 혼돈은 자신에 대한 긍정감 획득에 실패하면서 미래를 부정적 이미지로 형성하게 된다. 따라서 미술치료활동에서 내담자의 자신의 실존적 가치를 인식하고 자기 존재를 명확히 수용하여 건설적인 자아 형성을 도모할 수 있도록 다양한 매체와 방법을 통해 탐색하도록 독려해야 한다.

2) 건전하고 투철한 가치관의 정립

가치관은 개인의 행동양식, 수단, 목적 등에 있어 선택에 영향을 미치는 한 집단의 독특성을 규정짓는 개념으로 개인의 사고와 행동의 기준이 된다. 내담자의 가치관 혼란은 모호한 기준으로 인해 부적절한 행동의 가능성을 높이고 이상적 가치과 현실적 가치의 불일치를 통해 심각한 갈등을 양산한다. 따라서 미술치료

활동에서 개인의 행동양식을 살펴 적응과 부적응의 단서를 확인하고 이를 수정하여 올바른 가치관을 확립할 수 있도록 도와야 한다.

3) 적절한 의사표현 및 의사결정 기술의 함양

내담자의 의사결정은 때때로 불안정한 정서로 인해 매우 충동적이며 비합리적이기도 하다. 이들의 성급한 의사결정은 불만족스러운 결과로 반영되어 지속적인 좌절로 드러나거나 반대로 자신의 생각을 적절히 표현하지 못하여 그릇된 피드백과 오해를 받기도 한다. 따라서 내담자의 적절한 의사표현 및 결정을 돕기 위해 미술치료활동을 통해 자신의 심상을 투사하여 적절한 자기표현이 이루어지도록 도와야 한다.

4) 진로에 대한 능동적 의사결정 능력 증진

내담자는 자아정체성의 혼란으로 자신의 미래를 매우 불안정하게 인식하며 어려움을 경험한다. 실제로 많은 내담자는 자신이 무엇을 하고 싶은지, 무엇을 해야 하는지를 스스로 탐색하지 못하며, 매우 수동적인 자세를 갖거나 무기력한 상태에 있다. 따라서 내담자를 대상으로 미술치료를 할 때는 이들의 흥미와 강점을 탐색하는 데 주력하며, 그에 따른 효능감으로 진로와 관련하여 능동적 자기결정권을 갖도록 도와야 한다.

5) 자신의 잠재력 개발

상담의 목표를 달성하기 위해 중요한 것이 개인의 잠재력을 개발하는 것이다.

현재의 심리적 불편감이나 미숙함은 아직 자신의 능력을 발견하지 못했거나 왜곡된 지각으로 인해 드러났을 가능성이 크다. 내 · 외부의 다양한 원인으로 인해 자신을 잘못 인식하고 있는 경우 미술치료활동을 통해 강점을 확인하고 긍정적 미래를 전망하며 건설적 목표를 세우고 실행할 수 있도록 하는 것이 필요하다.

3 미술치료의 장점

미술치료는 다른 심리치료 분야와 마찬가지로 여러 가지 제한점과 함께 앞으로의 연구과제를 많이 가지고 있지만 미술이 갖는 독특한 가치는 심리치료에서 매우 의미 있게 다루어진다. 특히나 자신의 감정을 표현하기 어려운 어린이나 노인의 경우 미술을 통한 작품 활동은 자기방어를 줄여 상담의 효과성을 높이는 데 큰 도움을 준다. 웨드슨(Wadeson)이 언급한 미술치료의 장점을 중심으로 미술치료의 가치에 대해 살펴보면 다음과 같다.

1) 미술은 심상의 표현이다

우리는 언어로 표현하기 전에 먼저 심상(image)으로 사고하며 떠올린다. 예를 들어, 어머니라는 주제가 주어지면 언어적 표현 이전에 어머니의 심상이 먼저 떠오른다는 것이다. 이와 같은 심상의 형성은 삶의 초기 경험을 통해 만들어지고 성격 형성에 중요한 역할을 한다. 미술치료에서는 꿈, 환상, 경험에 대해 언어적 수단이 아닌 미술의 다양한 매체들을 통해 표현하게 되며 이는 언어적 개입에 비해 창조적 과정을 많이 담고 있다고 볼 수 있다.

2) 미술은 언어적 수단에 비해 방어가 감소된다

방어는 심상과 밀접한 관련이 있다. 우리는 어떤 다른 의사소통 양식보다 언어화하는 작업에 숙달되어 있는데, 미술은 이성적으로 생각하는 과정이 생략되어 있어 언어에 비해 방어가 감소되며 자신의 심상을 보다 생생하게 표현할 수 있다. 이와 같은 의도치 않은 표현은 탐색과 인식을 통해 통찰, 학습, 성장으로 나아가는 촉매가 되기도 한다.

3) 미술은 구체적인 유형의 대상이 형성된다

미술치료는 작품이라는 눈으로 볼 수 있고 만질 수 있는 구체적인 자료를 생산한다. 이는 치료사와 내담자 사이를 연결하는 다리 역할을 하면서 치료적 개입을 위해 매우 중요한 의미를 가진다. 특히 저항이 강한 내담자들은 자신의 작품을 통해 스스로 내성할 수 있는 좋은 기회가 제공되며, 자신이 만든 작품을 통해 실존의 가치를 깨닫고 자신의 감정을 느끼며 알아차리는 계기가 된다.

4) 미술은 자료의 영속성이 있다

미술치료활동을 통해 생성된 작품은 보관이 가능하기 때문에 이후 회상에 도움을 주며 기억의 왜곡을 방지하고 새로운 통찰을 얻을 수 있도록 돕는다. 때때로 내담자들은 자신의 작품을 만들 당시에는 느끼지 못했던 것을 이후 다시 확인하며 알아차리기도 하고, 새롭게 느껴지는 무언가를 찾기도 한다. 또한 필요한 때 과거의 작업물을 통해 치료과정 전체를 검토하며 치료 효과를 높이는 데 도움을 줄 수 있다.

5) 미술은 공간성을 지닌다

1차원적 의사소통방식인 언어표현과 달리 미술표현은 그 어떤 규칙을 따를 필요가 없다. 즉, 본질적으로 미술은 공간적인 것이며 시간적인 요소도 없다. 미술치료 안에서는 가깝고 먼 것, 결합과 분리 등 각 대상 간 역동을 표현할 수 있으며 인물상의 표현과 상황, 감정, 장소 등이 한 공간에서 표현되는 특성을 통해 이해를 돕는다.

6) 미술은 창조성과 신체적 에너지를 유발한다

미술치료에서의 활동은 무(無)에서 유(有)를 만들어내는 창조적 과정으로 신체적 에너지가 고갈되어 있는 내담자의 방전된 에너지를 충전해 주는 역할을 한다. 실제로 처음 올 때 에너지가 많이 떨어져 있던 내담자들이 미술치료활동을 하면서 활기찬 모습으로 변하는 경우가 자주 있다. 이와 같은 에너지 수준의 변화는 자존감을 향상시켜 삶의 질을 높이는 데 긍정적 영향을 주게 된다.

4 미술치료의 이론

1) 정신분석적 미술치료-프로이트(Freud)

미술이라는 속성 때문에 역동적인 무의식의 존재를 파악할 수 있으므로 미술치료의 발달 초기에 두드러진 이론이다. 정신분석학자 프로이트는 꿈이 보여주는 이미지를 간과하지 않고 이미지의 의미를 중요하게 여겼다. 꿈은 대부분 시각적 이미지로 경험하기 때문에 말로 바꾸어 표현하기가 쉽지 않다고 프로이트는 말한다. 프로이트는 인간 생의 초기 6년의 경험을 바탕으로 한 비합리적이고 무의식적인 동기가 행동으로 표현된다는 결정론적인 입장을 가지며, 인간의 성적 본능으로 초기에는 리비도를 성적 에너지로 보고, 이후 모든 삶의 본능적 에너지를 리비도라고 하였다. 프로이트의 주요 개념으로는 성격적 구조, 의식과 무의식, 불안, 방어기제로 나눈다.

2) 분석심리적 미술치료–융(Jung)

꿈을 그리는 과정에 중요성을 두고 내담자의 상상과 꿈은 한 개인의 무의적인 내용이 투사되며 인류의 경험이 내재된 원형적 집단무의식이 그림에 상징적으로 표현되어 적극적 상상을 많이 사용하고 있다. 적극적 상상은 내담자의 집단무의식적 요소인 페르소나, 아니마와 아니무스, 그림자에 대한 깊은 이해를 위한 작업이 필요하게 된다. 융은 인간이 태어날 때 본연의 성질을 가지고 있으며 기질과 함께 환경적 영향을 받아 살아간다고 하였으며, 단지 과거 사건에 의해서 만들어지기만 하는 것이 아니라 과거를 넘어 진보할 수 있다고 주장하였다. 또한 개성화 과정을 통하여 중년 이후의 삶을 찾아간다고 하였다. 주요 개념으로는 개인무의식, 집단무의식, 페르소나, 아니마와 아니무스, 그림자, 원형이 있다.

3) 대상관계적 미술치료

정신분석을 기초로 만들어져 있지만 이론과 치료적 방법은 개별적으로 발전하고 있다. 대상관계치료에서는 만족스럽고 의미 있는 관계를 지속하지 못하는 병리적 관계에 초점을 두고 있으며, 이에 대해 인간이 고통받는 원인을 친밀하고 만족스러운 관계를 형성하지 못하기 때문이라는 관점에서 출발하고 있다. 치료자와 내담자의 관계가 내담자 삶의 병리적인 측면, 즉 불안한 내면화, 심리적 분화의 문제 등을 드러내게 되므로 내담자의 내적 대상에 대한 관계 훈련이라고 할 수 있다.

4) 게슈탈트적 미술치료

유기체이론(Goldstein)을 토대로 개체와 환경을 하나의 전체적인 통합체로 보는 시각으로 개인의 모든 측면은 통합된 기능에 관심이 있는 인간적이고, 과정지향적인 치료형태이다. 자신의 삶에 대한 책임을 지고, 현상학적으로는 환경에서 살며, 현재에 초점을 두어 각 개인은 자신의 운명에 책임져야 한다. 인간은 환경과 상호작용하여 자신의 운명을 스스로 결정할 수 있고, 자유롭게 선택할 수 있으며, 현재에서만 자신을 체험할 수 있다고 하였다. 주요 개념으로는 게슈탈트, 전경과 배경, 미해결과제, 알아차림과 접촉, 접촉경계혼란이 있다.

5) 인간 중심적 미술치료–로저스(Rogers)

내담자 중심의 치료를 강조하면서 지시적 접근이 아닌 비지시적 접근으로 내담자를 조력하는 것이 효과적이라고 주장하였다. 미술이라는 매체를 통해 인간의 잠재력과 성장 가능성을 일깨우고 창의력을 계발시켜 자아실현으로 나아가게 한다. 인간 중심적 미술치료는 전인격적인 통합을 강조하는 데 몸과 마음과 영혼의 조화로운 협력을 의미하며 사회생태학적 환경과 더불어 통합된 자신을 추구하는 것이라고 한다. 주요 개념은 진실성, 무조건적 긍정적인 존중, 공감적 이해, 적극적 경청이 있으며, 개인이 완전히 기능하는 사람이 되도록 도울 수 있는 환경을 제공하고 조금 더 자율적이고 자발적으로 자신감을 갖도록 사람들을 도와주는 것이다.

6) 행동주의적 미술치료

인간은 학습을 통해 발전한다는 입장으로 내담자의 문제에 맞추어 치료방법을 자유롭게 선택하고 내담자의 능력과 임상적인 요청에 맞는 치료를 진행한다. 치료대상에게 객관적인 관찰과 측정이 가능한 검사법을 사용하여 치료효과의 평가와 치료의 재현을 가능하게 하기 위해 구체적이고 객관적인 용어로 치료절차를 기술한다. 주요 개념은 행동형성법, 강화기법, 행동감소를 위한 강화방법, 소거기법이 있으며, 내담자의 호소 중심으로 한 증상을 어떻게 효율적으로 해소하느냐에 초점을 둔 새로운 형태로서 사회의 재적을 방법을 빨리 습득하는 것을 치료목표로 삼고 있다.

Chapter

14

모래상자를 활용한 심리치료

1 모래치료의 이해

모래치료는 자연물을 바탕으로 무의식과 의식 사이에서 치료자의 에너지 변용이 내담자가 놀이를 할 때 영향을 받아 서로 역동을 갖는 것이다. 모래놀이치료의 기본 가정은 안정된 공간 안에서 자신의 치유적 잠재력을 경험하며 손상된 모성 이미지를 치유할 수 있도록 조건을 제공하는 것으로 창조적 퇴행을 장려하여 치유를 돕는다. 웨인리브(Weinrib)에 의하면 모래놀이치료는 인간 정신의 통합성을 도모하는 표현예술치료활동으로는 자기가 배열되고 활성화되도록 돕는다고 하였으며, 상처받은 자아를 치유하고 심리적 재탄생을 도와 내면의 아이가 회복된다고 보았다. 즉, 인간은 적절한 조건이 주어지면 스스로를 치유해가는 자율적인 경향성이 있다는 것이다. 이 자율성은 발달적 요구를 충족시키고 정서적 삶에 참여하도록 도와주는 표현의 미학이다.

모래치료는 무의식으로부터 갈등을 끌어와 정신적 내용을 건강하게 재정리하도록 치유와 변형을 촉진하는 일련의 과정이다. 모래놀이치료는 자신의 내적 마음의 흐름을 모래상자 안에 옮겨놓는 순수예술로 치유를 위한 창조성의 역할이며 인간의 타고난 예술적 능력의 회복이라 할 수 있다. 모래놀이지료는 청소년 내담자에게 언어로 표현되기 어려운 감정적 문제에 대해 자연스러운 접근을 유도하며 치료과정이 자신의 경험을 온전히 드러낼 수 있도록 돕는다. 모래놀이치료는 일상에서 경험한 사건이나 감정 중 수용하기 어려운 것들 또는 고통스러운 것들을 모래판 위에 다양한 상징물을 이용하여 투사적으로 표현할 수 있기 때문에 저항감을 낮추면서 자발적 치료행위를 돕는다.

모래치료는 어린아이부터 성인까지 연령과 성별에 상관없이 마음의 깊은 수준까지 도달할 수 있으며 비언어적이며 정서적인 치료형식이다. 자신의 내면세계를 모래상자에 충분히 표현하고 표현된 상징들을 재탐색하며 스스로의 문제를 찾아내어 수용하고 극복할 수 있는 자아의 성장을 도모한다. 모래놀이치료는 마음을 찍어내는 엑스레이가 되어 보이지 않는 내면을 다루기 위한 마중물 역할을 하는 것이다.

모래치료는 1929년 영국의 소아과 의사인 로웬펠트(Lowenfeld)가 창안하여 아동의 내적 세계를 표현한다는 의미로 '세계' 혹은 '세계기법(World Technique)'이라 부르는 방법으로, 언어로 뜻을 전하기 어려운 아동의 내면 탐색을 위해 활용되었다(선애순, 2013). 모래놀이는 인간의 정서적 심상을 창조적으로 표현하고 그로 인해 일어나는 변화를 다루는 것으로, 자신의 무의식을 의식화하여 자신을 이해하고 개별적 삶의 문제를 해결하는 뛰어난 방법이라고 할 수 있다. 모래치료는 모래를 치료의 매개체로 활용하여 상담 과정에서 내담자가 자신의 내면을 들여다보는 과정에서 자신의 참모습을 찾아 나가게 된다.

모래치료는 모래놀이자(내담자), 모래놀이치료자(상담자), 모래놀이치료실(환경) 등의 요소로 이루어져 있다. 그리고 모래, 모래상자, 물, 피규어, 내담자와 치료자의 신체적 실존과 같은 물리적인 것들 그리고 의식에 영향을 미치는 무의식과 무의식의 작용을 알고자 하는 의식이 있다. 무엇보다 중요한 것은 모래놀이자(내담자)와 모래치료자 사이의 관계요소이다(장미경, 2017).

모래치료는 자유롭고 안전한 공간에서 자신의 실제 모습을 발견하고 창조적으로 표현하는 놀이치료방식이다. 자신의 감각을 통해 자신의 정신과 연결되며 스스로 자신의 아픔을 바라보고 치유해나가는 과정이다. 억압된 감정을 자유롭게 풀어놓는 과정을 통해 카타르시스를 느끼며 자신의 내면을 통합하게 된다. 모래상자에서 실제적 · 창조적으로 일어나는 형상화와 관련되는 치료방법이다. 모래상자에서 놀이를 하는 사람은 소위 형상을 만드는 인간으로 어른이든 아동이든 자신의 행위에 정신적 · 심혼적 · 육체적으로 관여한다(이유경 역, 2009).

모래상자 역할은 공간을 한정하는 상자의 모형을 만들어주어 그 모형 안의 공간이 내담자를 지키는 역할을 한다. 치료실에서는 내담자를 보호하는 공간이면서 내담자에게 일정한 규칙을 제시한다. 내담자는 그 안에서 안심하고 자신의 내면을 탐색하고 변화를 모색하게 된다.

2 모래치료의 목표

모래치료는 내담자가 자신의 경험을 포함한 내면세계의 이미지를 구체적으로 재현하는 작품놀이활동으로 개인의 문제를 훈습하고 극복할 수 있도록 돕고 현실 원리를 자연스럽게 관찰하여 균형적 성장과 통합을 추구하도록 돕는다. 모래놀이치료를 위한 구체적인 목표는 다음과 같다.

1) 자기인식 및 통찰

모래치료는 내담자가 자신의 내면에 가장 깊은 감정과 정신에 접근할 수 있도록 함으로써 자신의 내면세계와 외부 세계에서 일어나는 것을 이미지로 보여준다. 이는 내담자의 내면의 소리가 모래판 위에서 구체화하여 드러난 것으로 외부 현실을 자기 자신과 연결시켜 보여주는 것이다. 이처럼 모래치료는 개인의 잠재의식 속에 있는 내용을 구체적이며, 관찰 가능한 형태로 드러냄으로써 내면의 억압된 부분들을 의식화할 수 있게 된다.

2) 무의식의 탐색을 통한 통합

모래치료에서 창조과정을 통해 미지의 것을 볼 수 있게 되면 자신의 무의식적 과정을 더 많이 알게 되어 스스로를 이해하는 데 도움을 준다. 내담자는 이와 같은 과정 안에서 자신이 부정했던 에너지를 확인하고 통찰을 얻는다. 모래놀이치료는 무의식적 삶과 의식적 삶의 협력을 통해 인간 내면에 더 큰 조화와 힘을 만들어 협력의 틀을 제공한다.

3) 퇴행을 통한 변화

모래치료는 내담자가 모래와 자연스럽게 연결되면서 자신의 중심을 향하도록 돕고 필요한 곳으로 퇴행할 수 있도록 한다. 우리는 모두 어린 시절 모래와 흙에서 놀아 본 경험으로 과거 어린 시절로 퇴행할 수 있다. 퇴행을 통해 누릴 수 있는 무언가가 모래판 위에서 어려움 없이 실행에 옮기는 것을 돕는다.

4) 개성화의 촉진

모래치료 장면에서 상담자와 내담자는 정신이 치유와 온전함을 향해 움직인다는 융의 전제에 동의한다. 무의식이 의식화되면서 내담자가 무의식적으로 추구하고 있을지도 모를 온전함을 향한 열망은 점진적으로 실현된다. 내담자는 그간 자신의 치유와 성장을 방해해 온 상처와 장애물 그리고 성격의 다른 측면들과 화해하고 더 잘 인식한다. 모래치료는 내담자가 현실에서 보지 못한 것을 의식화할 수 있다는 점에서 꿈과 비슷하다.

3 모래치료의 장점

모래치료는 개인마다의 치유와 성장에 창조적 표현을 사용하는 데 반영되며, 여기서 창조적 표현능력은 건강의 기본적 측면이다. 그러므로 모래치료를 하는 창조적 과정에서 흔히 도달되지 않는 감정과 경험 그리고 통찰력에 접근하게 되며 몰입함으로써 치유와 자기성장이 가능할 수 있다. 모래놀이치료는 무의식적 소재에 대한 강력한 접근법으로 심오한 감정, 직관, 통합, 창조성, 인간 경험의 총체성을 다루며 이를 위한 모래치료의 장점은 다음과 같다.

첫째, 모래치료에서 표현된 것들은 개성화 과정을 촉진하고 성인세계를 학습하는 데 도움을 준다. 모래치료에서 환상은 내부 세계와 외부 세계를 결합할 가능성을 제공하는 근원이 되며, 모래와 물은 개인의 환상을 표현하기에 매우 강력한 도구로 이 두 세계를 중재하고 연결한다.

둘째, 모래치료에서 표현된 여러 주제는 내담자가 자신의 내면 생각과 감정을 구체적으로 드러낼 수 있는 세계를 만드는 것이며, 삶의 외상과 회피된 경험을 상징물을 통해 외현화하고 객관화하는 작업은 매우 중요하다. 모래놀이치료에서 표현된 상징은 무의식이 객관화되어 현실과 통합되는 것이며, 정신적 영역을 신체적으로 느낄 수 있도록 한다.

셋째, 모래치료는 비위협적이고 흥미로운 성질을 갖음으로 비자발적인 내담자나 말하고 싶어 하지 않는 내담자를 이끌어 들이는 데 적절하다. 모래놀이치료에서 사용되는 모래상자는 누구나 할 것 없이 개인의 독자성을 가지며 작업 후 다양한 도구를 이용하여 영속적 보존을 할 수 있으므로 회상에 따른 통찰을 돕는다.

넷째, 모래치료는 모래라는 자연의 매체로 하여 작품을 만드는 과정에서 모래를 만지는 행위를 독려하며 신체적 감각과 정신을 연결짓는다. 이는 신체와 마음의 상호작용을 통해 방어수단을 감소시키며 깊은 내면의 문제에 빨리 접근하도록 돕는다.

4 모래치료와 개성화 과정

모래치료에서 개성화 과정은 카프(Kalff, 1966)의 동 · 식물 단계, 투쟁 단계, 집단적응 단계로 구분하였다(선애순, 2013). 또한 박행자(2012)는 노이만(Neumann, 1954)의 5단계를 통하여 아동의 자아발달단계를 구분하였다. 그는 노이만(Neumann)의 5단계와 카프(Kalff)의 3단계를 통하여 내담자의 치유와 변형을 카오스, 죽음, 재탄생의 개념으로 설명하였다.

모래치료의 카오스 단계는 자아의 불균형으로 문제행동이나 갈등이 신체적으로 나타나는 시기로 자아가 목표를 향하여 나아가지 못해 현실에 적응할 수 없는 혼돈과 혼란이 나타나는 시기이다. 죽음 단계는 무의식과 대면하는 자아의 역동적인 투쟁으로 인해, 낡은 자아의 죽음이 나타난다. 재탄생 단계는 낡은 자아가 죽은 뒤에 자기와 관계에서 새로운 자아로 재탄생하여 일상에 적응이 나타나는 단계이다. 창조성과 관련이 있으며 새로운 삶을 요구하고 구하기 위하여 더 이상 삶을 누리지 못하게 하는 낡은 삶의 형태를 기꺼이 벗어버릴 수 있어야만 한다(이유경 역, 2009). 모래상자치료의 단계 구분은 **표 14-1**과 같다.

표 14-1 모래놀이치료에서 나타나는 과정

단계	모래상자 구성내용	카프(Kalff, 1980~2003)
1	카오스 • 자아 기능: 자아와 무의식의 불균형이 표현 자아의 위기 상태로 자신이 문제행동이 나타남 • 카오스의 특성: 많은 소품들이 뒤엉킴. 에너지의 정체와 결핍이 나타남 • 정서: 전지전능함과 무력감, 공허함 • 모래상자 형태: 혼돈(경계 없음), 공허, 왜곡(부조화), 정적, 분할, 모래를 만지지 못함. 많은 물 사용	동 · 식물 단계 • 상징물을 혼란스럽게 가득 나타냄 • 빈약하고 생명이 정지된 장면 표현 • 현재 생활에서 느끼는 갈등영역 표현 • 서로 관련 없이 여러 가지 상징물 나열함 • 초기의 모자 관계의 경험과 관련
2	죽음 • 자아 기능: 무의식과 투쟁으로 인한 죽음 • 죽음 특성: 투쟁, 대극, 사건, 사고, 재난 홍수, 천재지변, 죽음, 관계 • 정서: 갈등, 화, 감정이 격해짐 • 모래상자 형태: 일부의 변화가 나타남(경계, 조화, 움직임 등이 일부 소통됨. 대극이 표현	투쟁 단계 • 대립과 투쟁 형태 • 의미 있는 힘의 충돌적 에너지 표현 • 질서가 만들어짐 • 혼란, 죽음, 파괴와 연결 • 남 · 여 갈등, 선-악의 대결 및 싸움

단계	모래상자 구성내용	카프(Kalff, 1980~2003)
	되다가 침범됨, 모래 만지기, 물 사용이 일부 변화됨)	
3	재탄생 • 자아 기능: 목표 지향적이고, 양육과 일상에 적응이 표현됨 • 재탄생의 특성: 탄생, 중심화, 일상생활 • 정서: 자신감, 성취감, 만족감, 소속감, 안정감 • 모래상자 형태: 질서, 풍부, 정돈(조화), 동적, 통합, 모래 잘 만지기, 적절한 물 사용	집단적응 단계 • 자아와 자기와 관련된 세계 발견 • 모자 분리의 자신의 자아개념 이해 • 남 · 여 한 쌍으로 균형감과 평온한 표현 • 남성은 건설 장면이나 일하는 모습 표현 • 여성은 동네나 시장 모습 주로 표현 • 세상 속 외부로 향하는 세계관 증대

출처: 박행자(2012). 아동의 모래놀이치료과정에서 나타나는 카오스, 죽음, 재탄생. 명지대학교 대학원 박사학위 논문.

1) 개성화 의미

개성화란 전체성을 목표로 하여 인생의 후반기에 집중적으로 진행되는 과정으로 무의식을 의식화시키고 그 내용을 통합하고 조절과 균형을 이루게 하는 과정이다. 이 과정의 궁극적인 목표는 전체성이며, 그것은 곧 타인과 철저히 구별되는 진정한 자기화이다(신동열 외, 2019). 이와 관련하여 최명희(2012)는 개성화란 곧 개인이 가지고 있는 고유성의 실현이며 개체가 고유성에 대해 인식하고 자신의 정신적 발전을 위해 의식적으로 실현하고자 하는 의지를 낼 때만 의미를 갖는다고 한다. 개성화 과정의 중심에 자기(self)가 있고 개성화는 자기를 중심으로 하나의 새로운 인격을 형성한다고 한다. 융(Jung, 1954)은 의식과 무의식을 통합하는 과정을 개성화 과정이라고 불렀다. 개성화란 우리의 인격이 더 이상 분할할 수 없게 되는 경지에 도달하는 것이다. 개성화는 자기인식과 실현의 과정이다.

김성민(2014)은 개성화 과정에 대해 다음과 같이 나누어 설명하였다. 첫째, 사람들이 자신의 내면에 있는 그림자를 의식화하고 동화시키는 것을 통해서 시작된다. 둘째, 아니마와 아니무스에 대한 자각이다. 셋째, 의식의 자아와 무의식의 자아와의 만남을 통해서 이루어진다.

또한 박숙경(2019)은 다음과 같이 개성화 단계를 나누었다. 첫째, 무의식을 의식화하는 그림자의 성찰이 필요하며, 이를 위해 먼저 그림자를 각성하고 의식화하는 것이 필요하다고 하였다. 둘째, 아니마와 아니무스에 대한 인식으로, 아니마는 남성의 내면 정신, 아니무스는 여성의 내면 정신을 말하며 개인 안에 살아 있는 나의 심혼을 만나는 것을 의미한다. 셋째, 의식의 자아와 무의식의 자아가 만나도록 하는 것이다.

개성화는 자기인식의 과정이며 무의식의 내용을 인식하는 과정이다. 박숙경(2019)은 개성화에 대해 자기실현의 목적을 이루기 위해서는 페르소나와 자아를 구별하는 것이 필수적이라는 융(Jung, 1954)의 주장을 말한다. 또한 아니무스를 의식화하여 자신을 구별할 수 있어야 한다고 하였다. 이부영(2000)은 개성화란 무의식 속에 잠재되어 있는 가능성을 자아의식 세계에 수용하여 실천에 옮기는 능동적인 자기실현이라고 설명하였다. 개성화는 한 인간이 진정한 자신이 되는 것, 즉 자신과의 연합을 말하며 그것은 내면적 삶과의 일치이며 진정한 자신이 되는 것을 말한다(김미자, 2004).

융(Jung, 1954)은 개성화 과정이란 사람들이 자신의 내면 깊숙이 들어 있는 자신의 본래 특성을 실현하는 작업이라고 주장하였다(김성민, 2014). 융(Jung, 1954)의 분석심리학에서 개성화는 핵심적인 신념으로 중요한 목표는 고유하고 독특한 자기를 인식, 발견하여 조절과 통합을 이루어 성숙한 자아를 이루어 가는 것이다(정은숙, 2009; 박숙경, 2019; 최혜정, 2019). 융(Jung, 1954)은 이러한 개성화 과정을 분석과 치료의 과정이며, 동시에 성숙한 자기실현을 위한 과정으로 보았다(박숙경, 2019; 정은숙, 2009; 최혜정, 2019). 융(Jung, 1954)의 이론을 통해 개성화는 더 이상 나누어지지 않는 존재, 전체성을 이룬 존재를 형성해가는 과정이며, 중년기에 일어나는 개성화 과정은 자기 자신이 되도록 이끌어주어 자아 정체감을 획득하게 하고, 자신의 내적 자원을 효율적으로 활용하여 조화롭고 균형 있는 생활을 할 수 있도록 한다고 하였다(신동열 외, 2019). 신선례(2015)는 이러한 개성화가 반드시 완전해지는 것이기보다는 비교적 온전해지는 것이라 하였으며, 개성화는 한 개인의 과제이며 전 인류의 과제라고 하였다.

개성화가 가장 두드러지는 시기는 40세경이며, 자신의 무의식 속에 억압되어 있던 자신의 자아가 명확해지는 시기이다. 개성화란 전체성을 목표로 하여 인생의 후반기에 집중적으로 진행되는 과정으로 무의식을 의식화시키고 그 내용을 통합하고 조절과 균형을 이루게 하는 과정이다(신동열 외, 2019).

융(Jung, 1954)의 개성화이론의 주요 개념인 페르소나, 그림자, 콤플렉스, 아니무스, 자기실현에 대해 살펴보고자 한다.

2) 개성화 주요 개념

(1) 페르소나

융(Jung, 1966)은 개인의 고유성(uniqueness) 실현을 개성화로 이해하고, 개성화의 출발은 페르소나(persona)에 대한 인식에서 시작된다고 하였다(박숙경, 2019). 페르소나란 본래 가면극 배우들이 쓰는 가면(mask)으로써 개인의 외부 세계를 향해 보여주는 자아의 가면이라고 할 수 있다. 페르소나란 사회집단이 개인에게 준 역할, 의무, 약속, 그 밖의 여러 행동 양식이며, 삶의 적응을 위한 가면으로 집단정신이 한 단면이다(신동열 외, 2019). 진정한 나의 모습이 아닌 다른 사람들에게 보이는 것에 중점을 둔 모습이다. 진정한 나를 잊어버리고 보이는 나의 모습으로 살아가며 자신을 상실하게 될 때, 우울증과 같은 증상이 나타날 수 있다. 중년기는 밖으로만 향하던 시선을 내부로 돌려 자신의 참모습을 찾아야 하는 시기라 할 수 있다.

최혜정(2019)은 페르소나를 개인이 대중에게 자신을 드러내는 방식이라고 보았다. 페르소나는 자기(self)와는 다른 성격을 연출할 수 있으며, 사회에 받아들여지기 위해 좋은 인상을 주는 것을 목적으로 한다고 한다. 오유리(2017)는 모든 사람은 페르소나로 대상들과의 관계를 맺으며 주체를 보호해야 하는데 이것이 페르소나의 이중기능이라고 보았다. 본질적으로 자아와 세계 사이에 있는 정신의 외피 역할을 하는 페르소나는 대상들과의 상호작용에서 오는 선물이면서도 이러한 대상들에 개인이 투사한 결과라고 한다. 신동열 등(2019)은 페르소나가 한국에서 '얼굴, 낯, 체면'과 같은 의미로 사용되며 사회 각계각층 주요 인사들의 체면에서부터 가족이나 일반 사회인 등의 체면에 이르기까지 사회에서 그들에게 요구하는 행동규범이자 집단규범이라고 설명한다. 융(Jung, 1954)과 야코비(Jacobi, 2018)는 페르소나는 개인이 겉으로 보이는 탈이며, 사회에 받아들여지기 위해 좋은 인상을 주는 것을 목적으로 삼으며, 그것은 대세에 순응하는 태고유형이라고 말한다. 박숙경(2019)은 페르소나가 나의 나 됨으로 있는 것이 아니라 다른 사람들에게 보이는 나를 더 부각하는 특징을 가지고 있으며, 페르소나에 입각한 태도는 외부세계와 적응하면서 생긴 콤플렉스라고 말한다. 진정한 자아가 페르소나와 동일시되면 자아는 그의 내면세계와의 관계를 상실하게 되며, 그 결과로 갱년기 우울증과 같은 증상이 나타난다고 보았다.

이와 같이 페르소나는 사회 속에서 타인에게 보이기 위한 가면이며, 진정한 자아와의 통합이 되지 않으면 우울증의 원인이 될 수 있음을 알 수 있다. 따라서 진정한 자기로 살기 위해서는 페르소나와 자아와의 통합이 필요함을 알 수 있다.

(2) 그림자

그림자(shadow)는 우리의 심성에 드러나는 밝은 성질들과 대비되는 드러나지 않는 어두운 성질들이다(최명희, 2012). 억압된 성향을 지닌 그림자는 의식화되기 전까지는 주로 부정적으로 드러난다. 사람들이 접하는 그림자는 개인무의식에 존재하는 것들이다(신동열 외, 2019). 인격의 열등한 면으로서 무의식 속에 감추어 두고 드러내지 않으려 하는 부분이라고 할 수 있다. 이 그림자는 무의식 속에 깊이 억제되어 있기 때문에 드러나기가 쉽지 않다.

융(Jung, 1954)은 그림자에 대한 통찰이란 바로 자신 안에 있는 열등한 인격에 대한 자기인식이라고 정의한다(최명희, 2012). 자신의 그림자를 통찰하고 바로 바라볼 수 있을 때 인격적인 성숙과 함께 또 다른 차원으로 갈 수 있을 것이다.

선행연구에서는 그림자를 다음과 같이 설명하고 있다. 이민희(2011)에 의하면 그림자는 개인무의식의 특징을 나타내는데 때론 집단무의식의 내용인 원형의 상을 띠기도 한다고 한다. 인간에게는 누구에게나 그림자가 있으며 그림자를 인식하지 못할 때 우리는 그림자를 타인에게 투사시킴으로써 나는 아무 문제가 없고 상대방이 문제라고 본다는 것이다. 김성민(2014)은 그림자는 자아의식의 반대편에 있는 정신요소로서, 자아가 그 존재에 대한 인식을 거부하기 때문에 자아의 반대편에 생기게 된 정신의 한 요소라고 한다. 그림자는 다른 사람에게 투사되어 자아를 왜곡시키고, 자아를 어려움에 빠트린다고 한다. 그림자는 우리 인격에 부정적이며 열등한 측면과 우리가 받아들이기 어려운 부도덕한 요소로 구성되어 있다고 한다. 김미자(2004)는 심리적인 의미에서 그림자란 바로 나의 어두운 면, 즉 무의식적인 측면에 있는 나의 분신이라고 보았다. 그림자는 의식의 바로 뒷면에 있는 여러 가지 심리적 내용으로 열등한 인격과 같은 것으로, 의식될 기회를 잃어버린 채로 미분화된 상태의 원시적인 심리 경향, 심리적 특징들이라 보았다.

그림자는 우리 안의 어두운 측면으로, 자신을 보지 않으려고 타인에게 투사하는 경향이 있음을 알 수 있다. 따라서 자신 안의 그림자를 의식화하는 것을 통해 개성화를 이룰 수 있음을 알 수 있다.

(3) 콤플렉스

융(Jung, 1954)은 무의식 속에 존재하면서 감정에 의해 결합한 심적 내용의 집합이 의식 활동을 방해하는 현상을 관찰하고 이것을 콤플렉스(complex)라고 불렀는데, 모성 원형은 이른바 모성 콤플렉스를 이룬다(박숙경, 2019)고 한다. 또한 콤플렉스는 대부분의 경우에서 의식의 통제에서 벗어난 감정과 관념의 특별한 복합물이며, 자아의식에서부터 분리된 정신요소(김성민, 2014)라고 할 수 있다. 무의식 속에 있는 두려움과 공포감의 원천이기도 하다. 이러한 콤플렉스는 각종 신경증과 정신증의 원인이 되기도 한다. 그러나 콤플렉스가 자아 성장에 방해요소가 되는 것만은 아니라고 하는데, 자아의 건강함을 발생시켜 영감을 주며 창조의 힘을 만들어 내기도 한다고 한다(김성민, 2014). 그러므로 자기 원형을 통해서 전체성을 향해 가는 과정에는 콤플렉스를 다루는 것이 중요한데, 그 이유는 콤플렉스가 개성화라는 정신적 발달을 방해하는 요소이기 때문이다(김성민, 2014). 신동열 등(2019)은 그의 저서 『분석심리상담의 이론과 실제』에서 콤플렉스를 히스테리의 원천이 되는 무의식적 마음의 복합체로 설명하였고, 무의식세계에 존재하고 있는 수치심이나 고통, 공포감 등과 관련된 부정적이고 복합적인 응어리라고 말한다. 김성민(2014)은 그의 저서에서 콤플렉스는 열등감처럼 사람들이 어떤 상황에서 자기도 모르게 정감적 반응을 보이게 된다고 설명한다, 융(Jung, 1954)은 콤플렉스가 인간의 정신을 구성하는 정신요소이지 열등감만을 지칭하지는 않는다고 말한다. 콤플렉스에는 개인무의식과 집단무의식이 있다고 한다. 개인무의식은 유년기에 감당하기 어려운 충격에 노출되었을 때 형성된다고 한다. 집단무의식은 여성과 남성의 차이나 경험 등을 말할 수 있다. 융(Jung, 1954)은 이러한 집단무의식을 원형(archetype)이라고 불렀다. 박은숙(2008)은 콤플렉스란 감정적으로 강조된 심리적 내용 또는 그 내용을 중심으로 한 심적 요소의 어떤 일정한 군집을 말한다고 한다. 콤플렉스는 하나의 핵 요소를 중심으로 형성되며 이 핵 요소는 강한 정감이라는 심적 에너지를 내포하고 있다.

(4) 아니마와 아니무스

페르소나가 한사람이 보통 그의 외부상황과 맺고 있는 외적 태도와 연관된 정신요소라면, 아니마 · 아니무스(anima · animus)는 그가 그의 내면세계와 맺고 있는 내적 태도와 연관된 정신요소다(김성민, 2014). 아니마 · 아니무스는 집단무의식 속에 잠재해 있는 정신요소로, 외부세계에 적응하는 과정에서 발달한다. 남성 안에 있는 여성적 이미지인 아니마와 여성 안에 있는 남성적 이미지인 아니무스를 통해 이성과의 관계를 할 수 있도록 이끌어주는 역할을 한다.

아니마 · 아니무스의 중요한 긍정적 측면 중 하나는 의식과 무의식을 잇는 인도자의 역할이다. 아니마 · 아니무스는 전체정신에 이르는 전 단계 혹은 중간 단계로 자아를 전체정신으로 이끄는 역할을 수행함으로써 자아가 의식 세계에서 정신을 전체적으로 통합하는 주제로서 나아가게 하여 역동적인 삶을 영위하는 정신요소라고 볼 수 있다(신동열 외, 2019). 아니마 · 아니무스는 궁극적으로 자아를 자기에게 인도한다. 자기는 개성화 과정의 마지막 단계에서 자기가 실현되는 방향으로 나아가게 해 주는 것이다. 아니마 · 아니무스가 사람들의 영혼의 이미지이고, 내적 인격이기 때문에 사람들이 자신의 내면을 잘 들여다보면 자신의 인격을 잘 통합하게 되는 것이다(김성민, 2014).

박은숙(2008)은 자아와 내면세계의 접촉을 중개해 주는 역할을 아니마 · 아니무스가 한다고 말하였다. 아니마 · 아니무스는 우리 정신 안에서 자아를 집단무의식의 이미지와 연결시켜 자아가 좁은 의식 세계에만 몰두하지 않고, 정신의 전체적인 통합을 지향하게 하고 그것을 바탕으로 역동적인 삶을 살게 하는 정신요소라 한다. 이런 요소가 남성에게는 여성적인 형태로, 여성에게는 남성적인 형태로 의인화하여 존재한다고 한다. 이민희(2011)는 아니마 · 아니무스에 대해 집단무의식에 있는 내적 인격의 특성으로 남성의 무의식에 있는 여성적 요소를 아니마, 여성의 무의식에 있는 남성적인 요소를 아니무스라 설명한다. 이때 말하는 남성적 · 여성적이라는 말은 사회적인 통념을 넘어선 보편적 · 원초적인 특성을 말한다. 의식의 외적 인격으로서의 남성과 여성은 각기 다른 내적 인격의 특성을 갖추게 되는데, 이것이 전 인격에 보충되어 하나의 개체를 형성한다고 하였다. 박숙경(2019)은 여성의 아니무스가 부성상에서 나타나며, 남성의 아니마는 모성상에서 비롯된다는 융(Jung, 1954)의 주장을 말한다.

아니무스의 경우 자아의식의 분화가 이루어지면 부모상의 영향력이 상대적으로 약화하고 뒤로 물러나면서 상대화된 대극의 인물상으로 등장한다고 한다. 만약 자아가 부모상과 제대로 분리되지 않으면 아니마와 아니무스는 부성상의 특징을 그대로 갖게 되고, 자아가 아니무스와 동일시되어 구분이 안 되는 상태를 사로잡힘이라고 한다. 아니무스의 분화가 이루어지기 위해 여성 자아가 모성상과 먼저 분리되어야 한다고 말한다. 분석심리학적으로 아니무스의 작용은 개성화를 향하는 과정에서 모형으로 인도하기도 한다.

(5) 개성화

자아가 무의식을 의식화할 때 자기실현이라 부르는 개성화(individuation)가 이루어지는데, 자기실현이란 의식과 무의식이 하나로 통합되고 전체를 이루는 것이다(신동열 외, 2019). 자기실현 또는 개성화는 자기인식의 과정이며 무의식의 내용을 인식하는 과정이다. 자기인식이 지적인 인식과 감정적인 통찰이라는 점에서, 의식화란 무의식에 있는 여러 가지 요소들을 깨닫는 심리학적 체험으로서의 깨달음에 가깝다. 이는 종교에서의 자기인식은 아니지만, 융(Jung, 1954)의 자기실현 과정의 자기인식과 닮은 면이 많다(박숙경, 2019).

김성민(2014)은 인간의 내면에 인간 정신의 중심을 나타내는 정신요소가 있는데, 이 요소는 의식을 뛰어넘으며 인간의 전일성을 나타내는 것이 자기라는 융(Jung, 1954)의 주장을 말한다. 이 중심은 자아보다 더 높은 차원의 정신요소이며, 자기는 정신 전체의 중심이라고 한다. 인간의 가장 깊은 곳에 있는 신적 본성을 찾는 것을 자기실현이라고 본다. 오유리(2017)는 그림자의 의식화와 아니마와 아니무스의 의식화가 진행되어 자기와의 대면이 이루어져 실천에 옮기는 능동적인 행위를 자기실현이라 설명한다. 다른 사람들이나 집단 심리와는 구분되는 진정한 자기 자신이 되어가는 것이고 모든 인격의 궁극적인 목표는 자기(self)와 자기의 실현의 상태를 달성하는 것으로 설명한다. 최명희(2012)는 자기실현을 향한 강한 충동이나 삶에 지침이 될 만한 암시들은 자아에서 생기는 것이 아니라 자아를 발생시키는 정신의 전체성인 자기에서 비롯되며, 자기는 개체마다 그 고유의 특성이 다르기 때문에 모든 자기실현은 지극히 독자적인 길이 될 수밖에 없다고 말한다. 이부영(2019)은 자기실현은 개성화이며 진정한 개성을 실현한다는 뜻이고, 그 사람 전부가 된다는 뜻이라 주장한다. 또한 자기실현은 무의식을 의식화함으로써 가능하다고 할 수 있다.

Chapter

15

통합예술치료 상담과정

상담의 과정은 전체 회기 수, 진행방식, 상담사와 내담자 또는 상담여건에 따라 달라지기 때문에 정해진 틀은 없으나 상담사와 내담자가 만나 상담 관계를 맺고 당면문제를 다루며 목표를 달성하고 종결에 이르는 과정을 갖게 된다. 상담과정을 이해하는 것은 상담사의 길을 안내하는 지도를 지참하는 것과 같이 매우 중요하다. 같은 목적지라 해도 안내자에 따라 방향과 길이 달라질 수 있기 때문이다.

상담의 일반적인 과정은 첫째, 상담의 본질을 이해할 수 있도록 전체 그림을 그리는 것에서 시작하며, 둘째, 상담목표를 이루기 위해 어떤 과정을 거쳐야 하는지 확인하고, 셋째, 실제 상담장면을 구체적으로 적용시키는 데 기본 지침이 된다. 실제 임상 장면에서 이와 같은 과정을 크게 초기, 중기, 종결기로 나누어 볼 수 있다.

상담의 초기과정은 상담사와 내담자가 만나 내담자의 호소내용을 듣고 내담자의 문제를 이해한 후 목표에 도달하기 위한 초기 계획을 수립하는 단계로 상담사와 내담자 간에 신뢰와 상호협력을 바탕으로 상담관계가 형성된다. 내담자는 있는 그대로 존중받는 경험을 통해 점차 자기개방에 대한 용기를 갖게 되며 통찰적 경험을 하게 된다.

상담의 중간과정은 상담사가 내담자의 자기개방과 사적인 비밀까지 공유하는 친숙한 관계인 동시에 상담목표를 향해 구조화된 관계로 발전하는 단계로 내담자는 상담장면을 안전하게 느끼면서 많은 것을 개방하고 깊은 수준의 감정을 경험한다. 내담자는 자신의 문제에 대한 자기지각과 통찰을 얻기 위한 다양한 시도를 하게 되며, 상담사는 내담자가 지금까지와는 다른 관점에서 자신과 외부 세계를 보고 새로운 문제를 해결할 수 있도록 돕는다.

상담의 종결과정은 상담사가 초기 상담목표에 대한 평가에 기초하여 그간의 의미 있는 관계를 성숙하게 마무리 짓는 단계로 내담자는 자신의 변화를 인식하고 자신의 변화에 긍정적 가치를 갖게 된다. 종결을 앞두고 상담과정을 점검하며 내담자의 공헌과 함께 변화된 내용을 확인하며 종결 후 나타날 수 있는 잠재된 문제와 재발 가능성 및 대처전략에 대하여 논의한다.

1 상담의 초기과정

1) 접수면접 및 내담자 평가

(1) 접수면접

접수면접은 내담자의 상담 신청 후 상담사 배정에 앞서 호소문제 및 배경정보, 현상태, 위기 정도를 파악하는 것으로 내담자의 주 호소내용을 듣고 문제영역을 확인하며 기본정보를 수집하고 객관적 평가와 더불어 위험요인이 없는지 확인하는 것이다. 접수면접 과정을 통해 내담자에게 가장 적합한 상담사를 배정하거나 필요에 따라 외부 전문기관의 협력이 요구되는 경우 연결해 주는 중요한 과정이다. 접수면접은 내담자로 하여금 상담의 첫 장면에서 경험하게 되는 중요한 과정으로 기관에 대한 신뢰와 상담에 대한 기대를 갖게 하는 중요한 첫 관문이므로 상담 경력이 많은 전문가가 실시하는 것이 바람직하다. 상담사는 접수면접을 통해 내담자의 기본적 정보를 수집하여 포괄적 평가를 한 후 심리평가 등을 연결할 수 있다.

접수면접 과정에서 내담자의 보고를 통해 기본적인 인적사항, 내방경위, 호소문제, 가족사항, 현병력 및 건강상태에 대한 정보를 수집하게 된다. 이외에도 상담사는 내담자의 행동 및 태도의 특이사항을 기록해 두어 이후 내담자 평가의 중요 자료로 사용한다. 상담사가 살펴야 할 또 다른 중요사항으로 내담자의 동기 수준을 파악하는 것으로 이는 이후 치료계획에 매우 중요하다. 단기해결중심치료 이론가인 드 세이저(Steve De Shazer)는 내담자를 방문자, 불평자, 고객으로 구분하였다. 방문자형(visitor) 내담자는 자발적이기보다 내담자에게 문제가 있다고 생각하는 타인에 의해 내방한 경우로 이들은 대체로 자신의 문제를 인정하지 않는 경우가 많다. 불평자형(complainant) 내담자는 문제가 있음을 인정하지만, 문제해결의 책임은 자신이 아닌 다른 사람에게 있다고 생각하여 상담사가 그 사람을 변화시켜주길 기대한다. 고객형(customer) 내담자는 문제에 대한 인식과 함께 상담사와 협력하며 상담목표에 도달하기 위해 노력한다.

(2) 내담자 평가

상담의 주요한 목표는 내담자가 호소하는 문제의 해결을 돕는 것으로 현재 발생 된 문제가 무엇이며, 어떻게 발생 되었고, 그로 인해 어떤 경험을 하고 있는지 등을 파악하는 것이다. 내담자의 문제를 파악한다는 것은 내용을 구체적으로 파악하는 것을 의미하므로 의학적 배경과 함께 다양한 내담자의 경험을 파악해야 한다. 이와 같은 다양한 정보를 수집하기 위해 인터뷰를 포함하여 심리검사를 하게 된다.

생물심리사회적 접근에 속하는 25개의 평가목록을 분류하였으며 각 항목은 다음과 같다. 첫째, 생물학적 요소로는 일반적인 의학정보와 약물치료, 아동기 건강이 있으며, 둘째, 심리학적 요소로는 현재문제, 정신의학적 문제, 자살사고, 약물남용, 아동기 학대, 정신상태검사, 심리적 외상, 성격양식과 특징, 행동관찰, 개인발달사가 있다. 셋째, 사회문화적 요소로는 고용상황, 법적문제, 관계, 현 생활환경 및 주거형태, 교육배경, 종교, 가족상황, 다문화적 특징, 재원, 군복무 관련, 개인 취미활동, 영성 등이 있다.

내담자들 중 심리적 어려움을 호소하며 자살에 대한 생각을 내비치는 경우가 더러 있는데, 이 경우 모두 자살시도를 하는 것은 아니지만 자살위험에 대해 자세히 살펴보고 혹시라도 있을 수 있는 위험한 선택에 대비해야 한다. 자살평가 결과 위험수준에 따라 내담자를 다음과 같은 범주로 구분한다.

- 저위험군: 약간의 우울감을 호소하거나 자살에 대해 가끔 생각하지만, 자살에 대한 계획은 없는 상태로 자살에 대한 감정 및 생각을 비교적 솔직하게 표현한다.
- 중위험군: 슬픔, 우울과 같은 감정변화가 있으며, 쉽게 짜증 내고 전반적으로

에너지가 저하되어 있는 상태이다. 반복적으로 자살 생각을 하며 구체적이진 않지만 스쳐 가는 형태로 자살계획을 생각해 보거나 경미한 자해 경험이 있다.

- 고위험군: 절망, 분노와 같은 갑작스러운 감정 변화를 보이는 상태로 자살에 대해 지속적이고 반복적으로 생각하며, 구체적으로 자살계획을 세우고 준비하는 등의 치밀함을 보인다.

2) 상담목표 및 계획 수립

(1) 사례개념화

내담자의 주 호소문제와 관련 있는 다양한 정보를 수집하고 그 원인을 파악하여 내담자의 문제와 관련된 다양한 요인 및 맥락을 파악하고 그에 따라 상담전략을 수립하는 일련의 과정을 갖는 것을 사례개념화라 한다. 사례개념화는 주로 초기 진행되지만 상담을 진행하는 과정에서 연속적으로 수정, 보완할 수 있다. 스페리와 스페리(Sperry & Sperry)에 의한 사례개념화의 구성요소는 다음과 같다.

- 호소문제: 호소하는 문제, 촉발요인에 대한 특징적 반응
- 촉발요인: 패턴을 활성화하여 호소문제를 일으키는 자극
- 부적응적 패턴: 지각, 사고, 행동의 경직되고 효과 없는 방식
- 유발요인: 적응 또는 부적응적 기능을 촉진하는 요인
- 유지요인: 내담자의 패턴을 지속적으로 활성화하여 호소문제를 경험하게 하는 자극
- 문화적 정체성: 특정 민족에 대한 소속감
- 문화: 주류문화에 대한 적응수준
- 문화적 설명: 고통, 질환, 장애의 원인에 대한 신념

- 문화 대 성격: 문화와 성격역동 간의 상호작용 정도
- 적응적 패턴: 지각, 사고, 행동의 유연하고 효과적인 방식
- 상담목표: 단기-장기 상담의 성과
- 상담의 초점: 적응적 패턴의 핵심이 되는 상담의 방향성을 제공하는 중요한 치료적 강조점
- 상담전략: 보다 적응적인 패턴을 달성하기 위한 실행계획 및 방법
- 상담개입: 상담목표와 패턴변화를 달성하기 위해 상담전략과 관련된 세부 변화기법 및 책략
- 상담의 장애물: 부적응적 패턴으로 인해 상담과정에서 예상되는 도전
- 문화적 상담개입: 문화적 개입, 문화적으로 민감한 상담, 개입의 구체화
- 상담의 예후: 상담을 하지 않을 경우 정신건강 문제의 경과, 기간, 결과에 대한 예측

(2) 상담목표 정하기

상담을 항해로 비유한다면 상담이 도달해야 할 지점을 상담의 목표라 하는데, 이것은 분명할수록 순조롭게 진행되며, 이를 통해 배가 표류되지 않도록 해야 한다. 상담의 최우선적 목표는 내담자가 호소하는 문제를 해결하는 것으로 내담자가 상담을 통해 자신의 문제를 성공적으로 해결하고 일상에서의 생활 적응을 돕는 것이 상담의 일차적 목표이다. 이처럼 직접적인 상담의 목표가 되는 것을 일차적 목표라 부르며, 이를 넘어서서 내담자가 내면적 자유를 회복하고 자신이 가지고 있는 수많은 가능성과 잠재력을 드러낼 수 있도록 성격을 재구조화하여 인간적 발달과 인격적 성숙을 이루는 것을 이차적 목표라 한다. 상담목표 설정 시 고려해야 할 사항은 다음과 같다.

- 목표에 대하여 상담사와 내담자 모두 동의해야 한다.
- 목표는 구체적이고 명확해야 한다.

• 목표는 성취 지향적이어야 한다.
• 목표는 측정 가능해야 한다.
• 목표는 행동적이고 관찰 가능해야 한다.
• 목표는 내담자의 문제 축약이어야 한다.

(3) 상담의 진행방식 합의

상담은 일정한 방식으로 일관성 있게 구조화되는 특성을 지니므로 일반적 대화와 면접과는 다르다. 내담자가 만나고 싶다고 해서 아무 때나 찾아올 수도 없어야 하며, 오고 싶지 않다고 아무런 연락 없이 오지 않는 것도 곤란하다. 따라서 상담사는 상담이 진행되는 방식이나 절차, 상담에서 바람직한 내담자의 행동과 태도 등을 안내하고 동의를 구하는 일련의 절차를 진행해야 한다.

상담이 효율적으로 진행될 수 있으려면 각 내담자의 특성에 따라 얼마나 오랫동안 어느 정도의 시간을 만날 것인지 일치하지 않기 때문에 내담자와 상담사의 사정에 따라 그 기간을 달리하며, 상담기간 및 시간을 예측하여 내담자에게 미리 알려주고 그에 대한 동의를 구해야 한다. 또한 상담의 효과를 높이기 위해 내담자의 자발적 참여 및 상담과 상담사에 대한 합리적 기대를 갖도록 하는 것이 필요하다.

(4) 촉진적 상담관계 형성

상담사가 내담자와 촉진적 상담관계를 형성한다는 것은 상담목표를 달성하기 위해 매우 중요한 문제로 상담의 초기과정에서 매우 중요하다. 상담사는 내담자를 이해하기 위해 진지한 자세를 갖고 내담자의 입장에서 생각해 보려는 태도와 함께 비난과 비판이 아닌 수용과 존중의 자세를 가지고 진솔하게 내담자를 조력해야 하며, 시종일관 일관된 태도와 행동으로 안정감을 주어야 한다.

청소년의 경우 치료적 관계 형성을 위해 그들의 사고와 문제를 주의 깊게 듣고 자유롭게 이야기할 수 있도록 독려해야 하며, 자신이 존중받고 있다는 생각으로 상담에 대한 거부감을 없애고 자기인식, 자기탐색, 자기노출을 할 수 있도록 돕는다. 청소년의 경우 불안정한 심리상태에서 상담사의 의도를 왜곡할 수 있으므로 보다 안전하고 수용적인 상담 분위기를 형성해 주는 것이 중요하다.

2 상담의 중기과정

1) 중기과정의 이행

(1) 중기과정의 개념

상담의 과정을 초기와 중기로 명확히 구분하기는 어렵지만 대체로 초기의 내담자 평가와 상담목표 수립 이후 실제적 교류와 촉진이 다양하게 일어나는 과정이다. 이 시기 초기과정에서 설정한 상담목표를 달성하기 위해 상담전략이 필요해지며, 상담사와 내담자가 합의한 목표를 달성하기 위한 작업이 시작된다. 상담의 중기는 내담자가 자신의 문제를 탐색하고 자각하며 변화시키는 과정으로 높은 수준의 공감, 요약, 정보제공 및 질문하기, 상담사의 자기노출과 직면 등이 이루어진다. 그러나 이 시기 내담자는 새로운 변화에 대한 기대와 더불어 대안적 행동의 실천에 따른 부담감과 실패에 대한 두려움으로 저항을 보이기도 하므로 상담사는 내담자의 이와 같은 불안을 알아차리고 심리적 지원과 실제적 안내를 제공하여야 한다.

중기과정에서는 내담자 자신의 문제에 대한 자각과 재구성 과정을 통해 인식의 변화가 일어나며 다른 방식으로 반응하는 변화의 과정을 경험하게 되는데, 문제에 대한 이해만으로 상담과정이 달성되었다고 보는 경우도 있지만 대부분 내담자가 행동으로 옮겨 문제를 해결할 것을 강조하게 된다.

(2) 중기과정의 목표

중기과정에서의 목표는 다음과 같다.

첫째, 탐색과 분석에 있다. 상담사의 이론적 배경에 따라 다양한 내용을 다루겠지만, 어떤 관점에서 상담을 진행하든 중기과정에서 중요한 상담목표는 내담자의 문제에 대한 심도 깊은 탐색과 분석에 있다. 상담하면서 내담자는 자신의 관점이나 태도가 자신의 문제와 어떤 관계가 있는지 이해하게 된다.

둘째, 인식의 변화이다. 내담자는 자신의 생각과 욕구를 탐색하고 분석하는 과정을 통해 자신의 삶의 목표와 행동이 왜곡되어 있고, 역기능적임을 이해하게 되면서 통찰이 생기고 지금까지 자신의 행동양식과 사고, 감정이 왜곡되어 있었음을 알게 된다. 이처럼 자신의 문제에 대한 인식의 변화가 일어나면 문제상황에서의 행동이 달라지는 것이다.

내담자는 자신의 문제를 탐색하고 분석하며 현재 문제가 무엇 때문에 발생했는지를 확인하면서 긍정적 관점으로 자신을 다시 돌아보고 재구성하는 과정을 겪게 되면서 인식을 변화시킨다. 유능한 상담사는 내담자로 하여금 자신의 삶의 경험을 지속적으로 재구성하도록 돕는 역할을 하게 된다.

(3) 중기과정에서의 과제

중기과정이 진행되는 동안 상담사와 내담자는 보다 협력적이 되어 상담을 진행해 가며, 문제해결 및 긍정적 변화를 이루어 가지만 동시에 변화가 쉽지 않은 부분에 봉착하면서 방어, 저항이 나타나 이를 극복해야 하는 도전적인 과정이다. 중기과정을 진행하며 내담자와 상담사의 경험 및 과제를 살펴보면 다음과 같다.

첫째, 내담자는 자신의 내면세계와 더 깊은 탐색을 하기 위해 보다 진솔한 태도로 임하며 새로운 통찰 경험을 갖게 된다. 초기에 비해 점점 더 개방적이 되고 내담자에게 도움이 되는 부분에 초점을 맞춰 깊은 탐색과 통찰을 촉진한다. 이러한 부분은 내담자가 지금까지 부인하고 회피해 왔던 부분일 수도 있기 때문에 방어나 저항이 나타나기도 하지만 상담사는 이를 알아차리고 개방하도록 용기를 주어 보다 깊은 탐색을 촉진시킨다. 따라서 중기과정에서 내담자는 더 깊은 탐색과 개방, 풍부한 감정의 해소 및 새로운 통찰을 경험하게 된다.

둘째, 상담사와 내담자는 변화의 필요성에 공감하고 이를 위한 새로운 대안을 발굴하고 실천하는 작업을 진행한다. 지금까지 사용해 오던 비효율적인 행동방식과 문제해결방법을 재점검하고 보다 효율적이며 현실적인 방법을 찾기 위해 모색하는 것이다. 발굴에 대한 공동의 노력을 통해 구체적인 장면과 방법이 의논되며 내담자를 연습시키고 도움이 되는 과제를 주는 등 상담실 밖에서의 실천을 구체화한다.

셋째, 상담사는 자신이 발견한 내담자의 감정과 사고, 행동 양식의 특징에 따라 필요한 부분에 개입기술을 활용하며, 이때 각 접근에서의 상담기술이 활용된다. 또한 내담자 각자가 갖고 있는 강점과 지금까지의 성공경험 및 효능감을 문제해결에 활용할 수 있도록 구체적인 계획을 세운다. 이 과정에서 상담사는 보다 적극적으로 내담자의 변화에 목적을 둔 개입을 하게 되며, 이러한 개입은 상담사의 전문성에 따라 각기 다른 방식으로 계획된다.

넷째, 내담자는 자신과 중요한 타인 및 환경에 보다 깊은 이해를 가지며, 변화에 대한 동기와 자신감을 갖게 된다. 이때 상담사는 내담자가 자신의 선택과 결정을 책임지도록 자율적인 선택을 강조한다. 상담사는 초기보다 적극적이며 때로 도전적인 개입을 하지만, 모든 선택과 결정은 내담자 자신의 것임을 잊지 않도록 주지시키며 내담자의 자율성과 책임감을 중요하게 다룬다.

다섯째, 중기과정을 겪으며 내담자는 자신의 부적절한 감정을 해소시키므로 이해의 폭이 넓어지면서 사고나 감정의 경직성에서 벗어나 자기 지도력을 나타낸다. 이때 상담사는 내담자의 변화된 지점을 잘 격려하고 내담자의 변화를 촉진한다. 내담자는 상담사가 관심을 둔 문제를 넘어서 작지만 새로운 통찰과 행동시도를 경험하면서 이전에 가볍게 넘기던 일상의 경험에서 새로운 통찰을 경험하며 의미 있는 관계를 만들 수 있게 된다.

여섯째, 중기과정을 끝날 때쯤 내담자는 상담 초기 호소문제로 문제시되던 주제에서 벗어나 정서적 안정과 여유가 생겼음을 알게 되며, 단순히 문제해결이나 완화가 아닌 자신의 관점과 태도의 변화에 기쁨을 갖게 된다. 이전에 해보지 못한 방법으로 문제를 해결할 수 있게 되었으며 상담 이전에 비해 정서적으로 안정되고 건강해진 자신을 발견하게 되는 것이다.

2) 중기과정의 주요기법

중기과정에서 상담사는 내담자의 자각 및 통찰을 돕기 위해 직면, 해석, 즉시성 등의 방법을 사용하거나 정서적 체험 및 해소를 위해 꿈 작업, 빈 의자 기법 등을 사용할 수 있다. 이러한 다양한 기법은 상당 부분 잘 적용되어 내담자의 문제해결에 도움을 주지만 때로 저항에 부딪혀 진척 없이 현 상태에 머물러 있도록 조정한다. 상담사는 이러한 도전적인 기법 사용에 신중해야 하며 내담자의 저항을 잘 다루어 해결해야 한다.

중기과정의 중요한 과제인 새로운 행동의 학습을 위해 역할연습이나 주장훈련, 이완법 등을 활용할 수 있으며, 헤크니와 코미어(Hackney & Cormier)는 내담자의 문제 및 증상과 관련하여 사용할 수 있는 기법을 다음과 같이 제시하였다.

(1) 정서적 접근

- 관련 이론: 인간중심이론, 게슈탈트치료, 신체자각요법, 정신역동치료, 실존치료
- 관련 기법: 경청, 공감, 긍정적 존중, 진솔성, 자각기법, 빈의자기법, 환상, 꿈작업, 바이오에너지, 바이오피드백, 코어에너제틱스, 기치료, 자유연상, 전이분석, 꿈분석, 포커싱기법 등

(2) 인지적 접근

- 관련 이론: 합리적 정서치료, 인지치료, 교류분석, 현실치료
- 관련 기법: ABCDE 분석, 과제주기, 역조건화, 독서요법, 미디어활용, 브레인스토밍, 대안의 발굴, 재구성, 에고그램, 각본분석, 문제정의, 상호작용적 귀결의 명료화, 코칭, 경계 짓기, 삼각측량패턴의 이동, 문제설명(역설기법) 등

(3) 행동적 접근

- 관련 이론: 조작적 조건화, 역조건화, 사회학습, 중다양식치료
- 관련 기법: 유도된 상상, 역할연습, 자기감시, 생리반응기록, 행동계약, 주장훈련, 사회적 기술훈련, 체계적 둔감화, 수반성 계약, 행동계획, 역조건화 등

3) 중기과정의 저항 다루기

사람은 누구나 현재까지 살아온 삶 속에 습관적으로 행하는 사고, 감정, 행동패턴이 있으며, 지속시키려는 경향은 변화를 위한 상담에서 흔히 저항으로 일어나게 된다. 저항은 변화의 걸림돌이 되기 때문에 상담사는 내담자의 다양한 저항을 잘 알아차리고 이를 극복할 수 있도록 돕는 것이 필요하다.

상담사는 내담자의 저항이 확인되었다면 이를 방어하거나 맞서지 말고, 상담과정에서 어떤 일이 일어났는지 또는 어떤 일이 진행되고 있는지 확인하며, 문제가 있는 경우 이를 개선해야 한다. 이 과정에서 상담사의 진솔성은 내담자로 하여금 적극적으로 자신을 탐색하도록 하며 스스로 자신을 돌볼 수 있는 힘을 갖도록 독려한다.

내담자의 입장을 고려하지 않는 상담사의 일방적인 지시나 통제, 내담자를 배려하지 않는 비우호적인 상담 분위기, 미처 준비도 안 된 내담자에게 너무 급격한 변화의 압력을 가하는 상담사의 행위 등이 내담자에게 강한 저항을 불러일으

키는 주요 요인으로 알려져 있다. 따라서 상담사는 서두르지 말고 내담자의 변화에의 동기를 고취시키며 문제해결을 위해 노력해야 한다.

3 상담의 종결과정

1) 종결과정의 이행

(1) 종결과정의 개념

종결은 상담과정을 마무리하는 것으로 상담 초기 설정된 목표가 어느 정도 도달되었다고 판단되면 내담자가 상담에서 경험된 것들을 자신의 삶 속에서 스스로 반영하여 적용하도록 돕는 과정이다. 상담의 종결은 상담 초기는 물론 상담이 진행되는 과정 모두에서 전반적으로 이루어지는 것이 바람직하므로 상담을 시작한 후에는 종결 시기에 대해 미리 언급해 두는 것이 좋다. 따라서 종결은 목표와 관련되어 미리 생각되어야 하며 목표가 달성되면 상담이 종결될 것을 서로 합의해 두는 것이 필요하다.

종결에 대해 상담사와 내담자가 서로 합의하에 상호 준비되어 있는 상태에서의 실행이 바람직한 이유는 종결에 대한 충분한 협의가 없을 때 내담자는 상담사로부터 버림받은 느낌을 가질 수 있으며 당혹스러움으로 인한 저항감이 올라올 수 있기 때문이다. 따라서 상담사는 상담의 종결이 상담 초기 접수면접에서의 첫 대면만큼이나 중요함을 인지하여 친밀함 또는 익숙함으로 인해 과정을 소홀히 하지 않도록 하여야 한다.

종결은 상담의 전체 과정 중 확실히 구분되는 단계로 그간 신뢰와 함께 자신의 모든 불편감을 내어놓고 의지하던 상담사와의 관계를 끝내는 것이 내담자에게는 상실과 좌절에 따른 불안으로 드러날 수 있다. 그와 같은 감정을 어떻게 다루며 극복하도록 돕는가 하는 것은 지금까지 진행되어 온 상담의 최종 결과에 영향을 주기 때문에 상담 종결을 잘 다루어야 한다. 인간에게 분리의 경험은 이후 개인이 자신의 삶에서 자신감을 획득하고 건강한 독립심을 갖는 데 큰 영향을 주므로 매우 중요하다. 따라서 전체 상담과정에서 과정별 중요도의 크기를 나눌 수는 없지만, 심리적 재탄생으로서의 종결의 의미를 잘 이해해야 한다.

(2) 종결과정의 과제

① 상담 성과 분석 및 내적 자원 확인

성공적인 상담 종결을 위해 내담자가 애초에 호소한 문제 증상이 얼마나 완화되었는가를 확인하여 목표와 비교, 평가한다. 목표를 중심으로 내담자가 현재 실생활에서 느끼는 감정, 사고, 행동에 어떠한 변화가 있었는지를 확인하여 긍정적 변화의 탐색을 돕는다. 특히 상담의 여러 과정 중 내담자의 긍정적 변화에 크게 기여했던 일화 등을 떠올리며 내담자 자신의 강점과 잠재력을 확인해 보는 것은 매우 중요하다.

그간의 상담과정은 실제 삶에서 내담자의 행동을 시연해 봄으로써 안전하게 새로운 기대가 학습되므로 이후의 삶에서 자원이 될 것이 분명하기 때문이다. 성공적으로 상담이 종결되었다면 문제 증상의 완화와 더불어 현실 적응력이 증진됨으로 문제해결을 위한 내적 자원을 보유하게 된다.

② 재발방지를 위한 과제 및 각오 점검

상담을 종결한다는 것은 내담자의 호소문제가 완화되었거나 해소되었음을 의미하지만, 이 시점에서 모든 문제가 완벽하게 해결되었다고 할 수는 없다. 상담을 하다 보면 내담자의 호소문제 외에 상담사에 의해 파악된 주문제들이 있는데, 이는 내담자의 어린 시절부터 현재까지의 역사를 반영하며 반복적으로 행해온 습관이므로 쉽게 바뀔 수 없는 것들이다.

현재의 상담성과에만 집중하기보다 동일증상의 재발 및 타 증상의 발현을 예측하고, 그에 따른 행동목록을 작성하는 것이 필요하다. 상담 중 잘 통제되던 것들도 상담이 종결되면 통제할 수 없는 다양한 외적 변수로 인해 이전 상태로 회귀될 수 있기 때문이다. 따라서 이후 자신의 주도적 삶을 개발하기 위한 각오와 기대를 점검하고 그에 따른 대안이 모색되어야 할 것이다.

③ 종결에 대한 불안 및 의존성 다루기

대부분의 내담자들은 상담 종결을 앞두고 자신의 상태 및 앞으로의 건강한 삶에 대해 확신을 갖지 못하며 상담사에게 더 의존하고 싶은 마음을 갖는다. 현재는 변화된 것 같지만 상담이 종결되어 일상으로 복귀하면 다시 또 같은 문제가 발생하지 않을까? 하는 두려움을 갖게 되는 것이다. 상담에서 내담자가 갖는 의존성은 불가피한 요소이기 때문에 종결을 앞두고 이와 같은 심리적 이유를 잘 다루어야 한다.

상담관계는 영원히 지속될 관계가 아니기 때문에 내담자가 삶의 여러 문제에 직면하였을 때 올바른 판단과 결정으로 실행에 옮길 수 있는 독립성을 만들어 줌으로써 상담사의 도움 없이도 독자적으로 적응적인 삶을 영위할 수 있게 해주는 것이 필요하다. 상담사는 종결을 앞둔 시점에서 자신의 감정을 솔직히 표현하고 성숙하게 받아들이는 모범을 보여야 하며, 내담자 역시 허전하고 아쉽지만 이를 모델링할 수 있도록 함으로써 분리에 대한 불안을 극복할 수 있도록 한다.

④ 추수상담 계획하기

충분히 준비하고 분석하여 종결했지만 이후 삶에서 통제할 수 없는 다양한 변인은 내담자의 상담효과를 유지시켜주는 데 어려움이 되기도 한다. 따라서 내담자가 상담의 종결 이후 자신의 삶에서 상담을 통해 이룬 성과 및 변화를 꾸준히 유지하고 있는지 확인하기 위해 추수상담이 필요하다.

추수상담은 대개 상담종결 전 내담자와 일정을 정한 후 진행하는데, 보통은 3

개월 후쯤 진행된다. 상담사례에 따라 종결하였지만 일정 시간 동안 정기적으로 간격을 넓혀 월 1회 또는 격월로 추수상담을 진행하기도 한다. 상담사는 내담자에게 추수상담에 대해 설명하고 내담자의 자발적 선택을 독려한다.

⑤ 상담의 재개 가능성 열어두기

상담은 종결되어도 필요하다면 언제든지 다시 상담사에게 도움을 요청할 수 있음을 안내해야 한다. 상담 초기 내담자의 주 호소문제의 재발생과 더불어 다른 문제로 인해 어려움이 생겼을 때 효과적인 문제해결에 도움을 줄 수 있음에 대해 안전망을 구축하는 것은 이후 절망과 고통에 빠지는 순간 자신을 도와줄 희망의 기대로 반영되기 때문이다.

상담과정에서 상담사와 함께 어려운 문제들을 해결하고 자신의 가능성을 발견하였기에 이후 삶에서 자기 능력에 대한 효능감은 매우 긍정적으로 활용될 수 있다. 따라서 상담사는 언제든 내담자와의 만남의 가능성을 열어두고 이에 대해 내담자와 공유하여야 한다.

2) 종결과정의 유형

(1) 외부요인에 의한 종결

상담의 전 과정 중에 예기치 못한 외부요인으로 인해 상담이 조기 종결되는 경우를 말한다. 상담의 진행을 위한 다양한 조건 중 내담자의 원인으로는 학생의 경우 이사로 인한 전학 등이 될 수 있으며, 성인의 경우 이직이나 해외발령 등 현재 자신의 생활권에서 벗어나 상담을 위한 이동이 불가할 경우가 이에 속하게 된다.

이와 같은 종결은 내담자 사정과 더불어 상담사 사정으로 인한 조기 종결도 있을 수 있다. 대체로 상담사의 이직이나 이사 등으로 인한 이동이 고려될 때는 내담자를 다른 상담사에게 의뢰(리퍼, refer)하기 위한 절차를 다루게 되는데, 충분히 준비하더라도 상담사와 이미 라포(rapport) 형성이 된 상태에서 상담사에 대한 의존감을 내려놓기란 쉽지 않다. 따라서 상담사는 진행 중인 상담의 경우 매우 세심하게 배려하여야 하며, 이직이 계획되어 있다면 새로운 내담자를 받지 않도록 하는 것이 바람직하다.

(2) 상담사에 의해 촉발된 조기 종결

상담을 진행하며 적절한 종결시점을 예측하고 그에 따라 순차적으로 준비해야 하는 것은 상담사의 당연한 의무이기도 하다. 그러나 다양한 이유로 상담사는 시기를 앞당겨 조기 종결하는 실수를 하게 되는데 이에 대하여 헤크니와 코미어(Hackney & Cormier)는 상담사가 부적절한 조기 종결을 촉발하는 요인에 심리적 배경이 있음을 다음과 같이 설명하였다.

첫째, 상담사가 내담자와 친밀한 관계 형성에 두려움을 갖고 있거나 강렬한 상담관계에 대한 경험 부족으로 이에 대한 불편감을 해결하지 못해 종결을 서두르게 된다. 둘째, 내담자의 문제를 과소평가하여 잘못된 개념화로 인한 조기 종결이 있을 수 있다. 셋째, 상담사는 내담자의 문제를 정확히 개념화했으나 내담자의 문제에 크게 압도당하여 종결을 서두르게 된다.

이러한 문제가 발생하는 것을 막기 위해 상담사는 성실하게 탄탄한 수련과정을 밟아 상담사로서의 역량을 갖추고, 상담과정 중 일어나는 역전이를 극복할 수 있도록 해야 한다. 상담사는 자신의 문제가 무엇인지 자각하고 이를 극복하기 위한 기회를 적극적으로 찾아 나서야 하며 자기분석과 슈퍼비전에 게을리하지 않도록 해야 한다.

(3) 내담자에 의한 조기 종결

내담자의 조기 종결과 관련하여 스미스 등(Smith et al)의 연구에서 내담자가 상담 중 심리적 변화단계를 경험하고 있음을 이야기하며 변화에 대한 숙고 전 단계에서 많은 내담자가 조기 종결했음을 확인하였다. 즉, 조기 종결은 내담자의 준비도와 관련이 많음을 알 수 있다.

가장 빠른 조기 종결은 첫 회기 상담을 받고 두 번째 회기에 나타나지 않는 경우일 것이다. 대체로 내담자는 상담이 별 도움이 되지 않는다고 판단되거나 상담사의 개입이 과하다고 느껴질 때, 또는 자신이 이해받지 못한다고 여겨질 때와 상담비가 부담될 때 등일 것이다. 상담사는 내담자의 조기 종결 언급을 피하지 않고 다룸으로써 저항으로 인한 조기 종결을 피해야 한다.

때로 아무런 이유 없이 내담자가 나타나지 않을 때 상담사는 매우 곤란한 마음으로 문제의 원인을 자신의 능력에 귀인하여 자괴감에 빠지기도 하는데, 어떤 이유에서건 피하지 않고 논의할 수 있는 기회를 갖는 것이 필요하다. 내담자의 개방이 이루어진다면 내담자를 존중하고 이해하려는 태도를 가짐으로써 상담사에 대한 신뢰를 회복시키고, 이와는 반대로 완강한 거부 의사를 보인다면 그 역시 수용함으로써 이후 재진입의 가능성을 열어두는 것이 좋다.

(4) 지연된 종결

상담을 진행하다 보면 다양한 이유로 상담이 조기 종결되기도 하지만, 때로 종결 지점에 도달했음에도 마무리를 지연시키는 경우가 있다. 종결을 지연시키는 원인으로는 내담자의 의존이 있는데 이는 그간의 든든한 지지자이며 버팀목이었던 상담사와의 분리가 두려워 나타난다. 이와 같은 두려움은 초기 문제를 재발생시키거나 다른 문제를 양산시키기도 한다.

상담사의 경우 내담자로부터 인정과 애착에 대한 욕구를 극복하지 못한다거나 내담자의 의존에 따른 새로운 관계 형성의 신호를 놓쳐 그 경계를 허물게 됨에 따라 이중관계를 갖지 않도록 해야 한다. 내담자와 상담사의 상호의존적인 관계 형성은 상담목표와 관계없이 그 목적과 경계가 불분명하므로 비윤리적 행위임을 자각하고 상담 본연의 목적에 충실하도록 끊임없는 자기성찰이 요구된다.

(5) 합의에 의한 종결

접수면접을 시작으로 상담의 전반적 과정을 알맞게 수행하면 내담자의 주 호소 문제를 해결하고 목표했던 지점에 도달하였으므로 내담자와 상담사는 서로 합의하에 종결을 준비한다. 종결을 위한 준비는 이후의 삶을 준비하는 매우 중요한 과정이므로 건설적인 삶을 설계하기 위해 신중하게 논의하여야 한다.

상담목표와 관련하여 성과를 점검하고 종결을 계획할 때 내담자의 세 가지 영역에서의 변화를 제안하였으며 그 내용은 다음과 같다. 첫째, 내담자가 자신의 상태를 긍정적으로 보고하며 보다 적응적인 방법으로 반응하여야 한다. 둘째, 내담자가 상담사에 대해 부적응적인 관계 패턴을 사용하지 않고 현실적인 방식으로 반응하여야 한다. 셋째, 내담자가 의미 있는 타인에게 이전과는 다른 언급 또는 피드백을 할 수 있다.

일반적으로 종결은 즉각적인 것이 아니며 종결과정을 위한 회기가 진행될 것임을 미리 고지하여 내담자가 심리적으로 준비할 수 있도록 도와야 하며, 이를 위해 4~6회기 정도의 상담시간을 할애한다. 상담사는 내담자와 종결을 합의하면 종결을 결정하고 종결회기를 예고한다.

Chapter

16

통합예술심리상담사의 역할과 전문성

1 상담사의 역할

상담사(counselor)란 개인 및 가족, 조직의 심리, 정서, 관계, 문화에 대하여 상담을 통해 내담자의 심층적인 내면을 탐색하며, 이로써 내담자의 사고, 행동, 정서에 어떠한 영향을 미치는지를 밝혀내어 문제 진단을 하고, 심리검사, 상담프로그램 등, 도구나 상담기법을 활용하여 예방 교육, 발달지도 및 치유 활동을 하는 자(한국표준직업분류, 2018)를 말한다.

상담 관련 학회에서는 내담자의 신체적 · 정신적 · 사회적 · 영적 안녕을 증진하는 복지를 가장 우선시하고, 내담자의 성장과 사회공익을 위하여 최선을 다하는 자(한국상담심리학회, 2018; 한국상담학회, 2018)라고 정의하고 있다. 이렇게 볼 때, 상담사란 인간의 개인적인 특성과 환경적인 특성에 대한 전반적인 이해를 바탕으로 일상생활에서 어려움을 경험하거나 갈등에 놓인 내담자에게 문제를 해결할 수 있는 힘을 기를 수 있게 돕는 자라고 할 수 있다. 상담사의 이러한 활동은 체계적이고 지속적인 훈련과정을 통해 전문성을 가지게 되고 전문상담사로 성장할 수 있다.

상담의 주체로서 상담자는 "상담에서 가장 중요한 도구는 상딤자 자신이다."라는 말로 대표되기에, 상담자는 내담자의 문제해결과 성장을 조력하기 위해 전문적인 자질을 갖추어야 하고, 상담 과정에서 상담자 자체가 도구가 되기 때문에 인간적 자질 또한 갖추어야 한다.

전문상담사의 자질을 크게 인간적 자질과 전문적 자질로 나누어 살펴보면 다음과 같다.

첫째, 인간적인 자질로는 내담자에 대한 믿음을 줌으로써 내담자가 존중받고 있다는 것을 느끼게 하고, 내담자의 긴장을 풀어 내담자가 상담에 대해 여유를 가지고 접근할 수 있게 하며, 상담의 어려움에서도 포기하지 않고 실패의 경험을 상담을 위한 효과적인 도구로 사용할 수 있어야 한다. 또한, 상담 과정에서 전문상담사는 상담의 도구가 된다는 점과 그 핵심에는 인간적 수양이라는 점이 있다는 점에서 끊임없이 자기성장을 위해 노력하여야 한다.

둘째, 전문적 자질로는 전문상담사는 상담에 대한 이론적 틀을 가지고 있어야 하고, 상담경험으로 쌓이면서 전문상담사가 자신의 이론을 개발하여야 할 것이다. 그러나 상담이론의 개발은 사실 어렵고 기존의 개발된 이론들을 완전히 이해하여 자신만의 스타일로 상담을 자유자재로 할 수 있어야 할 것이다. 전문상담사가 가진 전문적 자질 중 실제적인 측면에서 어떤 이론적 틀에 따라 기존 이론을 합친 경우를 포함하여 자신이 현재 선택한 이론으로 상담과정을 효과적이고 능수능란하게 진행하여야 한다. 전문상담사는 어떤 상담기법을 아는 수준이 아니고 실제로 다룰 줄 알아야 하며, 다룰 수 있는 수준을 넘어서 주어진 여건에 따라 가장 적절한 상담기법을 의도적 노력 없이 자동적으로 적용할 수 있어야 한다. 상담사와 내담자의 상담관계를 형성하는 것이 상담사 자신이라고 하는 이유에서 보면 상담자의 역할은 치료자이기 때문에 똑같은 상담기법을 활용하더라도 내담자에게 맞게 새롭게 창조하여 적용하는 것이 중요하다.

전문상담사가 전문가로서의 역할을 유지하기 위해서는 상담에 대한 연구도 계속되어야 한다. 전문상담사가 내담자를 효과적으로 도울 수 있기 위해서는 자신이 적용하고 있는 상담기법을 포함한 상담이론에 대해 계속적인 의문을 가지고 더 타당성이 있고 효과적인 기술을 개발해야 한다(최연화 · 양명숙, 2013). 전문상담사는 자신이 개발하였든 선호하는 이론이든 상담이론에 대한 계속적인 질문과 의문을 가지고 문제를 개선하기 위한 노력을 하여야 한다. 완벽한 상담이론은 없으며, 모든 내담자에게 공통적으로 사용 가능한 이론도 없을 것이다. 따라서 전문상담사는 자신이 적용하고 있는 이론에 따라 상담을 하면서도 그 이론에 대한 계속적인 보완이 있어야 하며, 말 그대로 이론은 검증을 위한 과정들을 거쳐야만 한다.

결론적으로, 전문상담사들은 상담의 특성상 고도의 지식과 기술, 경험을 갖추어야 하고 효과적인 상담장면을 이어가기 위해서는 상담자 자신이 치료적 도구로써의 역할에 충실해야 한다. 이는 상담자가 중요한 변인으로 상담에서 성공에 영향을 미치기 때문이다(홍지영 · 유정이 · 김진희, 2018). 이렇게 상담의 성과는 어떤 접근의 상담을 하느냐보다는 어떤 상담자인지가 관련 깊다는 결론을 내리고 있다.

따라서 상담자는 자신을 이해한 만큼 내담자를 이해할 수 있고, 자신이 성장한 만큼 내담자를 성장시킬 수 있으므로 자신이 어떤 사람인지 잘 알고 있어야 한다. 이를 위해 전문상담사로서 자신을 인식하고 이해하려는 노력, 즉 정체성을 위한 노력을 게을리해서는 안 된다(이장호 외, 2005). 정체성은 한번 발달하였다고 하여 그대로 유지되는 것이 아니라 언제든 위협받고 흔들릴 수 있는 역할 갈등 및 혼란을 경험할 수 있기에 상담자의 지속적인 노력이 필요하다.

전문상담사가 전문가로서 역할을 계속 수행하기 위해서는 전문적 수련을 지속적으로 계속해야만 한다. 상담을 실제로 계속하지 않거나 자신이 하고 있는 상담 과정에 대해 평가를 받지 않을 경우에 전문상담사는 곧 한계에 맞닥뜨린다. 자신의 실제 상담 능력에 대해 점검하고 향상하기 위한 노력을 게을리하지 않아야 한다. 이때 전문상담사는 유능감을 갖고 자신의 역량을 스스로 모니터링할 수 있어야 한다고 하였다.

한 사람의 유능한 전문상담사가 되기 위해 전문성 향상은 자연스럽게 이루어지지 않는다. 상담자가 전문지식과 기술을 축적해나가야 한다는 선행조건과 더불어 전문인으로서의 정체성과 핵심 요소인 유능감을 발달시켜 나아가야 한다는 것이다. 전문상담사의 유능감(competence)이란 내담자에게 적합한 상담 서비스를 제공할 수 있는 능력을 비롯해 상담에 필요한 지식, 기술과 태도를 반영하는 상담전문가로서의 전체적인 적합성을 뜻한다. 즉 개인과 공동체의 이익을 위하여 의사소통, 지식, 기술, 임상적 추론 정서, 가치, 그리고 성찰 능력을 신중하게 일상적으로 사용하는 것이라 할 수 있다.

2 상담사의 전문성

상담자는 상담에 관한 전문지식과 기술을 통합하여 상태 불안을 해결하고, 내담자와의 상담을 통해 새로운 경험을 하면서 경계선을 발달시키고, 이론적 방향을 선택하여 자신만의 상담스타일을 찾아가는 발달단계를 거치면서 전문성을 익히게 된다. 전문상담사의 '전문'은 전문직에 대한 정체성을 말하며, 연속적인 과정 또는 평생과정(continually becoming)으로 학위과정의 시작에서부터 상담을 그만두는 시기까지 지속적으로 이루어지는 역동적인 과정을 갖는다(노미화 · 최연실, 2017). 초심상담자가 상담을 수행하면서 경험이 쌓일수록 현장에서 습득한 새로운 행동과 정서가 발달하는데, 그 과정에서 정체성 혼란 및 충격 등을 경험한다고 하였다. 이때 상담자는 상담기술과 유능감에 긍정적 · 부정적 영향을 받기도 하지만, 이러한 과정을 통해 자신감이 강화되면서 정체성을 형성해 나간다고 하였다.

이러한 전문직 정체성은 전문직 자아개념과 혼용되어 사용되기도 한다.

전문직 자아개념(professional self-concept)이란 전문직업에 종사하는 개인이 자기 자신에 대해 가지는 느낌과 견해로 전문직 종사자 스스로에 대해 어떻게 평가하는지에 대한 정신적인 지각을 의미한다(백은주, 2016). 전문상담사인 자신을 어떻게 여기고 있는가에 관한 자아개념을 포괄적으로 함축하고 있으며, 개인의 전문성 유지를 위한 심리적 동기 향상에도 긍정적인 영향을 미친다. 정체성의 발달은 상담자의 발달수준에 따라서 변화를 가지게 된다. 초심상담자들은 슈퍼바이저, 멘토링, 및 동료 슈퍼비전 등을 통해 자기 자신을 검증하고, 숙련상담자들은 지속적인 학습과 상담을 하며 경험을 쌓고 전문성을 발달시키게 되며, 전문가 단계에서는 일에 대한 현실 감각을 갖추고, 일과 삶의 조화를 추구하면서 스스로를 검증하게 된다고 하였다(Moss, 2014).

전문성의 구성요소에는 전문지식과 기술, 경험, 문제해결능력이 포함된다. 전문가가 보유하는 지식과 경험은 역할 특수성을 가지며, 상담한 시간 동안의 교육과 훈련, 그리고 다양한 경험을 통한 성찰과정을 통해 축적되며, 문제해결능력을 지식과 경험의 결합으로 해당 분야의 문제를 해결하는 과정을 통해 길러진다(문현기, 2015; 오현석 외, 2009). 이에 전문가의 특징으로는 각자의 분야에서 뛰어나며 광범위하고 의미 있는 형태를 인지한다. 초심자보다 수행이 신속하며 남다른 기억력을 갖고, 깊고 중요한 수준에서 문제를 이해하고 해결한다. 문제를 통찰하는 시간을 갖고 강한 자기 점검 기술을 가지고 있다.

전문상담사를 Profession Counselor라고 하며, 전문적 상담을 제공하는 사람으로 일상적인 관계에서가 아닌 전문적인 관계에서만 발견할 수 있는 특별한 전문성을 가지고 있다(이재창, 1996). 상담자의 전문성은 상담자가 상담할 수 있는 능력을 충분히 갖추고 있는 사람으로 보이는 정도를 말하며, 전문성의 개념에 대해는 자기 확신감, 열정, 개방적 태도, 창의성으로 보았고, 프렌스와 스턴버그(Frensch & Sternberg, 1989)는 경험과 훈련을 통해 획득되고 숙달되는 능력으로 보고 있다는 점에서 경험과 훈련을 강조한다.

상담자의 전문성을 정의하기 위한 선행연구들을 보면, 초기에 이루어진 연구들로는 초보 상담자와 숙련된 상담자의 특성을 비교하는 연구들인데 두 집단 간의 차이를 통해 전문성 개념에 접근하였다. 초보상담자들은 논리적으로 옳고 그름을 판단하려고 하고 훈련받은 상담기술을 사용하려고 하는 반면, 숙련된 상담자는 내담자에게 효과적인 상담이 되도록 하기 위한 노력에 초점을 두기 때문에 보다 상담성과가 높다고 하였다(Cummings, 1993). 그리고 초심상담자는 열정적으로 이론적 지식을 열심히 습득하지만, 실제 상담장면에서는 여러 가지 어려움을 경험하게 된다고 하였다. 어려움으로는 숙련상담자에 비해 내담자에 대한 알아차림이 부족하고, 상담과정과 상담기술에 대한 수행에 걱정이 많다. 높은 수준의 불안을 경험(Dodge, 1982)하는 초심상담자는 개념화한 내담자의 모습과 일치하는 방향으로 해석하려고 노력하므로 소진을 경험하며 상담 수행에 더 많은 주의를 기울여서 내담자에 대한 통찰이 잘 일어나지 않게 된다.

상담에 대한 전문성은 역동적인 발달과정을 거치므로 전문성 발달에 대한 초기연구와 더불어 상담자의 교육 및 훈련 과정을 위한 슈퍼비전과 상담자 발달 연구들로 시도되었다.

상담자의 전문성 발달 과정은 상담연구의 중요한 주제 중의 하나이며, 현재까지는 주로 발달과정에서 드러나는 핵심요소를 탐색하는 방향으로 진행되어 왔다. 그 중 스코브홀트와 로네스타드(Skovholt & Ronnestad, 1992)는 5년간 100명의 상담자 및 심리치료사를 대상으로 상담전문가로 성장해가는 과정에서 나타나는 다양한 주제들을 정리하였다. 핵심적인 두 가지 분류로는 독립적인 상담자로 성장해가는 개별화(individuation) 과정과 성장과정(process) 자체로 나뉜다. 개별화란 상담과 관련된 지식 상담자로서의 역할, 내담자에 대한 개념화 등에 대해 본인만의 고요한 인식체계를 형성한다는 것을 의미한다. 수동적으로 학습한 전문지식으로부터 자신만의 이해의 틀을 형성하고 주체적으로 지식을 통합해가는 여정으로 성장해간다는 것이다.

그리고, 성장과정 자체의 특징과 관련된 것이다. 초심상담자들은 슈퍼바이저, 교수, 동료 상담자, 내담자들에 영향을 받고 동시에 이론과 연구, 본인의 사생활, 사회적 문화적 환경과 같은 확대된 영역에 의해서도 영향을 받는다. 아울러 상담자로 성장하는 과정은 일정한 학습과정을 따르지만, 개인마다 성장에 필요한 시간이나 양상이 다르게 나타날 수 있다. 성장은 천천히, 그러면서도 갑작스럽게 일어나지만 초심상담자일 때 경험하게 되는 불안은 점차 편안함과 자신감으로 대체되는 것이 일반적이다.

먼저, 첫 번째는 경험(experience)이다. 상담자의 경험이 쌓여 갈수록 방대한 양의 지식을 습득하게 되고 그 지식을 활용함에서 일정한 체계를 구축하고 동시에 여러 변인 간의 상호작용을 고려하게 된다(Martin, Slemon, Heibert, Hallberg, & Cumming, 1989). 두 번째 요인은 상담자 개인의 성격특징(personal characteristics)이다. 상담자의 성격을 내담자와의 관계의 질을 결정하고 이는 다시 상담성과로 이어질 수 있다. 숙련된 상담자가 되기 위해서는 전문성에 가치를 부여하면서도 겸손하게 노력하고, 자신을 드러내면서도 고독을 즐기는 등 모순되는 듯하지만 유연한 성격과 자신의 모습을 있는 그대로 수용하는 통합적 성격을 갖는 것이 필요하다(Skovholt, Jennings, & Mullenbach, 2004). 세 번째는 미국심리학회에서 교육, 연구, 실습 등에 걸쳐 최근 강조하고 있는 다양한 문화를 수용하고 차이를 존중할 수 있는 능력(cultural competence)이다. 그리고 네 번째는 상담자가 모호하거나 불확실한 상황에 대해 인내하는 능력이다. 이처럼 상담자로 성장하는 과정은 다양한 경험, 상담자 자신의 성격, 문화적 요인들의 영향을 받는다. 이러한 발달 과정을 거친 상담자들은 그들만의 독특한 특징을 지닌다.

스코브홀트과 제닝스(Skovholt & Jennings, 2005)는 전문상담자들을 면담함으로써 그들의 인지적 · 정서적 · 관계적인 특성을 구분하였다. 첫 번째의 인지적인 특성으로는 상담자들은 지속적인 학습을 중요시하고, 오랜 시간 동안 축적된 경험을 보유하고 있으며, 복잡하고 모호한 문제에 좌절하기보다는 이를 성장의 기회로 활용한다. 두 번째는 정서적 특징인데, 상담자들은 자신에 대해 자각하고 성찰하며, 방어적이지 않고 타인의 피드백에 대해 개방적인 태도를 취한다. 또한 정서적으로 안정되어 있고 자신의 개인적인 삶과 전문가로서의 삶이 일관적이 되도록 노력하며, 내담자에게 더 나은 성장을 제공할 수 있도록 자신의 정서적인 건강에도 관심을 가진다. 끝으로, 관계적인 측면에서 상담자들은 좋은 대인관계 기술을 가지고 있으며 타인이 말을 잘 들어주고, 관찰하며 그들의 복지를 중요시한다. 이들은 이를 통해 상담장면에서 효율적인 작업동맹을 형성하는 능력이 있다.

이러한 상담자의 전문적 특성을 인지, 정서, 관계 영역으로 구분하여 살펴보는 통합적 관점과 지식, 기술, 자기 자각의 요인이라는 슈퍼비전의 훈련 요소는 상담자의 전문성 발달을 이해하는 데 중요한 이해의 틀을 제공해 준다. 끊임없이 학습하는 인지적 특성, 스스로를 성찰하고 심리적 건강을 유지하는 정서적 특성, 원활하게 상호작용하는 대인관계적 특성을 보유하고 아울러 내담자의 구체적인 내용 중심의 사례개념화를 하기보다 종합적이고 포괄적인 정보를 활용하여 사례개념화를 하는 능력을 계발하여야 한다.

상담자의 발달 연구는 상담자 요인이 상담 과정에서 치료적 요인으로 중요하다는 인식으로 연구에 대한 관심이 더 늘어나고 있다. 지금까지의 상담자의 발달 연구들로는 주로 상담자의 발달 단계 수준에 따른 자기 대화, 역전이 관리능력, 알아차림, 사례 개념화 등의 차이에 대한 연구가 진행되어왔다. 그 대부분이 상담자의 발달 단계에 적합한 상담사 교육 및 슈퍼비전을 제시하는 것에 초점을 둔, 전문가로서의 임상적 기술을 살펴보는 양적 연구들이 많았다. 상담자 발달을 위한 교육 발달 단계에 따른 범주는 기준에 따라 상담대화기술, 알아차리기, 사례이해, 상담계획, 인간적 윤리적 태도의 다섯 가지 유목화 단계로 나누는 방법과 실습 준비기와 실습 수련기, 자기 수련기의 세 가지로 상담사교육 발달 단계에 다른 범주를 기준으로 하는 연구들이 있다(김계현 · 문수정, 2000).

기존의 연구들은 주로 상담자의 전문가적인 발달에 초점을 맞추고 있어 개인적인 상담자의 발달 과정에 대한 경험적인 부분에 대한 깊은 연구가 부족하였다. 그래서 상담자의 전 생애적 발달을 위해서는 개인적으로 또는 전문가적, 종합적인 발달이 필요하며, 전인적인 상담자 발달을 강조한다.

상담자 발달 모델의 핵심은 상담자 발달이 전 생애적으로 지속적인 수련과 임상 경험을 통해 이루어지면, '전문가적 자기발달'과 '개인적 자기발달'이 통합되어 전인적인 발달을 이루어 간다는 것이다. 상담자는 개인적인 삶과 전문가로서의 삶이 통합된 전문상담자로서 발달해 나간다는 것이다. 이러한 전 생애발달적 관점의 상담자 이해는 전문성과 개인적 특성이 조화를 이루는 통합된 상담자에 대한 비전을 제시해 준다.

상담자의 전문성 발달은 멈춤이 아닌 지속적인 활동으로 보며, 상담자의 숙련과 전문성 연구에서 상담자의 전문성 발달은 시간이 소요되고, 경험의 확장, 의지의 성장, 일하는 환경의 개방, 성찰이 필수적이며, 초기에는 확실성을 추구하지만, 숙련도가 올라갈수록 불확실성을 수용하고 그 안에 머물 수 있다고 하였다. 전문적 삶의 단계가 한 사람의 개인적 삶의 단계와 유사하다고 본 것이다. 상담자는 자기성찰을 통해 전문성 발달을 도모하고 상황에 따라 새로운 방식을 발견할 수 있게 되며 초심상담자와 숙련상담자는 서로 다른 방식으로 정보에 집중하고 파악하는 등 내담자의 다양한 측면들을 지각하는 데 차이를 보일 수 있다는 것이다(김진숙, 2006).

초심상담자들은 내담자를 표면적으로 이해하고 심층적이고 다각적인 측면에서 통합적으로 이해하는 것이 부족한 것으로 살펴진다. 초심상담자들이 겪는 상담에 대한 자신감과 확신이 부족하다는 어려움에 반해 숙련상담자들은 발달과정에서 축적된 인지적 · 정서적 · 태도적 특성들을 바탕으로 질적으로 다른 관점에서 내담자 강점과 활용방안을 제안하고 있다(Skovholt, 2005).

숙련상담자들은 자신의 영역에서 효율적인 능률을 발휘하며, 커다란 의미 있는 패턴으로 바르게 지각하며 적은 오류하에서 기능을 수행하고 문제를 해결한다. 단기기억력과 장기기억력이 초심상담자들에 비해 뛰어나고 문제를 깊은 수준으로 보고 표상하며 재인지 과정을 거치며 문제를 질적으로 분석하는 데 많은 시간을 할애한다. 자기 검토능력(self-monitoring skill)이 우수하다. 초심상담자들이 숙련상담자로 성장하는 과정에 있어서 영역 특수적(domain specific) 지식의 차이가 아닌 보다 근원적인 부분의 차이가 있으며, 전문지식을 통해 내담자의 문제해결 상황을 적절히 사용할 수 있으려면 많은 지식을 형성하는 것뿐만 아니라 내담자의 상황에 적합한 인식구조를 거쳐 공감을 통한 촉진이 이루어져야 한다고 한다.

참고문헌

강경란(2013). 여성 한부모의 행복증진을 위한 집단영화치료프로그램의 효과. 경성대학교 대학원 박사학위논문.

강민서, 유미숙(2010). 초등학생의 놀이성과 스트레스 대처행동이 학교적응에 미치는 영향. 한국놀이치료학술지, 13(4), 93-107, p15.

강선보(1981). 특수아 지원체제 개선방안. 한국교육개발원.

강선보(1987). 초등학교 아동의 놀이유형 선호도와 리더십의 관계. 한국스포츠학회, 16(3), 117-127.

강영심(2010). 예비특수교사의 반성적 사고 증진을 위한 저널쓰기 활용방안. 한국특수교육학회 학술대회, 2010(3), 255-273.

강은주(2011). 위기청소년의 정서조절력 향상을 위한 집단영화치료프로그램의 효과. 경성대학교 대학원 박사학위논문.

강준만(2007). 선샤인 논술사전. 서울: 인물과사상.

강충열, 김경철, 신문승, 한상우(2017). 창의·인성 교육의 이론과 실제. 서울: 학지사.

고경화(2003). 예술교육의 역사와 이론. 서울: 학지사.

고선옥(2020). 영화치료를 활용한 기독교 부모교육 프로그램 개발 및 효과. 고신대학교 대학원 박사학위논문.

고선옥, 강연정(2020). 영화치료를 활용한 기독교 부모교육 프로그램 개발 및 효과. 복음과 상담, 28(1), 51-83.

고하정(2017). 내적 이야기 구성에 관한 비주얼 저널의 자전적 탐구. 영남대학교 환경보건대학원 석사학위논문.

공진영(2012). 저널치료가 성인 여성의 감사와 탄력성 및 주관적 안녕감에 미치는 효과 한국외국어대학교 교육대학원. 석사학위논문.

공호진(2019). 초등학교 고학년의 진로자기효능감 증진을 위한 영화치료 활용 집단상담 프로그램 개발. 한국교원대학교 교육대학원 석사학위논문.

곽금주, 박혜원, 김청택(2011). K-WISC-Ⅳ 전문가 지침서. 서울: 학지사.

곽현주(2019). 마음으로 보는 영화: 영화를 통해 들여다보는 나, 그 깊은 마음. 서울: 박영스토리.

구연배(2008). 조기퇴직자의 우울증 해소를 위한 독서치료 효과에 관한 연구. 전북대대학원 문헌정보학과 박사학위논문.

권석만(2008). 긍정심리학: 행복의 과학적 탐구. 서울: 학지사.

권석만(2012). 현대 심리치료와 상담이론. 서울: 학지사.

권순영(2011). 영상매체를 활용한 진로집단상담 프로그램이 초등학생의 진로자기효능감에 미치는 효과. 성균관대학교 교육대학원 석사학위논문.

권영빈(1992). 어느 좀팽이의 작은 소망. 서울: 서적포.

김경희, 김수경, 김재옥, 송순, 오지아, 윤행란, 이미나, 이복순, 정경숙, 조미영, 주현주(2018) 모래상자치료입문. 서울: 박영스토리.

김계현, 문수정(2000). 상담수퍼비전 교육내용 요구분석: 상담자의 경력수준을 중심으로. 한국심리학회지: 상담 및 심리치료, 12(1), 1-18.

김광웅(2004). 놀이치료학. 서울: 학지사. (O'Connor, 1991).

김광웅, 유미숙, 유재령(2004). 놀이치료학. 서울: 학지사. pp. 351-354. (Demenico, 1996).

김동민, 강태훈, 김명식, 박소연, 배주미, 선혜연, 이기정, 이수현, 최정윤(2018). 심리검사와 상담. 서울: 학지사.

김리아(2012). 문화예술교육이 가치 변화에 미치는 영향 : 명화가 있는 가치카드 프로그램을 중심으로. 이화여자대학교 대학원 석사학위논문.

김미선(2010). 영화를 활용한 진로탐색 집단프로그램이 저소득가정 청소년의 진로결정효능감과 진로성숙에 미치는 효과. 경성대학교 대학원 석사학위논문.

김미자(2004). 중년기 위기극복을 위한 융의 개성화에 관한 연구. 상명대학교 정치경영대학원 석사학위 논문.

김미정(2004). 페미니즘 시각으로 본 미술 속의 여성상에 관한 연구 : 인상주의와 상징주의, 표현주의의 작품을 중심으로. 수원대학교 대학원 석사학위논문.

김민정(2010). 자아분화와 인지적 정서조절 전략이 대인문제에 미치는 영향. 가톨릭대학교 대학원 석사학위논문.

김민희(2009). 독서치료 프로그램이 위축아동의 자아존중감과 교우관계에 미치는 효과. 부산교육대학교 교육대학원 석사학위논문.

김선형(2015). 유아기 어머니의 행복플로리시에 대한 인식 연구. 유아교육학논집, 19(3), 219-242.

김설화(2003). 통합예술치료의 매체활용과 기법에 관한 연구: 통합미술치료를 중심으로. 원광대학교 대학원 석사학위논문.

김성기, 이한우 역(2005). 미디어의 이해. (Herbert Marshall McLuhan 저, 1964). 민음사.

김성민(1998). 융의 심리학과 종교. 경기: 동명사.

김성민(2001). 분석심리학과 기독교. 서울: 학지사.

김성민(2014). 분석심리학과 종교. 서울: 학지사.

김수지(2005). 대인관계 향상을 위한 상호작용적 영화치료의 효과. 고려대학교 대학원 박사학위논문.

김수지(2013). 자기조력적 영화치료와 상호작용적 영화치료의 효과 비교. 영화연구, 55, 83-126.

김수지, 안창일(2005). 대인관계 향상을 위한 영화치료 프로그램 개발 연구. 한국심리학회지 상담 및 심리치료, 17(2), 353-366.

김신용(2005). 환상통. 서울: 천년의 시작.

김영근(2006). 글쓰기 고백을 활용한 내적치유상담프로그램 개발 및 효과검증. 한남대학교 대학원 박사학위논문.

김옥(2010). 독서치료자원으로서 그림책을 활용한 독서활동프로그램이 유아의 자아존중감에 미치는 영향. 총신대학교 교육대학원 석사학위논문.

김옥진(2009). 무덤새. 서울: 천년의 시작.

김용완(2003). 수용자 교육교화 프로그램의 정보화를 위한 기반 연구. 울산대학교 정보통신대학원 석사학위논문.

김용택(2003). 그대 거침없는 사랑. 서울: 푸른 숲.

김유선(2006). 빈집. 서울: 모아드림.

김은영(2006). 저소득층 아동 및 청소년 대상의 문화예술교육 현황 및 개선방안 연구. 한국예술종합학교 석사학위논문.

김은영(2014). 이론과 실제가 살아있는 문화예술교육. 서울: 학이시습.

김은하(2015). 셀프다큐를 활용한 자기성장 집단상담 프로그램 개발 및 효과 검증. 한국웰니스학회지, 10(4), 263-274.

김은하, 김은지, 방미나, 배정우, 이승수, 조원국, 주순희(2017). 영화치료의 기초: 이해와 활용. 서울: 박영스토리.

김인규, 이미현, 정보인(2013). 한국형 상담교육인증체제 개발을 위한 기초연구. 한국상담학회, 14(3), 75, 1569-1585.

김인혜(1996). 놀이학습 프로그램이 초등학교 아동의 사회성에 미치는 효과. 한국교원대학교 대학원 석사학위논문.

김인혜(1998). 놀이학습 프로그램이 초등학교 아동의 사회성에 미치는 영향. 한국교원대학교 대학원: 초등교육학과 초등교육전공.

김재환, 오상우, 홍창희, 김지혜, 황순택, 문혜신, 정승아, 이장한, 정은경(2014). 임상심리검사의 이해. 서울: 학지사.

김준형(2010). 중년여성의 죽음 의미 발견을 위한 영화치료 프로그램 개발 및 효과 검증. 서울불교대학원대학교 박사학위논문.

김준형, 김명권(2006). 영화집단치료 프로그램이 자아실현과 영성에 미치는 효과. 상담학연구, 7(1), 183-200.

김중술(1998). 다면적 인성검사: MMPI의 임상적 해석. 서울: 서울대학교출판부.

김진숙(2003). 청소년상담의 기초. 서울: 한국청소년상담원.

김진숙(2006). 성찰적 수퍼비전 접근에 대한 이론적 고찰. 한국심리학회지: 상담 및 심리치료, 18(4), 673-694

김진숙, 이근무(2010). 자살자 가족들의 경험에 대한 현상학적 사례연구. 한국사회복지학회, 62(2), 109-134.

김진희, 박미진, 임경희, 조붕환(2017). 학교상담자를 위한 상담면접의 실제. 서울: 학지사.

김춘경(2006). 아들러 아동상담. 서울: 학지사.

김춘경, 이수연, 이윤주, 정종진, 최웅용(2016). 상담학 사전. 서울: 학지사.

김필진(2007). 아들러의 사회적 관심과 상담. 대전: 학지사.

김하강(2010). 학교폭력 가해 청소년을 위한 상호작용적 영화치료프로그램 개발 및 효과. 전남대학교 대학원 박사학위논문.

김향희, 나덕렬(1997). 한국판 보스톤 이름대기 검사(K-BNT). 서울: 학지사.

김현애 외(2004). 독서치료의 이론과 실제. 한국심성교육개발원.

김현주(2004). 정신분석과 욕망 미학 라깡과 말로우. 숙명여자대학교 대학원 박사학위논문.

김현희(1999). 상호작용을 통한 독서치료. 서울: 학지사.

김현희, 김재숙, 강은주, 나해숙, 양우성(2010). 상호작용을 통한 독서치료. 서울: 학지사.

김현희, 김재숙, 강은주, 나해숙, 양유성, 이영식, 이지영, 정선혜(2014). 상호작용을 통한 독서치료. 서울: 학지사.

김현희, 서정숙, 김세희, 김재숙, 강은주, 임영심, 박상희, 강미정, 김소연, 정은미, 전방실, 최경(2001). 독서치료. 서울: 학지사.

김형재, 구성수, 김형숙, 김병만, 이종길, 김경숙, 심민서, 허수윤, 김경은, 홍순옥(2015). 유아교사를 위한 창의·인성교육의 이론과 실제. 서울: 학지사.

김혜림(연도 확인 필요). 놀이를 통해 이루어지는 심리치료한국심리학회. (충남대학교 대학원 심리학과)

김혜선(2009). 시치료 프로그램이 주부들의 스트레스와 스트레스 대처 방식에 미치는 영향. 경북대학교 대학원 석사학위논문.

김혜진(2009). 푸드아트테라피 프로그램이 청소년의 자기효능감과 대인관계에 미치는 영향. 목표대학교 석사학위논문.

김홍근(2001). Kims 전두엽-관리기능 신경심리검사: 해설서. 대구: 도서출판 신경심리.

나미현(2015). 과정중심 독서상담 프로그램 개발. 단국대학교 대학원 박사학위논문.

나탈리 로저스(2007). 인간중심 표현예술치료 (창조적 연결). 서울: 시그마프레스.

나태주(2007). 꽃이 되어 새가 되어. 서울: 문학사상사.

남상민(2009). 자기 확장 프로그램이 구치소 재소자의 자아존중감과 정서에 미치는 영향. 부산대학교 대학원 석사학위논문.
남상철(2009). 재범 경로분석을 통한 교정 복지 증진 방안 연구. 신라대학교 대학원 박사학위논문.
노미화, 최연실(2017). 가족상담사의 전문직 발달 연구: 근거이론접근을 중심으로. 한국가족관계학회 학술대회 자료집, 2017(-), 149-164.
노안영(2005). 상담이론과 실제. 서울: 학지사.
류정미, 박희석(2006). 통합예술치료가 비행청소년의 대인관계 및 자기지각 향상에 미치는 영향. 한국예술치료학회지, 6(2), 87-106.
문화체육관광부(2018). 문화예술교육 종합계획(2018~2022).
민경훈(2018). 학교문화예술교육에서 학교교사와 문화예술교육사 간 협력수업의 정체성과 교수설계에 관한 연구. 한국예술교육학회. 예술교육연구, 16(4), 265-284.
박소연·김한별(2012). 대학생의 저널쓰기를 통한 자아성찰 과정에서의 자아정체감 형성 경험 분석. 교양교육연구, 6(1).
박소영(2001). 학교현장 적용을 위한 웹 기반 수행 평가 시스템 설계 및 구현. 부경대학교. 석사학위논문.
박숙경(2019). 우울증을 경험한 중년여성의 개성화과정에 관한 현상학 연구. 대한신학대학교 대학원 박사학위논문.
박은숙(2008). 꿈 분석을 통한 중년기 개성화 과정에 대한 연구. 상명대학교 정치경영대학원 석사학위논문.
박은주(2013). 호모 루덴스(놀이하는 인간)의 실종. 경향신문.
박종수(2005). 분석심리학에 기초한 이야기 심리치료. 서울: 학지사.
박종수(2009). 융 심리학과 성서적 상담. 서울: 학지사.
박주숙(2000). 한국영화산업의 발전방안에 관한 연구. 숙명여자대학교 정책대학원 석사학위논문.
박준형(2011). 우울증 성인을 위한 영화제작 치료 사례연구. 성균관대학교 대학원 석사학위논문.
박찬석(1977). 음악교육총론. 태림출판사.
박창균(2019). 문화적 문식성 신장을 위한 매체 언어 교육의 방향. 국어교육학회. 국어교육연구, 71, 105-132.
박태건(2007). 시치료의 국어교육적 수용 방안. 군산대학교 교육대학원 석사학위논문.
박행자(2012). 아동의 모래놀이치료과정에서 나타나는 카오스, 죽음, 재탄생. 명지대학교 대학원 박사학위논문.
박행자(2012). 아동의 모래놀이치료과정에서 나타나는 카오스, 죽음, 재탄생. 명지대학교 일반대학원. 박사학위논문.

방미나(2021). 영화치료에 대한 국내 연구동향 및 관련 변인에 대한 메타분석. 건신대학원대학교 박사학위논문.

방유리나(2006). 고전문학의 남녀서사를 활용한 영화창작치료 연구. 건국대학교 대학원 석사학위논문.

방은영, 임형남(2017). 보육교사의 놀이성과 정서지능, 음악교육에 대한 인식이 음악지도 적극성에 미치는 영향. 유아교육연구, 37(2), 103-125.

배상준(2009). 영화예술학 입문: 영화예술을 이해하는 꼭 필요한 10가지 이야기. 서울: 성신여자대학교 출판부.

배선영(2017). 유기불안이 결혼만족도에 미치는 영향: 자기분화에 의한 정서 조절곤란의 조절된 매개효과. 상명대학교 대학원 석사학위논문.

백양희, 김지유(2014). 청소년 미술치료. 서울: 양서원.

백은주(2016). 영유아교사의 전문적 자아정체성 측정도구 개발. 유아교육연구, 36(6), 77-96.

서곡숙(2010). 한국 영화교육의 진화: 한국 영화교육의 문제점 및 개선방향을 중심으로. 영화교육연구, 12, 71-100.

선애순(2013). 아동의 모래상자치료에서 상징물, 관계성, 심리적 표현 및 개성과 과정에 관한 연구. 목포대학교 대학원 박사학위논문.

성영혜(2001). 모-아 TP를 통한 애착증진 프로그램 개발 기초연구. 아세아여성연구, 40, 63-85.

성준석(2002). 집단상담 프로그램이 아동의 사회성에 미치는 효과. 수원대학교 교육대학원 석사학위논문.

소유진(2009). 모차르트의 하이든 현악 4중주 KV 387에 대한 연구 배재대학교 대학원 석사학위논문.

손은정, 이혜성(2002). 상담자 발달 수준별 사례 개념화의 차이: 개념도를 통한 인지구조를 중심으로. 한국심리학회지: 상담 및 심리치료, 14(4), 829-843.

손진희, 김계현(2001). 상담과정에서 상담자의 알아차림 방해요소 추출 및분류 연구. 상담학연구, 2(2), 163-180.

손창남(2014). 문화와 선교. 서울: 조이선교회.

손혜정(2009). 예술치료의 사회복지 적용 가능성 연구. 가야대학교 행정대학원 석사학위논문.

송미숙(2012). 문화예술교육으로서의 무용교육, 그 역할과 과제. 한양대학교 우리춤연구소. 우리춤 연구 17, 9-35.

송미숙, 이재정, 한애진(2019). 문화예술교육 개론. 서울: 레인보우북스.

송성은(2005). 그림책을 활용한 이야기 나누기가 유아의 언어능력과 자아존중감에 미치는 영향. 총신대학교 대학원 석사학위논문.

송영혜(2019). 놀이치료 개론. 서울: 에버그린북스

송은정(2011). 독서치료 프로그램이 중학생의 정서지능에 미치는 효과. 공주대학교 교육대학원 석사학위논문.

송종욱(2013). 영상매체를 활용한 진로 집단상담 프로그램이 진로태도성숙과 진로준비행동에 미치는 영향. 강원대학교 교육대학원 석사학위논문.

신동열, 이영만, 박숙경, 김기욱(2019). 분석심리상담의 이론과 실제. 경기: 정민사.

신선례(2015). 융의 개성화 과정에서 만나는 여성성과 남성성의 통합에 관한 연구. 호남신학대학교 기독상담대학원 석사학위논문.

신숙재, 이영미, 한정원(2000). 아동중심 놀이치료: 아동상담. 서울: 동서문화원.

신주영(2003). 독서치료와 도서관의 역할에 대한 연구. 부산대학교 대학원 석사학위논문.

심영섭(2011). 영화치료의 이론과 실제. 서울: 학지사.

심영섭(2013). 자기조력적 영화치료와 상호작용적 영화치료의 효과 비교. 영화연구, 55, 83-126.

심정신, 박명희, 김영미, 김하강(2011). 노인 우울중재를 위한 상호작용적 영화치료프로그램 개발: 회상요법적 접근. 인문과학연구, 31, 389-412.

심흥섭(1998). 상담자 발달수준 척도 개발 연구. 숙명여자대학교 박사학위논문.

안인혁(2001). 초등학생의 놀이활동 참여와 학교생활 만족도. 한국교원대학교 석사학위논문.

안진경, 김점희, 손현정, 김희정, 김연옥(2019). 그림책 스토리텔링 인성여행(제2판). 경기: 공동체.

안혜진(2006). 사회문화예술교육의 지원제도 연구. 추계예술대학교 예술경영대학원 석사학위논문.

양명숙, 한재희, 전지경, 김윤희, 진선해(2017). 집단상담 사례와 프로그램 개발의 실제. 서울: 학지사.

오미영, 정인숙(2005). 커뮤니케이션 핵심이론(알기 쉬운 커뮤니케이션 길라잡이). 서울: 커뮤니케이션북스.

오유리(2017). '내 안의 나를 알고 싶은' 20대 여성의 개성화 과정에 관한 현상학적 연구 : 모래놀이상담을 통한 그림자 자각을 중심으로. 경성대학교 대학원 교육학과 석사학위논문.

오현석, 성은모, 배진현, 성문주(2009). 최고 수준 전문가와 보통 수준 전문가의 특성 비교 분석. 아시아교육연구, 10(4), 105-135.

원동연(2005). 5차원 독서치료. 서울: 김영사

원종언(2011). 통합예술치료 프로그램이 중학생의 자아정체감에 미치는 효과. 순천향대학교 대학원 석사학위논문.

유미숙(1997). 놀이치료: 이론과 실제. 상조사.

유미숙(2001). 실업·가정. 서울: 한국교원단체총연합회, 590.7.

유미숙, 이영미, 이정화, 정윤경(2003). 놀이치료 핸드북. 양지.

유형순(2009). 청소년 자원봉사활동과 인성발달요인과의 관계연구. 경원대학교 교육대학원 석사학위논문.

유혜경(1998). 예술교육. 서울: 학지사.

윤애숙(2005). 미술 감상활동을 통한 학습지도 방안 연구: 중학생을 대상으로. 조선대학교 교육대학원 석사학위논문.

윤은경(2021). 노인세대의 정신건강을 위한 통합예술치료프로그램 개발 및 효과. 광신대학교 대학원 박사학위논문.

윤정미(2005). 시치료가 초등학생의 자아개념 향상에 미치는 효과. 광주대학교 교육대학원 석사학위논문.

윤정진, 김병만, 김성원, 김정주, 김형재, 엄세진(2017). 인성교육의 이론과 실재: 인성과 미디어. 경기: 공동체.

윤정하(2014). 저널쓰기가 초등학생의 자아존중감과 주관적 안녕감에 미치는 영향. 서울교육대학교 교육전문대학원 석사학위논문.

이경남(2013). 기독청년의 내적치유를 위한 영화치료 경험에 관한 연구. 서울신학대학교 상담대학원 석사학위논문.

이계선(2009). 시치료 프로그램이 중학생의 정서지능에 미치는 효과. 부경대학교 교육대학원 석사학위논문.

이계영(2001). 신문매체를 활용한 독서 수업이 비판적 능력 향상에 미치는 영향 연구. 한양대학교 교육대학원 석사학위논문.

이광규(1980). 문화인류학 개론. 서울: 일조각.

이기명, 이제환(2012). 치료적 독자상담의 이론적 근거와 개념적 모형에 관한 연구. 한국도서관·정보학회지, 43(1), 53-72.

이기철(2000). 내가 만난 사람은 모두 아름다웠다. 서울: 민음사.

이남순(2006). 시를 활용한 독서치료 프로그램이 저소득층 아동의 자아존중감과 자기표현에 미치는 효과. 경성대학교 교육대학원 석사학위논문.

이덕희, 김민화(2018). 국내 독서치료 연구동향 분석: 2008년에서 2017년 사이 출판된 독서치료 관련 논문을 중심으로. 독서치료연구, 10(2), 73-88.

이미경(2008). 동시를 활용한 독서치료가 초등학생의 자기 표현력에 미치는 효과. 울산대학교 교육대학원 석사학위논문.

이미나, 김수경, 김은화, 박경화, 신재균, 정선희(2019). 임상미술치료 이론과 실제. 경기: 공동체.

이미나, 박경화, 김영환(2021). 청소년 심리 및 상담. 경기: 지식공동체.

이미숙(2016). 중년여성의 삶의 질 향상을 위한 집단상담 프로그램의 효과성 연구. 한국상담대학원 대학교 석사학위논문.

이민아(2016). 저널쓰기 집단상담 프로그램이 임용고사를 앞둔 대학생의 불안과 자아존중감에 미치는 효과. 한국교원대학교 대학원 석사학위논문.

이병준(2011). 저널치료를 통한 갈등부부들의 자기자각 경험에 대한 연구. 백석대학교 기독교전문대학원 박사학위논문.

이봉희(2007). 저널치료: 새로운 일기쓰기, 새국어교육, 77(12월), 235-364.

이부영(2000). 분석심리학. 서울: 일조각.

이부영(2003). 자기와 자기실현. 서울: 한길사.

이부영(2011). 분석심리학: C. G. 융의 인간심성론(제3판). 서울: 일조각.

이부영(2019). 잃어버린 그림자. 집문당.

이서영(2014). 자기이해를 위한 인문적 사회과교육. 한국교원대학교 대학원 박사학위논문.

이소라, 손은령(2009). 우울한 성인을 위한 자기조력독서치료의 효과. 상담학연구, 10(3), 1397-1411.

이승주(2002). 현대 발레에 나타난 표현주의적 안무성향에 관한 연구. 한양대학교 대학원 석사학위논문.

이승화, 민경화(2015). 중년기 삶의 의미 유형에 따른 분류 및 특성. *Korean Journal of Counseling, 16*(5), 399-415.

이영식(2006). 독서치료 어떻게 할 것인가. 서울: 학지사.

이영일(1997). 영화개론. 서울: 집문당.

이예지(2018). 공연영상콘텐츠의 특성요인이 이용자 심리와 행동에 미치는 영향에 관한 연구. 경희대학교 대학원 석사학위논문.

이오덕(2004). 삶을 가꾸는 글쓰기 교육. 서울: 보리.

이완규(2003). 장편애니메이션 <크리스마스의 악몽> 미장센 연구. 홍익대학교 광고홍보대학원 석사학위논문.

이용석(2001). 무비타이틀 그래픽 디자인에 관한 연구. 성신여사내학교 대학원 석사학위논문.

이우경(2008). 중년기 여성의 스트레스, 마음 챙김, 자기-자애, 정서적 안녕감 간의 관계 구조분석과 마음 챙김 증진 프로그램의 효과 연구. 이화여자대학교 대학원 박사학위논문.

이우진(2015). 미술치료 전공자의 저널쓰기 체험의 의미. 동국대학교 대학원 석사학위논문.

이유경 역(2009). 아동의 모래상자치료에서 상징물, 관계성, 심리적 표현 및 개성화 과정에 관한 연구. 분석심리학 연구소. (루트 암만 저)

이유미(2014). 스토리텔링 기법을 활용한 창의성증진 미술교육 프로그램연구: 6~7세를 중심으로. 건국대학교 교육대학원 석사학위논문.

이윤주(2013). 우울과 공황증상을 가진 중년여성의 미술치료 단일 사례연구 -부정적 정서표현과 자기인식을 중심으로-. 한국예술치료학회지, 2, 73-93.

이윤주, 양정국(2007). 은유와 최면. 서울: 학지사.

이장호, 김재환(1982). 상담효과측정을 위한 자아강도척도 개발에 관한 연구. 한국임상심리학회지, 3(1), 173-185.
이장호, 정남운, 조성호(2005). 상담심리학의 기초. 서울: 학지사.
이재창(1996). 전문 상담자 교육과 훈련에 관한 연구. 한국심리학회지: 상담 및 심리치료, 8(1), 1-26.
이정숙, 이유경, 문보경(2006). 아동의 문제 유형과 놀이치료 시기에 따른 놀이특성의 변화 연구. 한국아동심리치료학회, 한국아동심리치료학회지, 1(1), 77-104.
이정연(2006). 푸드아트테라피. 서울: 신정.
이정연(2008). 푸드아트테라피의 이해. 부산: 한국푸드아트테라피학회 학술대회자료집.
이진희(2009). 스토리텔링을 활용한 통합수업이 아동의 창의성 표현력에 미치는 영향: 초등학교 2학년 전래동화 그리고 활동을 중심으로. 이화여자대학교 교육대학원 석사학위논문.
이찬숙, 김현경, 조경선, 조메리명희, 박은미, 김태영(2012). 긍정적 행동지원을 활용한 독서치료. 경기: 양서원. 33-37.
이형득(1992). 집단상담의 실제. 서울:중앙적성 출판사.
임용자(2004). 오이리트미 동작예술의 홀리스틱 치유특성 연구. 예술심리치료연구, 4(2), 97-107.
임정선(2019). 중학생의 진로자기효능감 향상을 위한 저널쓰기 집단상담 프로그램 개발. 한국교원대학교 대학원 석사학위논문.
장미경(2017). (분석심리학적) 모래놀이치료. 서울: 학지사.
장진석(2002). 영상매체를 통한 문학 교육 방법 연구: 영화 매체를 활용한 소설교육의 방법 연구. 공주대학교 교육대학원 석사학위논문.
정광조, 이근매, 최애나, 원상화(2009). 예술치료. 서울: 시그마프레스.
정미숙(2021). 영화로 읽는 인간과 삶. 경기: 양서원.
정여주(2008). 통합예술치료가 인터넷중독 고교생의 인터넷 사용조절과 자기통제에 미치는 영향. 미술치료연구, 15(3), 555-570.
정은숙(2009). 융의 중년기 개성화 이해 : 모래놀이 치료를 중심으로. 이화여자대학교 신학대학원 석사학위논문.
정인주(2009). 영화를 활용한 진로 집단상담프로그램이 보호관찰 청소년의 자아정체감과 진로결정 자기효능감에 미치는 효과. 전남대학교 대학원 석사학위논문.
정춘순(2009). 기독청년들의 대인관계향상을 위한 집단독서치료 경험 및 치료요인 연구. 백석대학교 대학원 박사학위논문.
조상호(2017). 영화치료 프로그램이 역기능 가정에서 성장한 내면아이의 치료에 미치는 효과. 동의대학교 대학원 박사학위논문.
조주영(2015). 창의·인성교육 효율성으로의 초대 푸드아트테라피. 서울: 한국에니어그램 교육연구소.

조현주(2020). 대학생의 자아분화가 사회불안에 미치는 영향:자기효능감과 인지적 정서조절 전략의 매개효과. 영남대학교 대학원 석사학위논문.

지수연(2011). 동화책을 활용한 상호작용적 독서치료 활동이 유아의 일상적 스트레스에 미치는 영향. 고려대학교 교육대학원 석사학위논문.

차미숙(2009). 저널치료를 통한 자아발견. 경기대학교 대학원 석사학위논문.

채연숙(2010). 글쓰기 치료 -이론과 실제-. 대구: 경북대학교 출판부.

최규하(2019). 개념도 방법을 활용한 중년기 자기이해에 대한 연구. 한국상담대학원대학교 박사학위논문.

최명선(2004). 영화치료가 병사들의 지각된 스트레스 및 스트레스 대처방식 변화에 미치는 영향. 가톨릭대학교 심리상담대학원 석사학위논문.

최명희(2012). 융의 개성화 과정에 대한 연구 : 헤세의「데미안」,「황야의 늑대」,「싯다르타」를 중심으로. 서울불교대학원대학교 석사학위논문.

최미숙(2006). 유아교육과 졸업반 학생들의 공감적 이해와 배려지향적 도덕성이 교사 역할수행 인식에 미치는 영향. 유아교육연구, 26(5), 425-444.

최성수(2007). 영화 속 기독교. 대전: 한남대학교 출판부.

최연화, 양명숙(2013). 원가족 애착을 중심으로 한 대학생 커플관계증진 프로그램 개발. 한국생활과학회지, 22(4), 559-574.

최유미, 문영순, 안지현(2010). 통합교육모형 수업개발에 관한 연구: 초등학교 3~4학년 대상, 과학과 디자인의 통합을 중심으로. 디자인여성학연구, 6(1), 26-52.

최은미(2013). 저널쓰기를 병행한 집단예술치료가 대학생의 자아존중감에 미치는 영향. 한국예술치료학회지, 13(2), 135-151.

최정윤(2016). 심리검사의 이해. 서울: 시그마프레스.

최진영(2011). 한국판 치매평가검사(K-DRS-2) 전문가 요강. 서울: 학지사.

최혜림(2013). 청소년의 낙관성과 안녕감의 관계에서 방어기제 유형의 조절효과. 서울여자대학교 대학원 석사학위논문.

최혜정(2019). 미술치료를 통한 우울한 중년 여성의 개성화 과정. 건국대학교 예술디자인대학원 석사학위논문.

한국문학평론가협회(1992). 문화비평용어사전. 서울: 민음사.

한국청소년상담원(2006). 청소년상담 과정 및 기법. 서울: 한국청소년상담원.

한수정 외(2020). 관광전공 대학생의 현장실습 스트레스가 현장실습 만족도와 진로결정에 미치는 영향. 관광연구, 34(8), 249-267.

한정아, 심흥섭(2005). 대학생의 자아분화, 부정적 기분 조절 기대치 및 스트레스 대처방식. 한국심리학회지, 17(4), 965-981.

한현주(2012). 영화만들기 집단상담 프로그램이 중학생의 적응유연성에 미치는 효과. 동국대학교 교육대학원 석사학위논문.

현정환(2002). 상담이론 그리고 연습. 서울: 창지사.

홍지영, 유정이, 김진희(2018). 청소년상담자의 상담기록 생성, 관리, 폐기에 대한 질적연구. 한국청소년연구, 29(1), 61-92.

황연주(2004). 시각문화교육으로서 동영상교육. 미술교육연구논총, 16(1), 199-220.

황은영, 이유진, 정은주(2014). 음악심리치료의 이론과 실제. 서울: 학지사.

히로나카 마사요시(2006). 놀이치료와 아동의 심리세계 (이정숙, 홍승연 역). 서울: 시그마프레스.

Adams, K.(2006). 저널치료의 실제. (강은주, 이봉희, 이영식 공역). 서울: 학지사.

Adams, K.(1990). *Journal to the Self.* New York: Warner Books(강은주, 이봉희 역, 2006). 저널치료. 서울: 학지사.

Affron, C.(2001). 영화와 정서(김갑의 역). 서울: 집문당. (원서출판: 1989)

Anderson, D. D.(1992). Using feature films as tools for analysis in a psychology and law course. *Teaching of psychology, 19*(3), 155-158.

Andriola, J.(1944). Release of aggressions through play therapy for a ten-year-old patient at a child guidance clinic. *Psychoanalytic Review, 31*, 71-80.

Aristote, Roselyne Dupont-Roc & Jean Lallot.(2013). 시학(김한식 역). *La Poéticque d'Aristote. Editions du Seuil*. 펭귄클래식코리아. (원저출판: 1980)

Auxier, C. R., Hughes, F. R., & Kline, W. B.(2003). Identity development in counselors-in-training. *Counselor Education and Supervision, 43*, 25-38.

Axline, V, M.(1947). *Play Therapy*. New York: Houghton Mifflin Company.

Axline, V.(1947). Nondirective Play therapy for poor readers. *Journal of Consulting Psychology, 11,* 61-69.

Axline, V.(1948). play therapy: Race and conflict in young children. *Journal of Abnormal and Social Psychology, 43*, 300-310.

Axline, V.(1949). Play therapy: A way of understanding and helping reading problems. *Childhood Education, 26*, 156-161.

Axline, V., & Rogers, C. R.(1945). A teacher-therapist deals with a handicapped child. *Journal of Abnormal and Social Psychology, 40*, 119-142.

Bandura, A., Adams, N. E., & Beyer, J.(1977). Cognitive processes mediating behavioral change. *Journal of personality and social psychology, 35*(3), 125.

Barlow, K., Strother, J., & Landreth, G.(1968). Sibing group play therapy: An effective altemative with an elective mute child. *the School Counselor, 34, 44-50.*

Barlow, K., Strother, J., & Landreth, G.(1985). Child-centered play therapy: Nancy from baldness to curls. *the School Counselor, 32, 347-356.*

Baruch, D.(1952). *One little boy*. New York: Dell.

Berg-Cross, L., Jennings, P., & Baruch, R.(1990). Cinematherapy: theory and application. *Psychotherapy in Private Practice, 8*(1), 135-156.

Berger, M. M.(1969). Poetry as Therapy and Therapy as Poetry. in J. J. Leedy, *Poetry Therapy*, Philadelphia: Lippincott.

Berk. L. E.(2009). 생애발달 II(이옥경, 박영신, 이현진, 김혜리, 정윤경, 김민희 역). 서울: 시그마프레스.

Bertolino, B.(1999). *Therapy with troubled teenagers: Rewriting young lives in progress.* New York: John Wiley & Sons, Inc.

Bills, R.(1950). Nondirective Play therapy with retarded readers. *Journal of Consulting Psychology, 14*, 140-149.

Birkhaäuser-Oeri, Sibylle.(1988). *The Mother: Archetypal Image in Fairy Tales*. Toronto: Inner City Books.

Bixler, R.(1945). Treatment of a reading problem through nondirective play therapy. *Journal of Consulting Psychology, 9*, 105-118.

Bleck, R., & Bleck, B.(1982). The disruptive child's play group. *Elementary School Guidance and Counseling, 17*, 137-141.

Bruner, J.S.(1961). The act of discovery. *Harvard Educational Review 31*, 21-32.

Burroughs, M., Wagner, W., & Johnson, J.(1997). Treatment with children of divorce: A comparison of two types of therapy. *Journal of Divorce & Remarriage, 27*, 83-99.

Chi, M. T. H & Glaser, R. F. Farr, M. J.(1988). *The nature of expertise*. Hillsdale. N. J: Erlbaum.

Clandinin, D. J., & Connelly, F. M.(2016). *Narrative Inquiry*. (서경희, 강현석, 박민정 역, 2006). 내러티브탐구. 파주: 교육과학사.

Clive, M.(2007). *Theology Goes to the Movies: An Introduction to Critical Christian Thinking.* London: Routledge.

Colaizzi, P.(1978). Psychological Research as the Phenomenologist Views It. in R. Valle & M. King. (eds.) *Existential-Phenomenological Alternatives for Psychology*, New York: Oxford University Press.

Collins, G. R.(2008). 뉴크리스천 카운슬링(한국기독교상담·심리치료학회 역). *New Christian Counseling.* 서울: 두란노.

Conn, J.(1952). Treatment of anxiety states in children by play interviews. *Sinai Hospital Journal, 1*, 57-63.

Connelly, F. M., & Clandinin, D. J.(1990). Stories of experience and narrative inquiry. *Educational Researcher, 19*(5), 2-14.

Constantino, G., Malgady, R., & Roger, L.(1986). Cuento therapy: A culturally sensitive modality for Puerto Rican children. *Journal of Counseling and Clinical Psychology, 54*, 639-645.

Conway, J.(2005). 남자나이 마흔이 된다는 것(한성열 역). 서울: 학지사.

Corey(2003). Issues and ethics in the helping professions

Corey(2007). *Issue and ethics in the helping professions*. 7th ed. Belmont, CA: Thomson Books/Cole.

Corey, G., & Corey, M. S.(2010). 전 생애 발달과 적응(이은경, 이지연, 장미경 역). 서울: 시그마프레스.

Corey, M. S., & Corey, G.(2002). *Becoming a helper*. Pacific Grove, CA:Brooks/Cole.

Crow, J.(1989). *Play therapy with low achievers in reading*. (Doctoral dissertation, University of North Texas.)

Cummings, A. L., Slemon, Alan. G., & Hallberg, E. T.(1993). Session evaluation and recall of important events as a function of counselor experience. *Journal of Counseling Psychology, 40*(2),156-165.

Dermer, S. B., & Hutchings, J. B.(2000). Utilizing movies in family therapy: Applications or individuals, couples, and families. *The American Journal of Family Therapy, 29*, 163-180.

Doll & Doll.(1997). *Bibliotherapy with Young People: Librarians and Mental Health Professionals Working Together*. Englewood, Colorado: Librarians Unlimited Inc.

Dudek(1967); Jessner.(1951), Miller & Baruch.(1948). 천식, 궤양성 결장염, 알레르기와 같은 정신신체적 장애의 완화.

Dudek, S.(1967). Suggestion and play therapy in the cure of warts in children; A pilot study. *Journal of Nervous and Mental Disease, 145*, 37-42.

Dupent et al., 1953;

Epstein, R. M., & Hundert, E. M.(2002). Defining and assessing professional competence. *JAMA, 287*(2), 226-235.

Espenak, L.(1985). *Tanztherapie,* Dortmund: Sanduhr.

Fairbairn, W. R. D.(1952). *Psychoanalytic Studies of the Personality*. London: Routledge & Kegan Paul.

Ferenczi, S.(1909). *Introjection and transference. In Sex in Psychoanalysis*. New York: Basic Books, pp. 35-93.

Frensch, P. A., & Sternberg, R. J.(1989). Expertise and intelligent thinking: When is it worse to know better?. In R. J. Sternber(Ed.), *Advances in the psychology of human intelligence* (pp.157-188). NY: Psychology Press.

Freud, S.(1921). *Group psychology*, Chapter 7: identification. SE, 18.

Freud, S.(1959). Analysis of a phobia in a five-year-old boy. *In Collected papers* (pp. 149-289). New York: Basic Books.

Freud, S.(1915). 이재훈(2002). 정신분석용어사전. 미국정신분석학회.

Freud, S.(1961). *The ego and the id*. W W Norton & Co.

Fröbel(1837). 슈필가베(Spielgabe) 또는 은물.

Garvey(1977). *Play*. Harvard University Press.

Gaulden, G.(1975). Developmental-play group counseling with early Primary grade students exhibiting behavioral Problems (Doctoral dissertation, Plorida Institute of Technology). *Dissertation Abstracts International, 36,* 26-28.

Giannetti, Louis D.(1987). 영화의 이해: 이론과 실제(김진해 역). *Understanding Movies* (4th ed.). 서울: 현암사.

Golden, D.(1983). Play Therapy for Hospitalized Children. In C. Schaefer and K O'Connor(eds), *Handbook of Play Therapy*. New York: John Wiley and Sons.

Goodyear, R. K.(2014). Supervision as pedagogy: Attending to its essential instructional and learning processes. *The Clinical Supervisor, 33*(1), 82-99.

Greenberg, S. A., & Mitchell, J. R.(1983). *Object Relations in Psychoanalytic Theory*. Cambridge: Harvard Univ. Press.

Grosskurth, P.(1986). *Melanie Klein*. New York: Alfred Knopf.

Grotsein, J. S.(1981). *Splitting and Projective Identification*. New York: Jason Aronson.

Gruendel. J. M.(1980). "Scrips and stories : A story of children's Event Narratives, Unpublished Doctoral Dissertation". Yale University.

Guemey, L.(1983). Play therapy with learning disabled children. In C. Schaeter, & K. O'Conner (Eds.), *Handbook of play therapy* (pp. 419-435). New York: John Wiley.

Guerney, L.(1983). Client-centered(nondirective) play therapy. In C. E. Schaefer & K. H. O' Conner(Eds), *Handbook of play therapy*. NY : John Wiley and Sons.

Haas, J. W.(1995). The application of cinema in the practice of psycho logy. *Dissertation Abstracts International: Section B: The Scien ces and Engineering, 5*(5).

Hannah, G.(1986). An inverstigation of play therapy: Process and out-come using interrupted time-series analysis (Doctoral dissertation, University Colorado). *Dissertation Abstract International, 41*, 1090.

Heimann, P.(1952). *Certain functions of introjection and projection in early infancy*. In Klein et al. (1952), 122-168.

Hendricks, S.(1971). A descriptive analysis of the process of client-centered play therapy. *Dissertation Abstracts International, 32, 3689A.*

Hesley, J. W.(2000). Reel therapy. *Psychology Today, 33*(1), 54-58.

Hesley, J. W., & Hesley, J. G.(2001). *Rent two films and let's talk in the morning.* New York: John Wiley & Sons, Inc.

Hesley, S. E., & Schanzer, B.(1997). Using Commercially available films to teach about borderline personality disorder. *Bulletin of the menninger Clinic, 61*, 458.

Heston, M. L. & Kottman, T.(1997). Movies as metaphors: A counseling intervention. *Journal of Humanistic Education and Development, 36*, 92-99.

Hill, C. E., Charles, C., Reed, K. G.(1981). A Longitude in analtsis of changes in counseling skills during doctoral training in counseling psychology. *Journal of Counseling Psychology, 28*(5),428-436.

Holmer, P.(1937). The use of the play situation as an aid to diagnosis: A case report. *American Journal of Orthopsychiatry, 7,* 523-531.

Huizinga(1955). *A study of the play-element in culture.* Boston, MA: The Beacon Press.

Huppert, F. D., Bufka, L. F., Barlow, D. H., Gorman,J. M., Shear, M. K., & Woods, S. W.(2001). Therapists, therapist variables, and cognitive-behavioral therapy outcomes in a multicenter trial for panic disorder. *Journal of Consulting and Clinical Psychology, 69*, 747-755.

Hurlock, E.(1981). Child Development. New York : McGraw : Hill. Inc.

Hynes, A. M., & Hynes-Berry, M.(1994). *Biblio/Poetry therapy-the interactive process: a handbook.* St. Cloud, MN: North Star Press of St. Cloud.

Isaacs, S.(1952). *The nature and function of phantasy.* In Klein et al. (1952), pp. 67-121.

Jacques Rancière.(2008). 무지한 승리(양창렬 역). *Le Maître Ignorant. Librairie Arthème Fayard(Paris).* 궁리. (원저출판: 1987)

Jennings, L., Goh, M., Skovholt, T. M., Hanson, M., & Banerjee-Stevens, D.(2003). Multiple factors in the development of the expert counselor and therapist. *Journal of Career Development, 30*(1), 59-72.

Jessner, L., & Kaplan, S.(1951). The use of play in psychotherapy with children. *Journal of Nervous and Mental Disease, 114*, 175-177.

Johann Amos Comenius.(1964). *Recueil d'extraits de l'oeuvre pedagogique de J.A. Komensky* (Comenius). Prague : Statni pedagogickenakl., 178.

Johnston, R. K.(2003). 영화와 영성(전의우 역). *Reel Spirituality: theology and film in dialogue.* 서울: IVP.

Jones, J.(1952). Play therapy and the child. *New Outlook for the Blind, 46,* 189-197.

Jung(1954). *The development of personality.* New York: Pantheon.

Jung, C. G.(1948). *Aspect du Drame contemporain.* Paris: Buchet/Chastel.

Jung, C. G.(1963). *Energetique Psychichique*. Paris: Buchet/Chastel.

Jung, C. G.(1967). *La Dialecique de moi et de l inconscient*. Paris: Gallimard.

Jung, C. G.(1971). *Les Racines de la Conscience*. Paris: Buchet/Chastel.

Jung, C. G.(1977). *A Psychological Theory of Types*. Princeton: Princeton University Press.

Jung, C. G.(1978). *A Review of Complex Theory*. Princeton: Princeton University Press.

Jung, C. G.(1980). *A ion: Études sur la phénoménologie du Soi*. Paris: Albin Michel.

Jung, C. G.(1981). *La Energetique Psychichique*. Paris: Buchet/Chastel.

Jung, C. G.(1988). *La Vie des Profondeurs*. Paris: A. Michel.

Jung, C. G.(2000). 무의식의 분석(권오석 역). *Man and His Symbols*. 서울: 홍신문화사.

Jung, C. G.(2000). 인간과 무의식의 상징(이부영 역). *Man and His Symbols*. 서울: 집문당.

Jung, C. G.(2000). 인간과 상징(이윤기 역). *Man and His Symbols*. 서울: 열린책.

Jung, C. G.(2002). 원형과 무의식(한국융연구원 융저작번역위원회 역). *Archetyp und Unbewusstes*, 서울: 솔.

Jung, C. G. 인간과 문화 (한국융연구원 융저작번역위원회 역) Mensc.

Kalff(1966). The archetype as a healing factor. *Psychology, 9*, 177-184.

Katz, J.(1985). *Book review of Melanie Klein by Hanna Segal*. New York: Viking Press, 1980. JAPA. 33 (suppl.). 209-214.

Kidron, B. B.(2012). 공유하는 영화의 놀라움. Retrieved from www.ted.com/talks/beeban_kidron_the_shared_wonder_of_film.

King, P., & Ekstein, R.(1967). The search for ego controls: Progression of play activity in Psychotherapy with a schizophrenic child. *Psychoanalytic Review, 54*, 25-37.

Klein, M.(1932). *The Psycho-Analysis of Children*. London: Hogarth Press.

Klein, M.(1948). *Contributions to Psycho-Analysis, 1921-1945*. London: Hogarth Press.

Klein, M.(1950). *Narrative of a Child Analysis*. New York: Basic Books.

Klein, M.(1957a). *On identification*. In New Directions in Psycho-Analysis, ed. M. Klein, P. Heimann & R. Money-Kyrle. New York: Basic Books, pp. 3-22.

Klein, M.(1957b). *Envy and Gratitude*. New York: Basic Books.

Klein, M., Heimann, P., Isaacs, S., & Riviere, J.(1952). *Developments in Psycho-Analysis*. London: Hogarth Press.

Knill, P. J.(1999). *Foundations of expressive arts therapy-theoretical and clinical perspectives*. Philadelphia: Jesica Kingsley Publishers.

Knox, A. B.(1980). Proficiency theory of adult learning. *Contemporary Educational Psychology, 5*(4), 378-404.

Kot, Landreth, & Giordano, 1998; Saucier, 1986; Tyndall-Lind, Landreth, & Giordano, 2001) (Golden, 1983).

Landreth, & Giordano(2001). 가정 폭력의 아동 목격자와 함께 집중적인 그룹 놀이치료. 국제놀이치료저널, 10(1), 53-83. https://doi.org/10.1037/h0089443.

Landreth, G.(2009). 놀이치료 치료관계의 기술(유미숙 역). 서울: 학지사.

Landreth, G. L.(1991). *Play therapy: the art of relationship*. Bristol, PA: Accelerated Development. p260

Leland, H.(1983). play therapy for mentally retarded and developmentally disabled children. In C. Schaefer, & K. L. O'Conner (Eds.), *Handbook of play therapy* (pp. 436-454). New York: John Wiley.

Leland, H., & Smith, D.(1962). Unstructured material in play therapy for emotionally disturbed brain damaged, mentally retarded children. *American Journal of Mental Deficiency, 66*, 621-629.

Leland, H., Walker, J., & Tadoada, A.(1959). Group Play therapy with a group of post-nursery male retardates. *American Journal of Mental Deficiency, 63*, 848-851.

Leslie S. Greenberg, Sandra C. Paivio(2021). 심리치료에서 정서를 어떻게 다룰 것인가(이홍표 옮김). 학지사.

Lewis, D.(2008). *Reading Contemporary Picture books*. 현대 그림책 읽기(이혜란 역). 서울: 작은씨앗(2001).

Lewis, D.(2008). 현대 그림책 읽기(이혜란 역). *Reading Contemporary Picturebooks*. 서울: 작은씨앗. (원저출판: 2001)

Luborsky, L., McLellan, A. T., Diguer, L., Woody,G., & Seligman, D. A.(1997). The psychotherapist matters: comparison of outcomes across twenty-two therapists and seven patient samples. Clinical Psychology. *Science and Practice, 4*, 53-65.

Luborsky, L., McLellan, A. T., Woody, G. E., O'Brien, C. P., & Auerbach, A.(1985). Therapist success and its determinants. *Archives of General Psychiatry, 42*(6), 602-611.

Machler, T.(1965). Pinocchio in the treatment of school phobia. *Bulletin of the Menniger Clinic, 29*, 212-219.

Mann, E., & McDemott, J.(1993). Play therapy for victims of child abuse and neglect. In C. Schaefer, & K. O'Conner (Eds), *Hand-book of play therpy (pp. 283-307).* New York: John Wiley.

Marsick, E.(2010). Cinematherapy with preadolescents experiencing parental divorce: A collection case study. *Arts in Psychotherapy, 37*(4), 311-318.

Martin, J., Slemon, A. G., Hiebert, B., Hallberg, E. T., & Cummings, A. L.(1989). Conceptualizations of novice and experienced counselors. *Journal of Counseling Psychology, 36*(4), 395-400

Mavis, T.(1982). *An evaluation of individual, group and video therapy for woman sexually molested as children.* (Doctoral Dissertation, University of Washington).

Mehus, H.(1953). Leaming and therapy. *American Journal of Orthopsychiatry, 23*, 416-421.

Mendell, A.(1983). Play therapy with children of divorced parents. In C. Schaefer, & K O'Conner (Eds), *Handbook of play therapy* (320-354). New York: John Wiley.

Metz, C.(1982). *The imaginary signifier.* Bloomington: Indiana University Press.

Michael S. Nystul(2006). Introduction to Counseling: An Art and Science Perspective.

Mill, B.(2004). Cinema Couch Therapy for Emotional Blackages. *Positive Health November,* 14-15.

Miller, H.(1948). Play therapy for the institutional child. *Nervous Child, 7*, 311-317.

Miller, H., & Baruch, D.(1948). Psychological dynamics in allergic patients as shown in group and individual psychotherapy. *Journal of Consulting Psychology, 12*, 11-113.

Milos, M. E., & Reiss, S.(1982). 세 가지 놀이 조건이 유아의 분리 불안에 미치는 영향.

Moore, C.(1998). The Use of visual metaphor in logotherapy. *The International Forum for Logotherapy, 21*, 85-90.

Moss, J. M., Gibson, D. M., & Dollarhide, C. T.(2014). Professional identity development: A grounded theory of transformational tasks of counselors. *Journal of Counseling and Development, 92*(1), 3-12.

Moustakas, C.(1951). Situational play therapy with normal children. *Journal of Consulting Psychology, 15*, 225-230.

Moyer, K., & Von Haller, G.(1956). Experimental study of children's perferences and use of blocks in play. *Journal of Genetic Psychology, 89*, 3-10.

Natalie Rogers(2007). 표현예술.

Neumann(1954). The Origins and history of Consciousness. Bollingen Foundation.

Neumann, E.A.(1971). *The elementa of play*. New York: MSS information.

Newton, K.(1999). Mass media effects: Mobilization or media malaise. *British Journal of Political Science,* 577-599.

Nichols, M. P., & Schwartz, R. C.(1998). *Family therapy: Concepts and methods*. Boston: Allyn and Bacon.

Nystul, T. G., & Spradling, A. C.(2006). Breaking out of the mold: diversity within adult stem cells and their niches. *Current Opinion in Genetics and Development, 16*(5), 463-468.

Ogden, T.(1982). *Projective Identification and Psychotherapeutic Technique*. New York: Jason Aronson.

Pardeck & Pardeck(1998). *Using book in clinical social work practice : A guide to bibliotherapy*. New York : The Haworth Press.

Pennebaker, J. W.(2004). *Writing to Heal: A Guided Journal for Recovering from Trauma & Emotional Upheaval*. 글쓰기치료(이봉희 역, 2007). 서울: 학지사.

Pennebaker, J. W., & Chung, C. K.(2004). *Feeling, Knowing, and Physical Health: An Analog-to-Digital Theory of emotional Experience*. Online data.

Peter H. Jessner.(1951). *An Experimental Investigation of the Dead Time of Geiger-Mueller Counters*.

Petzold, H.(1991). berlegungen und Konzepte zur Integrativen Therapie mit Kreativen Medien und einer intermedialen Kunstpsy chotherapie. In H. Petzold, I. Orth(Hg). *Die neuen Kreativit tstherapien. Handbuch der Kunsttherapie Bd. Ⅱ*(pp. 585-638). Paderborn: Junfermann-Verlag.

Piaget, J.(1962). *Play, Dreams and Imitation in Childhood*. New York: Norton.

Pink, D.H.(2009). *Drive: The Surprising Truth about What Motivates Us*. Networks: An Online Journal for Teacher Research: Vol. 12: Iss. 2. https://doi.org/10.4148/2470-6353.1103

Portadin, M. A.(2006). *The use of popular film in psychotherapy-Is there a "Cinematherapy"?*. (Doctoral thesis. Massachusetts School of Professional Psychology).

Potheir, P.(1967). Resolving conflict through play fantasy. *Journal of psychoanalytic Nursing and Mental Health Services, 5*, 141-147.

Powell, M. L. & Newgent, R. A.(2010). Improving the empirical credibility of cinematherapy: A single-subject interrupte time-series de sign. *Counseling Outcome Research and Evaluation, 1*(2), 40-49.

Prince, S.(1997). *Movies and Meaning An Introduction to Film*. Bos ton, Massachusetts: Allyn and Bacon.

Prince, S.(1997). *Movies and Meaning An Introduction to Film*. Boston, Massachusetts: Allyn and Bacon.

Progoff(1980). *The Practice of Process Meditation*. SA: Dialogue House.

Pumfrey, P., & Elliot, C.(1970). Play therapy, adjustment and reading attainment. *Educational Research, 12*, 183-193.

Reynert, M.(1946). Play therapy at Mooseheart. *Journal of Exceptional Child, 13*, 2-9.

Richard Dattne.(1969). *Design for Play*.

Robinson, E. J., & Robinson, W. P.(1977). Children's explanations of communication failure and the inadequacy of the misunderstood message. *Developmental Psychology, 13*(2), 156-161. https://doi.org/10.1037/0012-1649.13.2.156.

Rosen, S.(1982). *My voice will go with you: A teaching seminar with milton H. Erickson.*

New York: Norton.

Rosenblatt(1960). 독자반응이론.

Rosenblatt, L. M.(1938/1995, 5th ed.). *Literature as exploration.* NY: The Modern Language Association.

Rosenblatt, L. M.(1978). *The reader, the text, the poem: The transactional theory of the literary work.* NY: Modern Language Association.

Rubin, J.(2007). Introduction to special issue: Language counseling. *System, 1*(35), 1-9.

Schaefer, C. E.(2006). 놀이치료의 기초(김은정 역). 서울: 시그마프레스.

Schiffer, M.(1957). A therapeutic play group in a public school. *Mental Hygiene, 41,* 185-193.

Schulenberg, S. E.(2003). Psychotherapy and movies: On using films in clinical practice. *Journal of Contemporary Psychotherapy, 33*(1), 35-48.

Seefeldt, C.(1974). A curriculum for child care centers. Libraryhttps://adams.marmot.org.

Segal, H.(1957). Notes on symbol formation. *International Journal of Psycho-Analysis, 38*, 391-397.

Segal, H.(1964). *Introduction to the Work of Melanie Klein*. London: Hogarth Press.

Segal, H.(1973). *Introduction to the Work of Melanie Klein*. London: W. Heinemann.

Segal, H.(1981). *The Work of Hanna Segal*. New York: Jason Aronson.

Segal, H.(1986). Illuminator of the dim, shadowy era. *Sunday Times, London*, May 11.

Sharp, C, Smith, J. & Cole, A.(2002). Cinema therapy: metaphorically promoting therapeutic change. *Counselling psychology. Quarterly, 15*(3), 269-276.

Skovholt, T. M. & Jennings, L.(2005). Mastery and expertise in counseling. *Journal of Mental Health Counseling, 27*(1), 13-18.

Skovholt, T. M.(2001). *The resilient practitioner: Burnout prevention and self-care strategies for counselors, therapists, teachers, and health professionals*. Needham Heights, MA: Allyn & Bacon.

Skovholt, T. M., & Ronnestad, M. H.(1992). Themes in therapist and counselor development. *Journal of Counseling and Development, 70*(4), 505-515.

Slomski(2003). 저널자료(강은주, 이봉희 역, 2006). 서울: 학지사.

Sokoloff, M.(1959). *A comparison of gains in communicative skils, resulting from group play therapy and individual speech therapy, among a group of non-severely dysarthric, speech handicapped cerebral palsied children* (Doctoral dissertation, New York University).

Solomon, G.(1995). *The motion picture prescription: Watch this movie and call me in the morning.* Fairfield: Aslan Publishing.

Spriliper, J., Philips, J., Philips,, L., Cannady, L., & Kerst-Harris, E.(1992). Coda: A creative therapy program for children's families affected by abuse of alcohol or other drugs. *Journal of Community Psychology, 20*, 55-74.

Suraez, E. C.(2003). A Princess in God's Eyes; Cinematherpy as an Adjunctive Tool. *Journal of Psychology and Christianity, 22*(3), 259-261.

Turkle, S.(1986). A review of Grosskurth, P.: Melanie Klein. *New York Times Book Review*, May 18, 1986.

Tyndall-Linder, A., Landreth, G., & Giordano, M.(2001). Intensive group play therapy with child witnesses of domestic violence. *International Journal of play therapy, 10*(1), 53-83.

Tyson, L., Foster, L., & Jones, C.(2000). The process of cinema therapy as a therapeutic intervention. *Alabama counseling association journal, 26*(1), 35-41.

Ude-Pestel, A.(1977). *Betty: History and art of a child in therapy*. Palo Alto, CA: Science & Behavior Books.

Wakaba, Y.(1983). Group play therapy for Japanese children Who stutter. *Journal of Fluency Disorders, 8*, 93-118.

Waston(1994). *The effects of three bibliotherapy techniques on fourth graders' self-esteem, reading achievement, and attitudes toward reading*. North Carolina State University.

Wedding, D., & Boyd, M. A.(1997). *Movies and mental illness: Using films to understand psychopathology.* Boston: McGraw-Hill College.

Wedding, D., Boyd M. A., & Niemiec R. M.(2010). 영화와 심리학(곽호환, 장문선, 구본훈, 배대석 외 역). 서울: 학지사. (원전출판: 2012)

Willock, J.(1991). *Obstetrics and gynaecology,* Churchill Livingstone.

Winn, E.(1959). *The influence of play therapy on personality change and the consequent effect on reading performance* (Doctoral dissertation, Michigan State University).

Winnicott, D.(1971). *Playing and reality*. Philadelphia: Routledge.

Withee, K.(1975). A descriptive analysis of the process of play therapy. *Dissertation Abstracts International, 36, 6406B.*

Wolz, Birgit.(2003). *The transformational power offilm-using movies in therapy*. Retrieved from www.cinematherapy.com.

Wolz, Birgit.(2005). *E-motion picture magic: a movie lover's guide to healing and transformation.* Centennial, CO: Glenbridge Pub.

Wolz, Birgit.(2006). 시네마테라피(심영섭, 김준형, 김은하 역). *E-Motion picture magic.* 서울: 을유문화사.

Yalom, I. & Leszcz, M.(2005). *The Theory and Practice of Group Psychotherapy*. 5th Edition, Basic Books, Cambridge.

[네이버 지식백과] 단순 모방에서 통합 예술로 (영상 스토리텔링의 일반 원리, 2015, 권승태)
놀이연구회(2000). 협동조합 다놀. https://nori-hansalim.tistory.com
위키백과(2022). https://ko.wikipedia.org/뤼미에르 형제
이뉴스투데이(2019.5.18.). www.enewstoday.co.kr. [씨네마 사이언스] 우주를 향한 최초의 상상, 조르쥬 멜리어스.
한국행동과학연구소. http://www.kirbs.re.kr
호주 크리스천라이프 & 에듀라이프(2022). http://chedulife.com.au. 한 편의 영화-열차의 도착: Arrival of a Train at La Ciotat.

한국상담심리학회. www.krcpa.or.kr
한국상담학회. www.counselors.or.kr

저자소개

이미나

아동가족학박사, 상담심리학박사
다문화이민정책박사전공
현) 광신대학교 전임교수
휴먼서비스행복연구소장

김동일

교육학박사
현) 광신대학교 초빙교수
주식회사 토브컴퍼니 전임강사

김병남

교육학박사
현) 해남군청소년상담복지센터 청소년동반자
해남디딤상담교육연구소장

주은하

교육학박사
현) 은하수심리상담센터장
광주광역시서부교육지원청 학교폭력심의위원

천문진

교육학박사
현) 해남군드림스타트 통합사례관리사
해남디딤상담교육연구소 자문위원

추양

교육학박사
현) 마음숲심리상담센터장
마음숲마을학교 대표

통합예술심리치료의 이해

초판 1쇄 인쇄 / 2022년 7월 1일
초판 1쇄 발행 / 2022년 7월 5일

공저자 / 이미나 · 김동일 · 김병남
주은하 · 천문진 · 추양
발행인 / 이 중 수
발행처 / **동 문 사**

서울특별시 서대문구 홍제원1길 12
(홍제동 137-8)
Tel: 02)736-3718(대), 736-3710, 3720
Fax: 02)736-3719
등록번호: 1974.04.27. 제9-17호
가격: 19,000원

ISBN: 979-11-6328-428-4 (93180)
E-mail: dong736@naver.com
www.dongmunsa.com